U0486107

国家社科基金项目文库
National Social Science Fund Project Library

Empirical Research on Mechanism of Conviction and Acquittal of Administrative Crimes

行政犯入罪机制与出罪路径的实证研究

杜文俊 / 著

上海社会科学院出版社
SHANGHAI ACADEMY OF SOCIAL SCIENCES PRESS

本书为国家社科基金一般项目的研究成果
【项目批准号：19BFX067】

国家社科基金项目文库

总　　序

  2005 年，国家哲学社会科学基金办设立"国家社科基金成果文库"，每年从已结项的国家社科基金项目优秀成果中遴选 10 种左右出版，受到学界好评。2010 年，"国家社科基金成果文库"进一步拓展为"国家哲学社会科学成果文库"，由全国社科规划办统一组织出版并公开表彰。入选成果坚持正确导向，符合学术规范，学风严谨、文风朴实，具有原创性、开拓性、前沿性，对繁荣中国特色哲学社会科学、推动经济社会发展和学科建设意义重大。

  然而，也有学者反映，能获此殊荣的结项成果数量实在有限，其中有不少成果结项后也获得了优秀和良好鉴定，却未能得到上述出版机会。特别是随着国家社科基金课题立项数越来越多，出版的需求也越来越大。因此，各高校和科研机构都通过不同的方式予以支持。但由于这些成果的出版单位较为分散，即使在同一个出版社内，其从体例到装帧也有很大差别，导致很多优秀成果无法集中展示，不利于国家社科基金成果扩大影响。

  近年来，在上海社会科学院的领导和支持下，我社致力于"打造一流智库成果出版基地"，加大对高质量、有深度的学术著作出版的支持力度，在学界已经产生了一定的影响力。上海乃至全国学者将国家社科基金结项成果交付我社出版，是对我社长期深耕智库成果出版的信任和肯定。另外，我社还是全国 66

家国家社科基金后期资助项目成果的出版单位之一，近3年已有40多项国家社科基金后期资助项目成果在我社出版，是我社致力于智库成果出版的又一证明。

为进一步强化我社智库成果出版导向，在上海社会科学院院庆65周年之际，我社决定设立"尚社智库"专项出版基金，重点支持其子库"国家社科基金项目文库"出版，向读者呈现中国当代哲学社会科学的最新研究成果。该基金主要支持成果的出版经费补助、学术研讨和媒体推介。同时，为进一步支持该项工作落地，我社将每年邀请全国哲学社会研究领域权威专家组成评委会，对出版的成果予以评奖，并对这类成果予以重点推介。

我们设想，以此专项基金为依托，以现有来稿为基础，进一步汇集来自社会科学院系统、高校系统、党校系统以及其他获得社科基金机构评定的结项成果，充实"国家社科基金项目文库"。该文库将从不同角度反映中国学术界贴近决策和服务国家战略的情怀和努力，以及为中国式现代化道路所做的可贵探索。我们认为，这项举措将进一步推动国家社科基金成果的社会化，有利于最新社科研究成果和思想的传播，有利于促进中国特色哲学社会科学学科体系、学术体系、话语体系的构建，也有利于进一步确立我社智库成果出版基地的定位。

最后，希冀这套文库的出版，为加快构建中国特色、中国风格、中国气派的哲学社会科学，为上海推进习近平文化思想最佳实践地建设，以及为推动我国哲学社会科学的繁荣，贡献一份微薄的力量。

上海社会科学院出版社社长、研究员

2024年2月15日

目　　录

前言　　/ 1

第一章　行政犯研究现状、热点及当代使命　　/ 7

第一节　数据来源及研究方法　　/ 8
一、数据来源　　/ 8
二、研究方法　　/ 8

第二节　行政犯研究的时代特征及演进　　/ 9
一、时间分布及数量分析　　/ 9
二、行政犯研究的时代特征　　/ 12
三、行政犯研究议题的演进　　/ 15
四、法定犯研究的主要作者、机构和刊物分析　　/ 16

第三节　国内法定犯研究热点概览　　/ 17
一、法定犯相关概念及其意义研究　　/ 18
二、行刑交叉下的法定犯与前置法相互衔接研究　　/ 21
三、法定犯体系构建研究　　/ 24

第二章　行政犯理论中的争议问题述评　　/ 28

第一节　行政犯的立法模式学说聚讼与述评　　/ 28
一、法定犯时代的刑事立法模式争议问题概述　　/ 28

二、单轨制立法模式下前置法影响行政犯认定的困境与出路　　/ 29
第二节　行政犯的法益侵害性问题——以超个人法益理论为视角　　/ 30
一、法益理论的流变与聚讼　　/ 30
二、超个人法益理论的发展与争议　　/ 31
三、行政刑法理论应以超个人法益为核心构建　　/ 49
第三节　行政犯的违法性判断问题　　/ 49
一、违法性判断理论　　/ 50
二、缓和违法一元论与违法相对论支持观点梳理　　/ 57
三、行政犯违法性判断理论选择　　/ 62
四、行政犯违法性判断方法与实践运用　　/ 64
第四节　行政犯的空白罪状判断问题　　/ 67
一、补充规范范围的判断规则　　/ 68
二、特定补充规范的适用规则　　/ 69
三、行政刑法解释适用的独立性依据：违法性判断一元论与相对论的争议　　/ 73
四、行政刑法的内涵与外延：法条解释的独立性　　/ 75
五、行政刑法规范适用的独立性　　/ 78

第三章　行政犯认定过程中的入罪机制　　/ 81

第一节　行政犯类型的理论争议与规范表述　　/ 82
一、刑法学界对行政犯类型的理论梳理及评析　　/ 82
二、行政犯类型的规范表述　　/ 88
第二节　行政犯入罪机制的实证样态及现实问题　　/ 94
一、行政犯裁判案件的总体分析　　/ 94
二、行政犯裁判案件的案由分析　　/ 97
三、行政犯裁判案件的特点分析　　/ 101
第三节　行政犯类型化的入罪判断路径　　/ 108
一、行政犯刑事违法性判断的前提及依据　　/ 108

二、"违反程序性要素"行政犯的违法性判断路径　　/ 114

三、"违反规范性要素"行政犯的违法性判断路径　　/ 121

第四章　行政犯认定过程中的出罪事由　　/ 131

第一节　行政犯出罪的理论述评　　/ 131

一、出罪概念及相关演进　　/ 132

二、出罪类型及出罪概念界定　　/ 135

三、行政犯的出罪及其特殊性　　/ 137

第二节　出罪事由的规范表达及典型特征　　/ 138

一、刑法规范中出罪表述梳理及评析　　/ 139

二、刑法规范中行政犯出罪表达与内质　　/ 147

三、行政犯出罪条款的规范特征　　/ 159

第三节　行政犯出罪事由的实证样态　　/ 162

一、无罪判决案例总体分析　　/ 164

二、无罪判决案例案由分析　　/ 167

三、无罪判决案例法条依据　　/ 169

第四节　行政犯出罪事由现实问题和功能实现　　/ 171

一、行政犯出罪事由适用特征　　/ 172

二、行政犯出罪事由现实困境　　/ 175

三、行政犯出罪事由功能实现　　/ 180

第五章　新时代行刑衔接机制的完善　　/ 186

第一节　新时代行刑衔接机制的现实困境　　/ 189

一、帕累托改进与行刑衔接制度整体设计　　/ 191

二、信息效率与行刑衔接信息沟通痼疾　　/ 194

三、激励相容与行刑衔接的主体责任　　/ 197

第二节　行刑衔接机制的实体原则坚守　　/ 200

一、坚守罪刑法定原则　　　　　　/ 201

二、坚守法秩序一致性原则　　　　/ 202

三、人权保障原则　　　/ 203

四、双重责任承担原则　　　　/ 204

五、效率优先原则　　　/ 206

第三节　行刑衔接机制的审查与重构　　　／ 207

一、域外破解"行刑衔接"困境经验　　　／ 207

二、域外"行刑衔接"机制构建经验启示　　　／ 210

三、我国行刑衔接机制的重构与完善　　　／ 211

第四节　行刑衔接机制应用的典型场域　　　／ 217

一、药品领域的行刑衔接问题及解决对策　　　／ 217

二、环境领域的行刑衔接问题及解决对策　　　／ 223

第六章　行政犯入罪机制和出罪路径总体展望　　　／ 230

第一节　双轨制立法模式的时代需要　　　／ 233

一、单一刑法典模式的扬弃　　　／ 234

二、双轨制立法模式的构建原则　　　／ 237

第二节　司法裁决的纠偏　　　／ 241

一、刑事司法应避免"行政化倾向"　　　／ 241

二、坚守"严重的社会危害性"的实质评价　　　／ 244

三、积极探索行刑违法的双向转化路径　　　／ 247

第三节　行刑衔接与鸿沟跨越　　　／ 249

一、行刑衔接机制的"刑事一体化"理念　　　／ 249

二、行刑衔接的刑事优先原则宣示　　　／ 252

三、行刑鸿沟的跨越　　　／ 255

后记　　　／ 260

前　言

在现代法中，犯罪行为和违法行为属于两种截然不同的对法秩序违反的行为类型，分别由刑法和行政法在各自领域内以其制度设计进行规制。事实上，在传统以自然犯为基础构建的刑法体系中，犯罪行为与违法行为之间有相对较为清晰的界定标准。然而，随着社会经济的飞速发展，社会关系日益复杂多样化，基于国家行政管理职能而制定的行政管理法规日益增多其中，一些行为因违反行政管理法规逐渐分化，具有严重违法性的危害行为被纳入刑法规制范围并逐渐扩容，甚至占据了刑法犯罪类型的主要位置。从我国历次刑法修正案的增加内容看，绝大部分都是行政犯的罪名，正如储槐植教授所言，当前中国刑事立法的"法定犯时代已经到来"。[①] 从立法视域来看，存在着大量的行政犯的规定，隐含着跨越罪刑法定原则的藩篱、出现扩张化以及模糊刑法对行为干预界限的风险，导致刑法面临"秩序安全"与预防性刑法的法治难题。同时，在当下的司法实践中具有重大社会影响、引发理论思考的行政犯案件不断涌现，如王某非法经营案、赵某非法持有枪支案、陆某销售假药案等。这些案件从形式上看，司法机关遵循了程序和形式正义的要求定罪量刑，但其判决结果却引起了广泛的社会舆论关注。究其根源，问题或许在于行政犯入罪机制与出罪路径构建的不完善，以及定位和处理行刑关系的不妥当。本书基于此背景，立足

---

① 李运平：《储槐植：正视法定犯时代的到来》，《检察日报》2007年6月1日第3版。

于刑法独立性评价视域,以经验审视实证,以理论观照现实,力图对行政犯入罪机制形成的合理性及出罪路径可行性予以系统论证,厘清行政违法与行政犯的合理界限,推动行刑衔接机制的构建和完善,进而对行政犯入罪与出罪提出系统性解决方案,以实现刑法实质正义和形式正义的有机统一。

行政犯作为刑法理论中与刑事犯相对应的重要犯罪类型,域外相关研究的成果卷帙浩繁。我国行政犯研究起步相对较晚,但研究成果颇为丰硕。总体而言,当前我国行政犯理论研究呈现出以行政刑法为核心的宏观,以行政犯、法定犯为核心的中观以及以特定个罪、类罪为基础展开的微观三大研究路径。对相关领域问题进行探寻和溯源,在法定犯时代与行政法时代的背景下,我国行政犯研究领域的争论主要体现在以下四个方面:(1)行政犯立法模式的学说聚讼。现行刑法采取的是单轨制立法模式,即只在刑法中规定犯罪和刑罚。随着法定犯时代到来,行政犯的认定受到前置法的影响愈加深刻,甚至于前置的行政要素认定直接决定了犯罪成立与否,开始动摇传统刑法罪刑法定的根基,由此引发了单轨制和双轨制立法模式的激烈争论。(2)行政犯法益侵害性问题。传统自然犯以个人法益为中心,随着社会发展与理论演进,行政犯因其前置规范违反性使其更多与前置规范所保护的抽象秩序、公共利益等密切相关,超个人法益理论应运而生。然而时至今日,超个人法益理论本身面临的抽象化、空泛化的挑战,重新引发行政犯是否具有法益侵害性以及行政犯法益侵害性正当性根据等问题的争论。(3)行政犯违法性判断问题。基于行政犯本质内涵,其在违法性判断上具有行政和刑事双重违法性特征,即行政犯认定需先进行行政违法性判断才能进行刑事违法性判断,刑事违法性作为"二次违法性判断",如何协调与前置违法性判断的关系催生对于刑法独立性与补充性的争议。此外,行政犯的违法性认识问题同样极具争议。(4)行政犯的空白罪状判断问题。行政犯多数以空白罪状的形式而存在,与传统自然犯不同,行政犯认定需要明确空白罪状以及前置补充规范的解释限度,基于不同违法性判断立场有不同的回答,如何最大限度协调刑法判断的独立性和从属性问题是行政犯所必须面对的重要课题。当然，理论的聚讼和争论必然来自实践，而司法实践也在同步推动着法学理论向前发展，因此，对这些问题的回答也必须回归到行政犯司法实践中才能得到准确的解答。

刑事司法中，入罪和出罪作为两种独立又统一的裁判活动，共同构建了刑事审判定罪的整体机制，行政犯的本土审判实践经验深刻融入行政犯认定的入罪机制和出罪路径中，因此结合司法大数据与典型个案的分析，能够对行政犯认定入罪侧面和出罪侧面的内在规律予以详尽考察。当然，行刑衔接作为我国独特的处理行政违法和刑事犯罪的双向衔接机制，对于行政犯的入罪及出罪具有至关重要的影响，必须结合行政犯的独立特征，对行刑衔接机制进行审查，推动新时代行刑衔接机制的完善，从而为推进全面依法治国添砖加瓦。

在行政犯认定的入罪侧面上，行政犯案件裁判独具特点，如行政机关转化的案件定罪率较高、行政转化案件二审改判率总体较低、行政证据采纳比例较高、行政犯定罪主要依托于罪量要素以及前置行政法律规范在裁判文书说理中几近消失。基于对既有行政犯入罪审判经验的总结和归纳，传统行政犯入罪实践过于偏重"行政"而忽视"犯罪"，而理论研究又囿于刑法理论自身对行政犯属性进行界定，如此本末倒置，使得行政犯司法实践的入罪过程中刑法独立性的规范判断价值弱化，严重侵蚀罪刑法定的价值基础，也使行政犯理论陷入泥淖无法自拔。本书提出行政犯的认定必须跳脱刑法之外，回溯到行政法原理，借助行政行为的二元区分对行政犯性质予以重新审视，以"违反程序性要素"行政犯和"违反规范性要素"行政犯二元区分模式确定各自在入罪判断中的基本标准。前者刑事违法性判断聚焦于前置的具体行政行为，依托于刑法规范对其"违反程序性要素"判断的独立性，从主观罪过独立评价、行政程序严格认定、刑事证明标准审查以及刑法保护法益分析四个方面对其作出实质违法性判断。后者刑事违法性判断则聚焦于前置抽象行政行为，依托"一般违法性判断"和"可罚违法性"，考察不法行为是否为行政法与刑法规范所禁止，以及基于刑法保护目的分析不法行为是否侵犯了刑法具体罪名所保护的法益，据此判断该不法行为对法益的侵害程度，衡量是否有必要追究刑事责任。

在行政犯认定的出罪侧面上，通过规范维度和实证维度予以具体考察。在规范维度，在对当前刑法条文以及司法解释中的涉及出罪功能条款予以系统检视并进行类型化分析基础上，本书认为行政犯出罪条款具有相对于传统自然犯出罪事由的一般特征，更具有其自身的典型特征。在实证维度，以第三章破坏社会主义市场经济秩序罪历年来的无罪判决为样本，当前行政犯出罪的本土实践呈现出无罪判决的总体数量较少、案由分布相对集中、超法规出罪事由适用较为频繁等特点。立足于以上维度，当前行政犯出罪的主要障碍在于：在规范论层面上，行政犯法定出罪事由供给不足，超法规的不确定性导致实践中标准难以统一；认识论层面上，司法潜见的不妥当影响，对案件先入为主，影响客观中立立场；方法论层面，行政犯认定过程中，对于行政前置要素的机械性适用等。鉴于此，本书认为可以通过三条路径对当前的行政犯出罪事由功能实现进行再优化，其一，在于拓宽刑事法治出罪的路径，对刑法规范之外的出罪事由予以司法解释的确认，同时通过丰富判例作为出罪事由的法源体系；其二，在于贯彻刑法谦抑主义原则出罪的实质解释。积极的刑事立法观更需要在司法环节坚守刑法谦抑理念，以实现刑法打击犯罪和社会保护机能之协调，同时在行政犯认定中贯彻合目的性的实质刑法解释，以"常识、常情、常理"为标准，避免机械性司法；其三，在于完善"刑事一体化"下行刑衔接制度，以行政执法与刑事司法程序衔接为重心，着重保证行政执法与刑事司法在案件移送、证据标准等方面的统一和协调，同时完善相关衔接机制的配套制度，如信息沟通共享平台机制等。

行刑衔接机制立足于实体，而又超越实体，是与行政犯认定密切相关的整体机制设计。通观我国行刑衔接的发展历程，从总体部署到具体落实，从单向衔接到双向衔接，从单一化移送到全流程流转，每一次更新推动都是社会主义法治建设的巨大进步。"时代课题是理论创新的驱动力"，行刑衔接的法治实践也在不断给理论研究提出新的课题。本质上说，行刑衔接机制是一场深刻的制度变革,涉及多重主体和新旧机制更替,从整体机制视角审视,当前行刑衔接工作机制尚不完善,机制实际运行仍然存在漏洞。责任部门权责利切割界限模糊,案件信息共享极度不对称以及相关激励考核制度缺位等问题成为制约"行刑衔接"工作机制的共性难题。有鉴于此,行刑衔接机制的完善既要牢牢把握行政犯认定的核心,坚守罪刑法定、法秩序统一、人权保障等实体原则,打通实体衔接与程序衔接固有的壁垒和隔阂,同时需要立足于机制设计本身,积极吸收域外经验,以目标责任制确立破解行刑衔接固有困局,以信息技术推动信息共享,以激励相容制度推动建构监管体系,从而保障行刑衔接实体与程序相统一,行政犯案件认定的形式正义与实质正义相统一。

正如习近平总书记所言,理论工作者"必须从国情出发,从中国实践中来、到实践中去,把论文写在祖国的大地上"。行政犯虽肇始于域外,经由法律移植后,在我国逐渐衍生出具有中国特色的行政犯的立法和司法实践。理论来源于实践,又用来指导实践,因此,唯有回归并立足于我国行政犯审判现实的本土经验,才能推动具有中国特色的行政犯理论研究的话语体系。本书认为,当前行政犯在出入罪以及行刑衔接方面出现不协调、不自洽的根源在于刑法单一立法模式的现实,在客观上造成了规范空化、刑法虚置等"行刑割裂"的现状。以双轨制立法模式逐步取代单轨制立法模式是根源上消除"行刑割裂"的合理径路,是立法实践在坚持马克思主义指导下遵循事物螺旋式上升规律的必然结果。双轨制立法模式并非重回老路,而是在坚持刑法典的权威,以刑法典本身为主体,附属刑法填补漏洞为辅助的基础上,实现立法体系的自我更新,从而保障刑法罪名规制的统一与协调。基于入罪机制和出罪路径的理论论证,要警惕刑事司法中"行政化倾向",对行政犯罪过的判定不能仅根据行政违法的过错形式确定行政犯的罪过形式,还应结合行政犯中的加重情节或者加重结果的产生予以综合认定。在行政违法向刑事违法质的变化、犯罪化的过程中,在符合罪刑法定原则的前提下,也应足够关注国民对法的合理预期,坚持行政犯行政规范评价基础上,以"常识、常情、常理"为依据对前置规范和案件事实进行综合价值考量，使行刑衔接平滑、顺畅、有序，保障个案正义和普遍正义相协调。

在行政犯研究上，本书具有两个核心特点：第一，本书始终践行着"论文写在祖国大地上"的要求，坚持普遍性与特殊性相统一基本原理，依托大数据统计分析的便利性，并将其与司法实践中典型的个案特征、特质进行有机结合，综合地进行研究，形成对行政犯本土审判经验的总结和归纳。第二，本书始终坚持自然法传统，秉持"出罪注重合理与入罪注重合法同等重要"的观念，按照体系位阶开展合理的出罪化路径，两者相辅相成，形成明确的行刑关系界分标准与认定依据。但行政犯出罪和入罪所涉及的问题极为庞杂，决定了行政犯入罪机制和出罪路径的构建并非一蹴而就。尽管笔者朝乾夕惕、呕心沥血，力图尽善尽美，但本书难免存在诸多缺陷，如理论更新略显滞后，数据分析浅尝辄止，言辞表达不尽如人意等，望学界师友予以批评匡正，不胜感激。

第一章　行政犯研究现状、热点及当代使命

法定犯①是刑法理论上对具体犯罪所作的与自然犯相对应的一种重要分类，同时也是刑法学中一个艰深、重大的理论难题。德国法学家考斯特宁甚至把这个争论多端而未能获得满意结论的问题称为"导致法学者绝望的问题"②。随着风险社会的到来，作为规制风险主要手段的法定犯不仅在刑事立法上呈爆发式增长，同时也日益成为我国刑法学界的主要研究热点问题之一。可以说，刑法已经步入了法定犯时代。③ 但是由于法定犯构造的特殊性和复杂性，司法实务界对法定犯立法的理解和具体案件的认定存在颇多疑虑，经常导致罪与非罪的偏差，这也引起了我国学者的高度关注。尤其是近年来实务中出现的某些典型个案，其所引起的情理和法理之争此起彼伏。诚然，行政犯作为一个古老的新问题，国内相关的研究硕果累累，但是由于多数研究都是聚焦于某一问题而展开，鲜有从整体性视野对法定犯研究进行理性反思，导致当前国内法定犯研究虽成

---

① 单纯以法定犯、行政犯为关键词、主题进行检索的结果可能存在错漏，很多以具体罪名为主题的论文实际上也属于本章考量范围，但是如此一来，样本量过大且无法准确界定，因此，本章对其予以限缩。本书中除了引用其他学者的以"法定犯"用语展开的相关论述外，一律使用行政犯的概念。
② K.Koestlin, *Neue Revision der Grundbegriffe das Criminalrechts*, 1848: p.28.转引自黄河：《行政刑法比较研究》，中国方正出版社2001年版，第6页。
③ 李运平：《储槐植：正视法定犯时代的到来》，载《检察日报》2007年6月1日第3版。

果倍出，然各说各话、分散独立的尴尬处境。实际上，正是由于行政犯本身是一个宏大的主题，才有必要从整体性视野上对其进行把握，从当前研究中梳理出法定犯研究的脉络，反思当前国内行政犯研究之不足，对当前行政犯研究方向予以匡正，而本章就试图做此努力。为更为精确地描绘出当前我国行政犯研究的脉络以及相关热点，本章以 CNKI 数据库作为文献来源，选取了 2021 年以前数据库收录的核心期刊以及 CSSCI（含拓展版）的相关研究成果，并借用文献分析软件 CiteSpase V 对其进行系统分析，力求用可视化的知识图谱更加生动形象地展现出行政犯研究的演进规律，分析行政犯的最新研究趋势，从而知悉过往行政犯研究存在的问题，明晰今后我国行政犯研究的方向，厘定当前行政犯研究领域的时代任务，为该领域的研究学者发现新的研究路径与议题提供参考启发。

第一节　数据来源及研究方法

一、数据来源

本章主要是依托 CNKI 数据库作为样本库，对于检索条件的设置采取学界通常的关键词解析的方法，设定"行政犯 or 法定犯 or 行政犯罪 or 行政刑法 or 行政刑罚"为搜索词，分别在主题、篇名、关键词三个栏位搜索，时间设定为"不限—2021 年"，文章类型"仅限期刊"，文章来源选择"核心期刊与 CSSCI"，共计检索出 441 篇文献，经过人工审读、筛选，对其中无关的数据，如组稿导语、征稿启事、会议综述、书评等内容予以剔除，共计剩余 432 篇有效记录。

二、研究方法

文献计量法是一种利用数理统计等定量研究方法，主要用于分析文献发表的老化规律及数量关系，可以用来揭示某一学科领域的发展历程和研究现状。①现行比较通用的文献计量分析工具是由美国德雷塞尔大学陈超美教授主导开发的 CiteSpace 文献分析程序，该程序基于 Java 语言开发，通过对文献数据内部规律和联结的科学统计和分析，将文献宏观规律趋势以及文献之间的相关关系予以可视化处理，通过各类图谱予以具体呈现。该程序内在机理是以知识域为对象，将科学研究的发展进程与结构关系以及不同知识单元或知识群之间所内含的网络、机构、互动、交叉等复杂关系，通过"图"和"谱"加以描绘，使读者能够一目了然从相互关系呈现中发掘新的知识增长点。②

CiteSpace 分析工具一经推出，便受到自然科学领域研究学者的好评，其提供的对共引网络分析和可视化功能为医学、信息科学等领域文献分析提供了极大便利，特别是基于现有文献之间关系所凸显的科学发展新趋势和动态，更是广大科学研究者的福音。随着文献研究的发展，该分析方法逐步引入人文社会科学领域，本书选取 CiteSpace 这一文献分析软件作为主要的分析工具，对行政犯的研究领域进行系统性的分析，通过现有研究的核心期刊论文的分析，以期洞察文献宏观结构以及相互交叉、互动的网络关系，从而通过挖掘现有研究的发展脉络及潜在规律，为后来致力于该领域研究的学者提供便利。本项研究采用的是 CiteSpace V（5.0.R1）版本。

第二节 行政犯研究的时代特征及演进

一、时间分布及数量分析

近年来，随着我国社会经济的飞速发展，政府在政治、文化、经济、公共

---

① 张秀萍、王振：《社会网络在创新领域应用研究的知识图谱——基于 CiteSpace 的可视化分析》，载《经济管理》2017 年第 1 期。
② 陈悦等：《CiteSpace 知识图谱的方法论功能》，载《科学学研究》2015 年第 33 期。

福利等方面所面临的政策执行压力日益增加，有鉴于此，在政策执行中愈加青睐运用法律行使行政权力，在法律范围内主动采取措施，以追求行政上的合目的性，实现社会福利，从而更好贯彻践行全面依法治国战略。自进入经济社会的快速发展时期，我国出现了大量的行政法律法规，特别是在食品药品、经济、财政、税收、卫生、环境等领域，行政法律规范更是不可胜数。出于充分打击违法犯罪之必需实现行政管理之目的，在此类规范中往往会通过"情节特别严重，予以刑事追究"的表述对行为设定一定的罪刑规范，在此背景下，作为"保障法""二次规范法"的刑法往往面临着"刑法适用时该如何明确前置法之地位"的问题，以及"在违法行为和犯罪行为之间应该如何划定界线"的问题。此类困境更是引发学界对刑法谦抑性的争论。梳理我国目前法定犯研究的文献，我们发现大致可以将该领域的研究分为三个阶段：1992—2003 年为稳定发展阶段，2004—2012 年为波动增长阶段，2013—2021 年为急剧增长阶段。

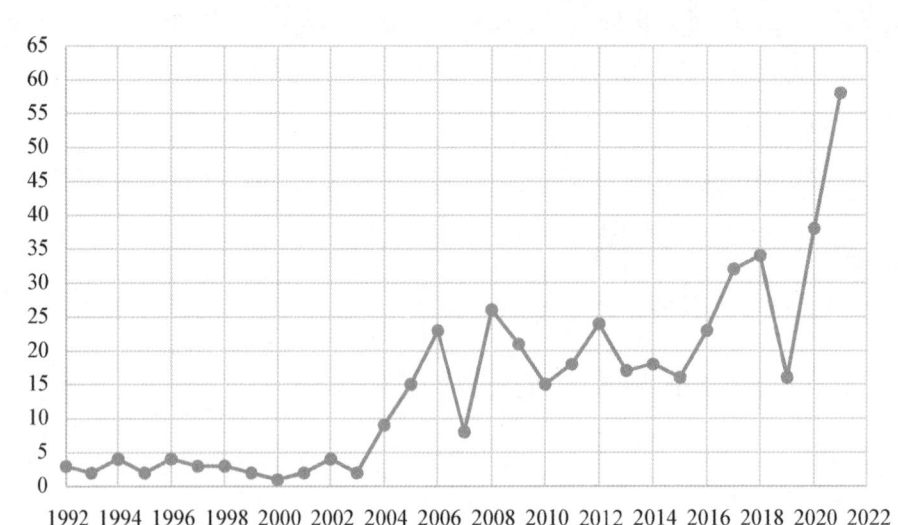

图 1-2-1　期刊论文数据法定犯研究文献的年代分布

法定犯，最早是来自古罗马时代自体之恶（mala in se）与禁止之恶（mala prohibita）的观念。1885 年，加罗法洛在《犯罪学》中正式提出自然犯和法定犯的分类，其影响极其深远，成为大陆法系国家刑法理论的经典分析范式。相关的理论研究以德国、日本最为丰硕。我国关于法定犯的研究相对而言起步较晚，始于我国学者参加国际刑法学协会第 14 次大会，此次会议上刑法与行政刑法问题成为主题之一并在会上被加以讨论。① 此后，该问题作为一项新兴的研究领域开始被学者涉猎。2003 年以前，特别是 1997 年新刑法典颁布以前，我国实际上除了刑法典以外，还大量存在单行刑法，刑法泛社会化问题严重，直至 2003 年，刑法已经修改 4 次，始终处于相对调试阶段，理论和实务界都在经历适应期，所以理论研究屈指可数。2004 年，宪法进一步明确了"保障人权"的原则，《行政许可法》正式实施。实务中，2003 年孙志刚案件充分发酵，引发对收容遣送制度的改革，与此对应的是《违法行为矫治法》定位带来的争论。这些均激发了学者重新将研究重点转移到行政刑法的问题上来。这一阶段也是我国经济飞速发展的 10 年，各种经济领域内的案件层出不穷，经济刑法成为特色的研究领域，学者开始关注包括税收案件、食品安全案件、知识产权案件等行政犯案件，所展开的研究基本上集中于立法模式、制裁体系等问题。

2012 年 12 月 14 日，习近平主席在纪念现行宪法公布施行 30 周年大会上作出"努力让人民群众在每一个司法案件中都能感受到公平正义"的承诺，随后一年间，环境保护法、食品安全法、安全生产法、药品管理法、预算法、证券法等进入五年立法规划，也正是这样的大趋势下，国内学者对于行政犯的思考进入了新的阶段。2013 年 11 月 12 日党的十八届三中全会通过的《中共中央关于全面深化改革若干重大问题的决定》，明确强调："深化行政执法体制改革。整合执法主体，相对集中执法权，推进综合执法，着力解决权责交叉、多头执法问题，建立权责统一、权威高效的行政执法体制。减少行政执法层级，加强食品药品、安全生产、环境保护、劳动保障、海域海岛等重点领域基层执法力量。理顺城管执法体制，提高执法和服务水平。完善行政执法程序，规范执法

---

① 朝正：《国际刑法学协会第 14 届代表大会综述》，载《中国法学》1990 年第 1 期。

自由裁量权，加强对行政执法的监督，全面落实行政执法责任制和执法经费由财政保障制度，做到严格规范公正文明执法，完善行政执法与刑事司法衔接机制。"[1] 不仅体现了在程序上要做到行政执法与刑事司法的有效衔接，更重要的是在实体法上要明确刑法与其前置法的相关关系，划定行政违法行为与刑事犯罪行为的界限。同时，由于网络信息时代的到来，司法公开透明度提高、自媒体飞速发展，信息传播速度加快，相关的案件引起了大量的社会关注，也引发了理论界对于行政犯罪刑法定原则、法益侵害性等问题的反思。

二、行政犯研究的时代特征

关键词是文章中心内容的提炼，在某一领域反复出现的关键词，是这一领域的研究热点，它可以揭示文章内容的主要方向和核心观点，[2] 集中反映行政犯研究的时代特征和具体内容。运用 CiteSpace V 文献分析软件，对选取文献的关键词进行系统性的分析、聚类的分析，生成三种可视化分析图谱：第一种是聚类视图（cluster），对文献数据内部关系结构，通过对文献予以聚类，突出不同聚类间的结构特征，尤其是对其中关键节点以及节点之间联结的分析和显现。第二种是时间线视图（timeline），着重于从时间跨度角度，对整体的文献分布以及文献之间的时间关系、对不同聚类的知识群予以可视化勾画。第三种为时区视图（timezone），同样是以时间线为维度，但其更侧重于在知识元的演进规律上，凸显不同文献在主题更新以及相互影响上的作用。本章基于以上三种图谱，对所见所得核心期刊论文数据予以聚类化分析，通过采用最小化生成树（Minimum Spanning Tree）的方法，对所得的法定犯知识图谱网络进行简化，由此而生成关键词列表（见表1-2-1），通过关键词能清晰地表明特定时期内某一领域内的研究热点以及持续时间。

---

[1] 《中共中央关于全面深化改革若干重大问题的决定》，2013年11月12日中国共产党第十八届中央委员会第三次全体会议通过。
[2] 冯佳、王克非、刘霞：《近二十年国际翻译学研究动态的科学知识图谱分析》，载《外语电化教学》2014年第1期。

第一章　行政犯研究现状、热点及当代使命

表 1-2-1　期刊论文数据法定犯研究前 15 个高频关键词

序号	关键词	频次	中心性	首现年份	序号	关键词	频次	中心性	首现年份
1	行政刑法	41	0.24	1993	9	行政违法	12	0.02	1999
2	法定犯	39	0.26	1996	10	自然犯	11	0.05	2001
3	行政犯	36	0.55	2001	11	行政机关	9	0.08	1993
4	行政处罚	27	0.26	1992	12	刑事政策	9	0.03	2008
5	行政犯罪	27	0.15	1998	13	司法机关	8	0.14	1993
6	行政执法	17	0.06	2008	14	法律制裁	7	0.09	1992
7	刑事司法	14	0.04	2008	15	刑法规范	6	0.12	1995
8	环境刑法	13	0.06	2005					

从高频关键词列表中可以发现，在法定犯研究领域中，行政刑法、行政犯、法定犯等关键词，一直都是学者持续关注的研究热点。自 2005—2008 年，出现了"环境刑法""行政执法""刑事司法""刑事政策"等新一组高频词，体现着学界开始将法定犯研究从单纯实体法、解释论转移到实体与程序相结合的层面上，行政违法与行政犯罪之间的相互衔接性要求在行为责任追究机制设计上，行政执法与刑事司法机制在制度内高度衔接，以有效地实现两者共同维护行政法秩序和社会发展的功能和目的。[①] 行政刑法制度是实现行政执法与刑事司法合理衔接的制度保障。[②] 近年来，诸如"违反国家规定""互联网金融"所涉及的刑法与前置法的关系问题，成为关注的热点，说明伴随着时代的发展，刑法作为保障法也不可固步自封，应该应时代之变而勇担重责。

对检索文献关键词的共现图谱进行分析，可以揭示我国关于行政犯研究的

[①] 周佑勇、刘艳红：《行政执法与刑事司法相衔接的程序机制研究》，载《东南大学学报（哲学社会科学版）》2008 年第 1 期。

[②] 姜涛：《行政执法与刑事执法的衔接机制研究——一个制度性的审视框架》，载《内蒙古社会科学（汉文版）》2008 年第 6 期。

热点和总体演进路径。从关键词的聚类结果上看，如图 1-2-2，432 篇论文分析的关键词自动生成了 42 个聚类，并且形成了以行政刑法、行政犯、法定犯为核心的，相互关联的三大研究路径：第一条发展路径为以行政刑法为核心的宏观路径，对行政刑法的法律性质、空白罪状、刑事责任、行政执法、刑事司法的衔接等问题展开深入研究，致力于从学科框架上，推动特定刑法分支学科的构建，比如环境刑法[①]、行政刑法[②]、经济刑法等。第二条发展路径为以行政犯、法定犯为核心概念中观路径，集中于刑法相关基础理论研究，包括行政犯违法性认识错误、行政犯的犯罪化根据以及刑罚目的等；第三条是以特定个

图 1-2-2 期刊论文数据法定犯、行政犯研究关键词共现图谱

---

① 傅立忠、储槐植：《初论环境刑法》，载《当代法学》1994 年第 2 期。
② 张明楷：《行政刑法辨析》，载《中国社会科学》1995 年第 3 期。

罪、类罪为基础展开的微观路径，结合实时引起社会殷切关注的典型个案，比如对于类罪的关注有食品药品犯罪、互联网金融犯罪、恐怖主义犯罪；涉及典型个罪，如侵犯公民个人信息罪、非法吸收公众存款罪、逃税罪、非法经营罪等。以下针对所提取的样本对三条路径的分布进行进一步分析，因主题交叉性研究较为普遍，笔者只是对论文的偏重的领域进行归类，据此对样本研究成果所涉及的重点领域予以分析。如图1-2-3，在选取的样本中，可以发现当前国内的行政犯研究主要集中在宏观领域和微观视角，而围绕中观视角的法定犯研究相对而言较为薄弱，但尽管如此，从整体的发展趋势来看，

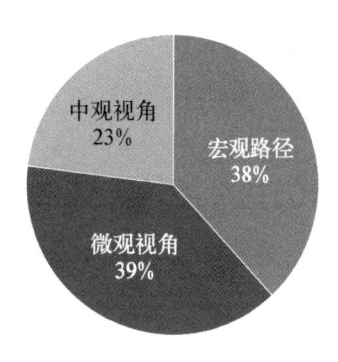

图 1-2-3　法定犯研究在各研究层次分布

国内正在逐渐聚焦法定犯的相关特征，特别是围绕空白罪状补充刑法规范而展开的法定犯研究逐渐增多，除此之外，对于法定犯违法性认识的问题在学界内也成了讨论的热点。

三、行政犯研究议题的演进

从时序图（图1-2-4）上看，作为研究核心的"行政犯""法定犯"等概念早在1992年就在核心期刊中有涉及。相比较"法定犯"的概念，国内学者大多倾向性使用"行政犯"的概念。从路径演变上开始，学者都集中在探讨行政刑法这一学科概念，从宏观立法上探讨我国行政刑法的范围。随着我国市场经济发展，大量行政法规的出台使得许多行政违法行为进入刑法规制领域，在坚守刑法谦抑性的基础上，学者们开始探讨行政违法行为与刑事犯罪行为的界限问题，这一阶段尚且停留在对现行规范的解读，即从解释论上，根据现行规范对界限予以明晰。近年来，某些领域典型性个案的发生，引发了法理和情理的两难困境，国内学者的方向从传统的解释论视角，转向对我国行政立法以及立法模式的研究。最为典型的"陆勇案"推动了国家《药品管理法》的修改完善。

随着现代社会对生态环境的日渐重视，环境刑法、污染环境罪也成为刑法学者的关注点，并且环境污染的前置法与刑法规范之间的连接和关系也随着学者们对法定犯问题的探讨进入新的阶段。除此之外，在信息时代，传统的金融与互联网的结合，催生出互联网金融等新生事物，互联网金融犯罪中前置法的规范地位该如何体现也是近几年法定犯研究领域的热点。总体而言，其演进大体呈现：从宏观基础理论研究逐步转型至微观教义学领域；从实体程序相分离到二者有机结合；从单一部门法逐步上升综合法治的分析角度。

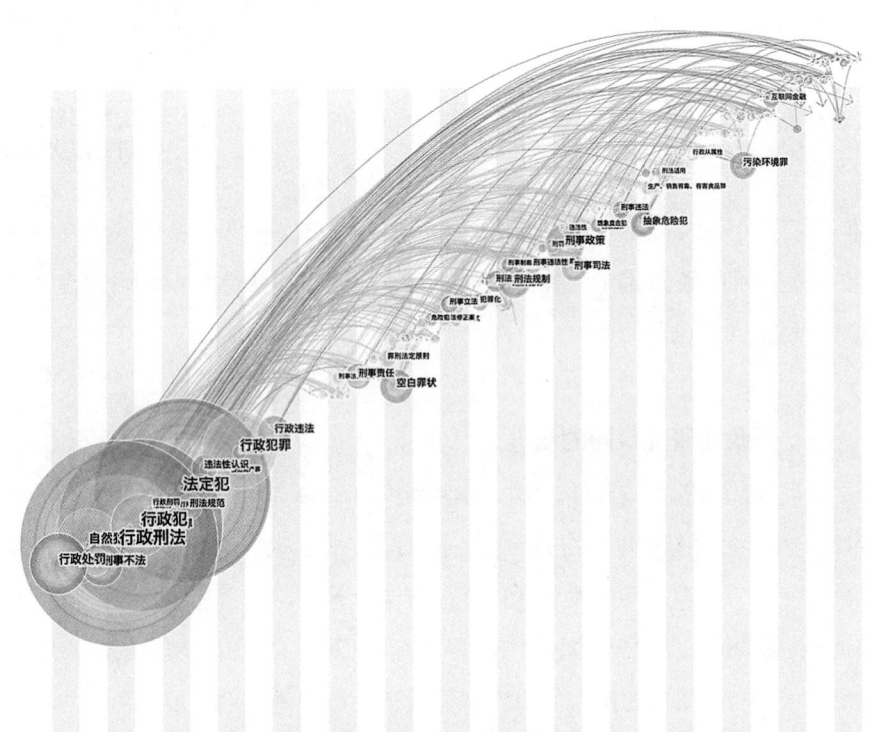

图 1-2-4 期刊论文数据法定犯研究关键词时序演进

四、法定犯研究的主要作者、机构和刊物分析

对于文献所包含的其他数据，如作者、机构以及刊物等，CiteSpace 通过其

可视化的分析功能生成知识图谱，进行多维度分析。软件分析显示：就作者而言，国内法定犯相关的研究主题作者集中于刑法学领域，包括来自理论界和实务界的学者。比如，东南大学的刘艳红教授、湘潭大学的黄明儒教授、清华大学的张明楷教授等都长期从事法定犯相关理论的研究；比如，最高人民检察院元明较为关注在司法实务方面行政违法与刑事司法的研究。就作者层面分析，在这一领域，作者共现程度较低，尚未形成这一领域中心度极高的学者。就研究机构而言，国内法定犯的研究主要集中在高校的法学院，比如样本中各个研究机构的发文数量上，华东政法大学与中国人民大学均以25篇共同位列榜首。华东政法大学对法定犯的研究，以经济犯罪、金融犯罪为特色，与上海作为全国的金融重镇有密切关系。中国人民大学是全国最早对法定犯展开研究的机构，多年理论研究的积累，彰显了老牌法学院校的实力。另外，东南大学法学院发文15篇，这主要缘于刘艳红教授对于行政刑法领域持续不懈的努力，近年来更是带领东南大学法学院在法定犯领域取得了系列有益的成果。总体上而言，法定犯研究上，有传统法学优势的院校较为突出；同时科研机构在这一方面也有诸多努力，比如中国社会科学院法学研究所、上海社会科学院法学研究所、吉林省社会科学院法学研究所等；除此之外，各级法院、检察院对此问题也是积极参与投入，并形成了诸多有益的成果。就刊物而言，刊载此类问题较多的刊物有《政治与法律》《中国刑事法杂志》《人民检察》等，特别是《政治与法律》在2018年还专门就法定犯理论的发展进行了主题研讨，说明国内主流学术刊物对法定犯相关理论和实践关注度明显增高。除法学期刊对此较为关注外，也有部分政治学、马克思主义理论类刊物对此议题较为关切，比如《求索》等刊物，说明法定犯问题的研究具有现实的理论和实践价值。

第三节 国内法定犯研究热点概览

对法定犯研究的关键词列表、聚类图谱和时区图谱进行对比分析可以发现：

域内的学者对于法定犯理论的研究主要涉及对法定犯的表层理论研究、体系构建研究以及行刑衔接背景下的实践路径研究三大序列。根据相关主题出现的频次和发文数量，可以发现，法定犯相关概念及其意义研究、行刑交叉下法定犯与前置法的衔接研究以及法定犯研究体系构建研究为当前研究中较为重要的领域。

一、法定犯相关概念及其意义研究

"概念是解决法律问题所必需的和必不可少的工具。没有限定的专门概念，我们便不能清楚地和理智地思考法律问题。[①]"《布莱克法律词典》载明，自然犯（malum in se）是指自然不法行为，行为违法的实质立足于自然生存的、道德的以及公法（publiclaw，即影响所有公民或公共秩序的法律）的准则。法定犯（mala prohibita）是指法律禁止的不规行为，不规的非难性基础在于法律的禁止行为本身并非传统固有的非道德性，而且因为为制定法（positive law）所禁止而成为不规。[②] 我国刑法学中关于法定犯的概念，大多数的观点是站在自然犯·法定犯等同于刑事犯·行政犯的立场，对自然犯与法定犯的相关概念展开研究。在我国，犯罪的概念基本上形成了形式概念、实质概念和混合概念三种，作为特定的犯罪类型，法定犯在概念的界定上同样也有形式、实质和混合三种观点。第一，形式概念，侧重于法定犯对于前置特定法规的形式特点，从形式上作出界定。如法定犯是指以违反特定法规（如行政法规、经济法规）为前提，从而构成犯罪。[③] 行政犯罪应指违反行政法规范，情节严重同时又触犯国家刑律的行为。[④]

[①] UNIDROIT the Principles of International Commercial Contracts 2004，preamble，转引自王泽群：《我国行政刑罚机制的考察及完善》，载《湖南社会科学》2009 年第 5 期。
[②] Rothmann, William, "Distinction between Malum In Se and Malum Prohibitum", *Northwestern Law Review*, Vol. 4, No. 5, February 1896, pp.173-189, HeinOnline.
[③] 喻伟、聂立泽：《法定犯的认定与处罚若干问题研究》，载《法学杂志》2000 年第 4 期。
[④] 周佑勇、刘艳红：《行政刑法性质的科学定位（上）——从行政法与刑法的双重视野考察》，载《法学评论》2002 年第 2 期。

第二，实质概念，以是否违反伦理道德角度界定法定犯，如法定犯是指侵害或者威胁法益但没有明显违反伦理道德的现代型犯罪。[①] 第三，混合概念，从形式和实质两个角度综合界定法定犯概念，如法定犯是指违反行政法规，严重危害基于行政法规而形成的但与社会一般伦理道德关系不密切的派生生活秩序。[②]

实际上，当前我国刑法理论中自然犯·法定犯等同于刑事犯·行政犯已然成为通说，如"所谓自然犯，也称刑事犯，是指无须依赖法律规定，其在性质上违反社会伦理被认为是犯罪者。所谓法定犯，也称行政犯，是指本来并不违反社会伦理，根据法律规定被认为犯罪者。"[③] 后续关于法定犯与行政犯相关的理论研究都是站在此立场上展开。当然也有少部分学者站在自然犯·法定犯不等同于刑事犯·行政犯的立场，对法定犯、行政犯的概念作出了区分。如"法定犯与行政犯、自然犯与刑事犯不应等同"。并从称谓、标准以及内涵上予以具体厘清，称谓上前者着重表达实质渊源，即社会伦理和法律规定的关系，后者是侧重从形式渊源予以界定；区分标准上，前者着眼于犯罪行为与伦理道德之间关系，后者是立足于行为违背的法律渊源；内涵上，前者的区分限于"刑事罚"范围，后者则突破"刑事罚"之外。[④] 当然该观点在提出的初始并没有引起学界的重视，近年来，基于对加罗法洛的犯罪学的深入解读，我国刑法理论界对法定犯进行了理性反思，对于法定犯区别行政犯的立场逐步坚定。从笔者采集的论文数据而言，标题含有"法定犯"字样为 22 篇论文中，其中 15 篇论文发表于 2014 年后，可见学者对法定犯本质概念的认同愈加深入。

自然犯与法定犯的犯罪区分理念始于古罗马法，历经德日刑法的发展，我国刑法理论中相关著作如汗牛充栋，尤其是中国正处于社会体制转型时期，法定犯增生和拓展在我国刑事立法过程中大量体现，为法定犯研究提供了必要性

---

① 张明楷：《刑法学（第 5 版）》，法律出版社 2016 年版，第 92 页。
② 黄明儒：《重提行政犯：罪与罚的边界》，载《检察日报》2009 年 8 月 20 日第 3 版。
③ 马克昌：《比较刑法原理》，武汉大学出版社 2002 年版，第 89 页。
④ 张文、杜宇：《自然犯、法定犯分类的理论反思》，载《法学评论》2002 年第 6 期。

和可能性。针对法定犯的意义，相关研究实际上也展开了讨论，主要体现在三个方面：法定犯时代的违法性认识；法定犯对于单位犯罪合理性证成；法定犯法益理论的拓展。具体而言：(1) 法定犯时代违法性认识。违法性认识是刑法理论上重要的概念，违法性认识存在的必要性之争可以说已然"耗费了人们漫长的时间和巨大的辛劳"[①]。借助自然犯与法定犯的分类，违法性认识错误问题在司法层面有了更广阔的解释空间。在自然犯和法定犯的区分立场下，有学者基于责任主义与刑事政策的需要，提出在技术层面违法性认识错误的可避免性判断的观点以及错误判断可避免性的判断尺度。[②] 也有学者从反面提出"违法性认识错误的不可避免性"，自然犯直接推定行为人违法性认识错误的可避免，但对于法定犯而言，违法性认识错误是否能避免应作具体分析。[③] 还有学者提出借助角色分工理论改造现有法定犯视角下违法性认识的内容。[④] 可以说学者对法定犯时代下违法性的认识，伴随着法定犯理论与实践不断发展，单纯"不知法者不免责"的"违法性不要说"以及"不知法者不为罪"的"违法性必要说"在司法认定上面临着巨大挑战，违法性认识理论也迎来了巨大的发展空间。(2) 法定犯对于单位犯罪合理性之证成。传统刑法中，犯罪行为的处罚是基于行为人具有社会伦理性，而具有社会伦理判断仅限于具备自由意志的自然人，单位犯罪在传统刑法视角下合理性难以证成。但在法定犯视域下，鉴于法定犯违法性的差异，为单位犯罪以及法人责任创制了解释基础，在实践中，法定犯大量犯罪化蕴含着对单位行为规制的不断深化，为法人犯罪的设定奠定了实定的法律依据。[⑤] 就像有学者提出的"法人可以而且只能构成行政犯罪的主体"，[⑥] 从侧面

[①] ［德］汉斯·韦尔策尔：《目的行为导论——刑法理论的新图景（增补第 4 版）》，陈璇译，中国人民大学出版社 2015 年版，第 77 页。
[②] 车浩：《法定犯时代的违法性认识错误》，载《清华法学》2015 年第 9 期。
[③] 孙国祥：《违法性认识错误的不可避免性及其认定》，载《中外法学》2016 年第 3 期。
[④] 赵星：《再论违法性认识》，载《法学论坛》2016 年第 6 期。
[⑤] 孙万怀：《法定犯拓展与刑法理论取代》，载《政治与法律》2008 年第 12 期。
[⑥] 黄河：《行政刑法比较研究》，中国方正出版社 2001 年版，第 122 页。

反映出法定犯理论对于单位犯罪主体责任以及犯罪化根据的合理性,进一步丰富与拓展法定犯法益理论。(3) 传统刑法聚焦于对具体个人法益的保护,而法定犯则由于刑法面对风险社会不断扩张,侧重于对社会秩序即集体法益的维护,实际上,个人法益与集体法益都是以人的利益、人的自由为依归,因此集体法益的保护是对传统刑法个人法益保护的一种延伸。① 也有学者提出法定犯本质上先天不足,即"法益性欠缺",从而否认了当下关于"集体法益""抽象法益"合理性。② 还有学者认为法定犯特殊之处,并非其侵犯"辅助"利益或"派生"生活秩序,而在于它是以"间接"的方式侵犯"基本"法益,③ 在肯定了法定犯的法益侵害性的同时,否定了法益的抽象化。刑法是以保护法益为依归,立足于法益视域下,法定犯的刑法法益正在逐步丰富和拓展。

二、行刑交叉下的法定犯与前置法相互衔接研究

司法实践中,如何精准界定行政违法行为和刑事犯罪行为是一个难题,也是一个十分重要的问题。理论研究始终是以实践操作为依归,因此行政法与刑法的有效衔接是学者们关注的核心研究议题。从发文的趋势而言,有很明显的规律:前期更侧重制裁层面上的衔接,而后期更侧重于对构造层面的衔接;前期更偏向于单一方面的衔接,而后期更侧重于整体性的衔接。当前,国内行政违法和法定犯衔接的实践路径研究主要集中在三个层面:制裁层面、构造层面以及机制层面。具体而言,制裁层面,解决行政处罚和刑事刑罚如何更好适用以及适用的原则;构造层面,解决行政不法行为和刑事不法行为的界限和区分,以及如何做到有效衔接。机制层面,解决在行政执法和刑事司法在实体以及程序上整体性的衔接,契合当前"两法衔接"的制度回应。

---

① 孙国祥:《集体法益的刑法保护及其边界》,载《法学研究》2018 年第 6 期。
② 刘艳红:《"法益性的欠缺"与法定犯的出罪》,载《比较法研究》2019 年第 1 期。
③ 陈金林:《法定犯与行政犯的源流、体系地位与行刑界分》,载《中国刑事法杂志》2018 年第 5 期。

从制裁层面而言，主要是行政处罚与刑罚的衔接问题。行政处罚与刑事处罚作为公共权力是针对违法行为的公民、法人作出的、体现国家强制力的制裁方式，但是二者因为性质、处罚轻重、结果的是否挽回性而存在本质上的差异。1996 年《行政处罚法》的颁布规范了我国行政处罚设定和实施的基本内容，建立起了统一的行政法律责任制度框架，完善了我国刑事责任、民事责任和行政责任三大法律责任制度。适逢《行政处罚法》颁布契机，国内学者开始重点关注行政处罚与刑罚的衔接，就现有研究成果而言，集中在两类研究上：其一针对掣肘行政法层面的行政处罚与刑法层面的刑罚衔接适用的原因研究。比如有学者提出，"最根本的原因是未能在立法上使行政处罚和刑罚处罚很好地衔接起来"[1]，并且从立法内容、立法形式对行政处罚与刑罚衔接的问题予以细致分析。还有的学者认为，将衔接机制的实质问题归结为检察机关的法律监督权并未切实履行，可以说，将法律衔接的失灵归咎为国家权力的分配问题在当前具有极强的解释力。[2] 其二是对于行政处罚和刑罚适用的原则研究。普遍认为有"合并适用说""代替主义说""免除替代说"三种观点，在立法和司法实践中多采用"合并适用说"。现有研究基本上也是基于这三种理论进行分析，同时引入"一事不再理"和"刑事优先"原则，结合具体的行政执法领域予以论证。

从构造层面而言，主要是行政不法与刑事不法的界分问题。构造层面上的不法和犯罪的界分是区分制裁层面的关键。国内学界从研究行政犯伊始，主要借鉴德日刑法中的理论，针对行政不法和刑事不法的区别，存在"质的区别说""量的区别说""质量混合说"三种观点，并结合当前我国刑法中行政犯规范的形式，对行政违法与刑事违法的认定边界、行政违法向犯罪转化的规范认定以及事实认定问题展开分析，如有学者就提到行政违法行为犯罪化处理过程中，

---

[1] 周佑勇、刘艳红：《试论行政处罚与刑罚处罚的立法衔接》，载《法律科学》1996 年第 3 期。

[2] 宋娟红：《论两法衔接机制的问题与完善——以检察机关的法律监督为视角》，载《法制与社会》2013 年第 16 期。

应避免将行政犯认定过于抽象化,应当以刑法条文中的空白罪状为中介,关注空白罪状的规范属性与解释适用规则,并通过空白罪状要素的构成要件化,将行政犯的认定最终归结于刑法判断。① 还有的学者基于行政不法与犯罪的不同法律位阶性,提出司法机关必须要严格区分构成行政不法事实与"特定构成要件事实",以实现法治公正。② 同时鉴于法定犯对前置法的依赖,建立在法秩序统一的讨论下,法定犯的从属性以及认定的相对独立性也是研究的热点领域。

从机制层面而言,实际上随着法定犯理论的研究,学者基于刑法教义学的理论方法,从法条本身出发展开探索,对行刑衔接机制的构建产生了积极作用。其一是从实定法角度,关注非刑事法律中的刑事罚则,特别是对前置法与刑法的立法观念、调控范围、罪名体系等方面的协调。比如环境刑法与环境行政法,有学者认为基于环境刑法的行政从属性,可能带来对环境犯罪治理的消极影响,应该加强环境行政法与环境刑法的关系协调。③ 如对恐怖主义行为的认定,由于现有的行刑衔接上具有反恐对象指向不明、立法体例合理性欠缺、执法司法程序衔接不力等问题,提出从理念导引、形式与实质并重的法律保障方面构建恐怖主义行为认定的行刑衔接机制。④ 其二是从程序的角度,主要是应对行政执法中"以罚代刑""有案难移""有案不移"等问题,强调要构建完善的"两法衔接"机制,这一角度下以行政执法与刑事司法衔接中的证据转化的原则、程序的研究较为常见,也有学者立足于更为宏观的法治中国的角度,对"两法衔接"机制进行了功能和价值分析,从侧面论证两法衔接机制的必要性。如有学者认为"两法衔接是对我国宪法视野下的政治体制架构及其主导下的权力分配、运

---

① 于冲:《行政违法、刑事违法的二元划分与一元认定——基于空白罪状要素构成要件化的思考》,载《政法论坛》2019 年第 5 期。
② 陈瑞华:《行政不法事实与犯罪事实的层次性理论——兼论行政不法行为向犯罪转化的事实认定问题》,载《中外法学》2019 年第 1 期。
③ 宋伟卫、冯军:《环境犯罪治理中环境刑法与环境行政法的协调》,载《广西社会科学》2017 年第 7 期。
④ 张丽霞:《恐怖主义行为认定的行刑衔接机制探究》,载《法律科学》2019 年第 5 期。

作机制做进一步理顺和深层次调整"。总体上而言，行政法与刑法、行政处罚与刑罚虽同为公权力对公民的制裁，体现了强烈的国家意志，但行政处罚与刑罚本身所具有法律效果和社会效果的巨大差异，决定了不仅在立法上，在司法上对行政不法行为和刑事犯罪行为的界分和认定也具有极大的现实意义，凸显了在理论研究中行刑衔接机制研究的必要性和重大价值。

三、法定犯体系构建研究

如前所述，我国法定犯研究最初是以行政刑法的研究而展开，因此对于法定犯体系构建的研究也是建构于行政刑法上。20世纪末由张明楷教授主编的《行政刑法概论》开启我国理论界行政刑法领域研究的先河，1992年卢建平教授在当年召开的中国刑法学研究会年会上提交的《论行政刑法的性质》一文对行政刑法的沿革和性质进行了详细的介绍和论述，黄河博士的《行政刑法比较研究》正式界定了行政刑法的概念和行政刑法的界域，表明构建行政刑法理论体系研究进入了新的阶段。此后，理论界关于行政刑法一直持续着关注。

（一）比较法视域下行政刑法

"行政刑法"是个舶来品，一般是指行政法或经济法中的"附属刑法"。因此，我国的刑法理论关于行政刑法的研究都无法回避对比较经验的借鉴。我国行政刑法理论与实践都是以德日刑法为主。行政刑法最早发源于德国，其前身是德国刑法理论中的"警察犯"，在德国刑事立法上，"警察犯"经历了从统一刑法典发展到分离立法的过程。[1] 在早期德国刑法中一直保持着将警察犯（即违警罪）规定在刑法典中的立法例，如1871年《德国刑法典》第360条以下皆属违警罪之规定，"依照此法规定，违警罪的法律效果包括自由刑、罚金刑与拘役，均属于刑事处罚而非行政处罚。因此，使那些在伦理上并没有重要性的违警行政，也归于刑法不法的领域"。[2] 随着20世纪行政权力的不断扩张，行政管

---

[1] 张明楷：《行政刑法辨析》，载《中国社会科学》1995年第3期。
[2] 林山田：《论刑事不法与行政不法》，载《台湾刑事法杂志》1976年第2期。

理范围逐步扩大，行政法在国家管理中所起的作用逐步增强，同时随着社会经济的快速发展，犯罪活动日益高涨，随之带来违警犯规制范围的泛化和特定背景下监狱人满为患的现实冲突。因此，为迎合当时的社会需求，形成了以郭特希密特为首的学者对违警罪列入刑法的批判，1902年，其著作《行政刑法》一书问世，首次提出以行政犯的概念替换原有的警察犯，并且首创行政刑法，进一步界定了行政刑法的概念。随后行政刑法理论经李斯特、尔富、施密特等刑法学家不断补充，并在"二战"后不断推动着立法实践，1949年制定《经济刑法典》、1952年颁布《秩序违反法》，在立法实践上的突破使得行政刑法发展到新的高度，随后1954年刑法修改委员会讨论将违警罪从刑法分离，最终于1974年对《经济刑法典》进行了修订并在次年颁布，讨论较多的违警罪经过处理修正被一并划入同年经过修改的《秩序违反法》，最终成了行政刑法单独立法的典型例证。受德国刑法的深入影响，日本刑法中关于行政刑法的立法历来比较发达。1908年，日本施行了现行刑法，并将违警罪从刑法中抽离，另行制定《警察犯处罚令》，将有关行政权的认定与处罚权规定为警察享有，并且随着政府行政权的扩张，对违反行政法义务者，常以刑罚科处，直至战后，日本的行政刑法范围更加庞大，产生了所谓的刑法"肥大化"倾向。战后的日本，受到美国"法治原则"的影响，更加侧重于对人权的保护，因此日本宪法开始明确"一切司法权属于……法院""不得设置特别法院""行政机关不得作出作为终审的判决"，司法裁判权由此都由普通法院统一行使，在此基础上日本的司法体系与机制形成了"普通法院一元化"的特征。这一规定意义深远，在法律效果上也就等同宣布《违警罪即决条例》《警察犯处罚令》违宪，进而终止其效力，同时对于原有的行政秩序违反行为，制定《轻犯罪法》予以规制。此外，随着日本战后经济秩序的发展，出台了诸多附有刑罚罚则的法规性命令以及单行刑事法律，构成了日本行政刑法的立法体系。但是由于日本司法体制中"法院一元化"，在行政法规中纳入刑罚并不会导致行政处罚权的滥用问题。刑事司法审判实践中法官毫无疑问可以直接适用相关行政法规中的刑罚法则，但相关行政法规中的刑事罚则的独立性，产生了司法适用中是否应排除刑法总则效力这一核心问题，这直接催生了日本行政刑法的发展。总体上来说，国内探讨行政刑法概念和理论首先都是着眼于对德日刑法的解析，从比较中回归对我国行政刑法的研究。

（二）完善法定犯刑法体系

在既往研究中，关于行政刑法性质问题的探讨实际上关系着行政刑法理论建构的基本内核，囿于我国刑法移植德日刑法的现实，我国行政刑法体系的建构始终无法绕开对德日刑法的解读。实际上，虽然德日刑法都有"行政刑法"，但二者存在天壤之别。德国行政法理论的发展伴随着推动"违警罪"非犯罪化的努力，因此德国的行政刑法研究侧重于将社会偏差行为区分为刑事犯罪和行政不法，由司法机关对犯罪行为给予刑罚，由行政机关对行政不法给予行政处罚，其主要体现在立法层面；而日本行政刑法由于附属刑法罚则的存在和"普通法院一元化"，其主要聚焦于司法机关科处附属刑法罚则时，总则适用问题，解决的是司法层面的问题。德日行政刑法理论的缘起和研究目的的不同，导致关于行政刑法的最终性质与定位上存在着"行政法说"和"刑事法说"的区分。基于理论的比较分析，国内学者对我国行政刑法的性质也展开了深入讨论。除了支持以上两种属性说以外，我国有学者又提出了"双重属性说"。如有学者认为："作为行政刑法界域具有违反行政法与刑事立法之双重违法性，决定了行政刑法具有行政法与刑事法的双重属性。"[1] 近年来也有学者提出"独立说"，该学者从形式的侧面对行政刑法的性质与属性展开论述，其认为从形式上来讲，行政刑法既不属于行政法也不属于刑法，赋予了行政刑法的独立性地位。可见国内学者对于行政刑法性质问题的认识在不断深入。

在行政刑法性质辩正的基础上，很多学者着力于对行政刑法体系整体性建构的研究，基本也形成了两种观点。其一是基于刑法关照的行政刑法体系，从

---

[1] 周佑勇、刘艳红：《行政刑法性质的科学定位（上）——从行政法与刑法的双重视野考察》，载《法学评论》2002年第2期。

刑法学角度审视行政法中相关法律规范，犯罪构成以及事实认定问题，并提出对刑事司法人员根据刑法特点对构成要素、案件事实做独立判断，不得将行政责任认定结论与根据直接作为刑事责任的认定的要求。① 其二是建构刑法之外的行政刑法体系。即立足于中国法制实践，在刑法与行政法相衔接的中间地带和灰色地带，加强论证研究构建出行政刑法相对独立的研究范域，脱离于原有行刑界分下人身自由罚的非司法化以及行刑衔接掣肘。如有学者提到"在形式上行政刑法规范既不属于行政法规范也不属于刑法规范，而是一种独立的具有自身特性的法律规范，即行政刑法规范，甚至包括其应有的程序规范；在内容上行政刑法规范坚持其规范的特殊或独立属性，故应将重点放在协调行政法规范与刑法规范的内容衔接上。""以建构独立于刑法之外的我国'行政刑法'新体系"。② 在宏观体系之下，具体研究行政刑法的立法方式以及行政刑法学科的建构。就行政刑法立法方式而言，多数研究认为我国应采用独立性、散在型的立法方式，少数认为行政刑法立法模式的选择并非问题的关键，加强权力的制约是核心。就刑法学科而言，有学者认为应当构建独立的行政刑法学科，以适应当前的理论和实践的需求，当然也有学者基于行政刑法的根本属性，认为无必要建立单独的行政刑法学科。可以说，围绕行政刑法相关的问题，在理论界显然已出现了些许的交锋，对于完善行政刑法体系大有助益。

---

① 张明楷：《避免将行政违法认定为刑事犯罪：理念、方法与路径》，载《中国法学》2017年第4期。
② 李晓明：《论刑法与行政刑法的并立》，载《法学杂志》2017年第2期。

第二章　行政犯理论中的争议问题述评

第一节　行政犯的立法模式学说聚讼与述评

一、法定犯时代的刑事立法模式争议问题概述

众所周知，1979年刑法采取的是双轨制立法模式，即刑法典与非刑事法律规范均可以规定犯罪与刑罚，而1997年以后，为了避免刑罚恣意等现象的出现，我国刑法以立法修法的形式确立了单轨制立法模式，即将全部犯罪与刑罚仅规定在刑法典之中。在理论上单轨制立法可谓通说之见，如今也不乏有力的支持者，如周光权教授认为，我国宜继续坚持统一刑法典的立法模式，不排斥在特殊情形下颁布单行刑法，但不宜再制定附属刑法。在现行刑法的基础上制定出一部更加契合时代要求、内在结构更为合理、能够管长远的刑法典。未来刑法全面修改必须在法典化立法观念的指导下，遵循法典编纂的基本理念和应有逻辑有序开展。[①] 但是，根据《立法法》第8条的规定，犯罪和刑罚只能通过法律制定，而并未限定只有刑法一种法律。

随着我国科学技术与社会经济进入高速发展阶段，我国刑法也进入了"法定犯时代"，对于单轨制立法模式的坚守也出现了动摇，逐渐出现了一批支持双

[①] 周光权：《法典化时代的刑法典修订》，载《中国法学》2021年第5期。

轨制立法模式的声音。就双轨制立法模式而言，如刘之雄教授主张，应当建立刑法典与特别刑法相结合的立法模式。他认为，单一法典化模式有局限性，某些犯罪涉及复杂的社会关系领域，需要通过专门的刑事立法对其作详尽、周到的系统化规定，法典化的立法模式在内容上难以反映某些犯罪领域的复杂性；某些犯罪因涉及复杂的高科技领域而表现形式复杂多样，社会反制难度大，需要进行综合的刑事对策设计，法典化的立法模式难以对特定的犯罪类型做有针对性的刑法制度设计，应当根据立法内容的实际需要，充分发挥刑法典、刑法修正案、单行刑法乃至附属刑法等不同规范性文件各自的优势，构筑相互协调、相互配合的刑事法体系。[1] 在双轨制立法模式理论下，各学者的观点也存在很大不同，有的学者主张构建刑法与行政刑法并立的双轨制模式；[2] 有的学者主张构建以刑法典为核心，再制定一部轻犯罪法，并把单行刑法和附属刑法的内容囊括到轻犯罪法中；[3] 也有学者主张建立刑法典与特别刑法相结合的立法模式。[4] 另外，也存在诸如李晓明教授主张三元立法模式的观点，其认为，应当重新建立刑法的"三元立法模式"，即刑法典、单行刑法与附属刑法三者之间的并立，从而形成我国未来稳定而实用的刑法立法体系。[5]

二、单轨制立法模式下前置法影响行政犯认定的困境与出路

根据当下我国刑法学界对于罪刑法定原则的认识，只有刑法典可以规定犯罪与刑罚，也就是说认定某一行为是否构成犯罪，只能依据刑法典的规定进行判断与评价。而在我国单轨制立法模式下，刑法典中有一部分罪名规定了空白罪状

---

[1] 刘之雄：《单一法典化的刑法立法模式反思》，载《中南民族大学学报（人文社会科学版）》2009年第1期。
[2] 梁根林：《刑法修正：维度、策略、评价与反思》，载《法学研究》2017年第1期。
[3] 张明楷：《刑事立法的发展方向》，载《中国法学》2006年第4期。
[4] 刘之雄：《单一法典化的刑法立法模式反思》，载《中南民族大学学报（人文社会科学版）》2009年第1期。
[5] 李晓明：《再论我国刑法的"三元立法模式"》，载《政法论丛》2020年第3期。

（又称空白刑法），其本质便是将某些要件的具体内容交给非刑事法律法规（行政刑法理论中也称"前置法"）进行规定。但是，正是由于存在这样的规定，某些行为是否成立犯罪将受到前置法的影响，而这却违背了罪刑法定原则的要求，即犯罪和刑罚只能由刑法典规定。基于此，在单轨制立法模式下前置法影响犯罪（主要是行政犯）的成立与否，其合法性、正当性的依据为何，便产生了困境。

上述情况使我国刑法学界产生了一波争论。有学者主张刑法典规定空白罪状违反了罪刑法定原则，因此在以后的立法修法过程中应该逐渐废除空白罪状[1]；也有学者认为规定空白罪状并不违反罪刑法定原则，而是刑法典的一种授权立法的体现。但是，上述情况下困境的出路具体为何，仍需我们进行研究。

目前，学界普遍认为此举并不违反罪刑法定原则。在肯定行政犯空白罪状规定模式不违反罪刑法定原则的前提下，针对这种规定模式进行分类，后面将会根据不同类型设置不同的入罪机制。另外，虽然法教义学的核心便是基于现行立法例，从而展开一系列问题的讨论。但是，行政刑法目前存在的很多问题，确实是单轨制立法模式下不可避免的固有漏洞，我们到底是要默认这种固有漏洞的存在，还是通过变更立法模式来弥补这种漏洞，学界争议很大。

第二节 行政犯的法益侵害性问题——以超个人法益理论为视角

一、法益理论的流变与聚讼

法益理论起源于比尔鲍姆的"Gut"（财）理论，后来经过宾丁、李斯特等德国学者的发展，逐渐演变为当下的法益理论。一开始法益概念的出现是为了限制犯罪圈的扩大，避免将不当罚的行为列入刑法。此时的法益概念主要是由

---

[1] 刘树德：《罪刑法定原则中空白罪状的追问》，载《法学研究》2001年第2期。

具有物质性、具体性等特点的利益组成，而随着社会的发展与理论的演进，法益概念也逐渐包括具有非物质性、抽象性等特点的利益。关于个人法益理论的正当性学界几乎没有争议，即便是规范违反说的学者也在一定程度上认可个人法益理论，而如今引起争议比较大的便是超个人法益理论（又称集体法益）的兴起，此种类型的法益与个人法益没有直接的关系，因此导致很多人认为肯定此种法益类型将会导致刑法泛化、刑罚恣意等一系列问题。当前，我国刑法中行政犯基本规定在第三章破坏社会主义市场经济秩序罪和第六章破坏社会管理秩序罪中，其所保护的法益主要为公共秩序等超个人法益，由此带来对行政犯法益侵害性本质的讨论。毋庸置疑，法益是刑法的核心概念，只有存在法益侵害，才可能构成犯罪，因此对行政犯的准确认定必须对其法益侵害的实质予以明确，由是，下文将以超个人法益理论为视角展开讨论。

二、超个人法益理论的发展与争议

超个人法益理论最先出现于德国经济刑法的理论中，后来逐渐扩展到整个刑法领域，但笔者认为其主要还是与行政犯的关系最为密切。有学者认为超个人法益可以具有正当性，但是其必须要与个人法益产生联系，即只有能够还原为个人法益的超个人法益才具有刑法保护的正当性，其余不能还原的超个人法益交由行政法、经济法等法律法规进行保护即可；而有的学者则认为超个人法益不必一定要与个人法益相关联，其内部存在两种类型的超个人法益，一种是溯源性超个人法益，其确实要通过与个人法益产生关联性才可以获得刑法保护的正当性；而另一种独立性超个人法益，则无须通过与个人法益产生关联，其获得刑法保护正当性的依据来源于社会发展的进步与政策决策的确定。前者在司法适用中主要发挥解释规制机能，而后者则主要发挥立法批判机能，分别从两个不同的维度限制刑法适用的扩大化。①

---

① 涂龙科、郑力凡：《经济刑法法益二元"双环结构"之证成、判断与展开》，载《国家检察官学院学报》2020 年第 6 期。

一般认为，根据法益主体享有者的归属，可以将法益分为个人法益与超个人法益：个人法益是指刑法所保护的目的只在于对公民个人自身利益与基本条件的实现，特定个体是该法益的完全掌控者与拥有者，如公民的身体健康权、财产权等；超个人法益又称社会法益、集体法益，此种法益并不为某一特定公民个体所完全占有，而是社会成员共同分享并进而形成某一领域内有序的状态。① 简单地将超个人法益理解为个人法益的聚集累积，即认为两者只存在量上的区别（"质同量异说"），实际上并不能全面、合理地解释我国刑法分则中相关罪名的体系定位。意图只用一种理论垄断我国经济刑法领域内超个人法益的解释路径是不全面的，也是不合理的。学说的争讼推进理论的发展，上述观点意图既是理论自身不可承受之重，同样也是与我国的现实立法例存在出入的。结合学说聚讼进程与刑法立法现状，笔者认为我国超个人法益理论存在以下三种解释路径：

（一）超个人法益溯源说

　　以法兰克福学派为代表的学者认为，超个人法益需要从个人的理解出发，借由个体之个人性开展的实质论证来获得证立。② 换句话说，个人法益与超个人法益之间，本质上具有所谓的"溯源关系"（Ableitungszusammenhang）。③ 虽然，原文主要论述环境刑法法益的相关问题，但根据其逻辑继续展开可得，超个人法益本身并不值得刑法的保护，只有将其"溯源"为个人法益时才具有保护的必要性，即刑法保护的法益应该是每个人的交易自由、公平竞争等个人法益，而超个人法益只不过是这些个人法益累积之后的表征罢了。透过刑法保护超个人法益，实际上乃是从规范技巧上，将这些个人法益的保护予以前置而

---

① 钟宏彬：《法益理论的宪法基础》，台北春风煦日学术基金 2012 年版，第 299—300 页。
② 古承宗：《刑法的象征化与规制理性》，元照出版有限公司 2017 年版，第 136 页。
③ Olaf Hohmann, Von der Konsequenzen einer personalen Rechtsgutsbestimmung im Umweltstrafrecht, GA1992, S.79. 转引自：古承宗：《刑法的象征化与规制理性》，元照出版有限公司 2017 年版，第 136 页。

已。① 该观点认为，超个人法益仅是从属于个人法益而存在的，并没有独立存在的价值。当行为侵害超个人法益时，我们要先判断该行为是否可以"溯源"为侵害个人法益的行为，如果无法被"溯源"的话，那么就应该否定行为侵害了刑法保护的法益，进而得出无罪的结论。如果运用到司法实践中，如"陆勇案"中，陆勇"代购"药品的行为并没有侵害生命、健康等个人法益，故应得出无罪的结论；再如发生在天津的"赵某非法持枪案"，由于赵某的持"枪"行为并没有对生命、健康等个人法益带来危险，因此同样不应该认定为犯罪。我国非法持枪罪所保护的超个人法益为公共安全，按照"溯源"至具体个人法益进行理解的观点，"赵某非法持枪案"中通过否定赵春华的行为具有侵犯不特定个人生命、健康等法益的危险，认为其没有侵害公共安全的思路，便是典型的超个人法益溯源说的解释路径。

我国台湾地区亦有持此观点者，其认为"国家"或者"社会"尽管都具备持有利益之"主体"的性质，但是当其本身并无"利益"的性质或者秩序本身缺乏其他具体法益支撑时，通常而言其便无法直接成为犯罪所侵犯的法益。② 有学者针对"超个人法益犯罪"从事实层面和规范角度进行了分析，认为在此类犯罪中，往往存在具体权益受损的被害人，进而发现这些被侵害的利益是被隐藏于众多抽象秩序法益背后的，而它们才是此类犯罪中不可忽视的具体可感知的重要法益。③ 对于涉及国家某一领域经济制度或者秩序维护的"超个人法益"犯罪，如果其行为没有侵犯到具体被害人的法益，那么刑法则应该保持谦抑性，以免束缚市场经济的活力以及经济行为的自由，进而规避其可能对个人权利造成的侵害。由此认为规制此类犯罪，应该发挥刑法二次法的补充功能，协调好

---

① Olaf Hohmann, Von der Konsequenzen einer personalen Rechtsgutsbestimmung im Umweltstrafrecht, GA1992, S.84-85. 转引自古承宗：《刑法的象征化与规制理性》，元照出版有限公司 2017 年版，第 136 页。
② 黄荣坚：《基础刑法学（上）》，中国人民大学出版社 2009 年版，第 16 页。
③ 时方：《我国经济犯罪超个人法益属性辨析、类型划分及评述》，载《当代法学》2018 年第 2 期。

其他法律法规的规制功能。①

综上所述，无论阐述的路径如何，其本质均在于否定超个人法益的独立性，认为其仅是个人法益集聚的表征，无法被"溯源"为个人法益的超个人法益均没有存在的正当性。此种解释路径是为了更具体地保护公民交易自由、公平竞争等权利，防止在实践中因为维护抽象的秩序而使具体个人法益遭受侵害。符合此种解释路径的例如《刑法》第141条生产、销售假药罪，第142条生产、销售劣药罪，第143条生产、销售不符合安全标准的食品罪，第144条生产、销售有毒、有害食品罪，第145条生产、销售不符合标准的医用器材罪，第148条生产、销售不符合卫生标准的化妆品罪。上述罪名所保护的法益可以归纳为公共生命、健康等安全，其均可以"溯源"至具体的个人生命、健康等法益；此外还有《刑法》第146条生产、销售不符合安全标准的产品罪，第151条走私武器、弹药、核材料罪，第152条第2款走私废物罪。上述罪名所保护的法益则可归纳为公共秩序、生活等安全，其同样可以"溯源"至具体个人的生活、秩序等法益。②

（二）超个人法益相对独立说

超个人法益的相对独立性，是指超个人法益既不从属于个人法益，也并非完全独立于个人法益，超个人法益成为一种与个人法益具有平行关系的抽象概念，从静态上来讲，其虽然不能直接"溯源"为个人法益，但从动态上来讲，是处于个人法益实现的动态过程之中，在与个人法益产生的关系上是间接的。

韦尔策尔采纳了马克斯·韦伯③所提出的思想伦理（Gesinnungsethik）与结

---

① 时方：《我国经济犯罪超个人法益属性辨析、类型划分及评述》，载《当代法学》2018年第2期。
② 上述罪名在现行《刑法》中被规定在第三章破坏社会主义市场经济秩序罪中，尽管其在某些情况下确实伴随着经济活动，但它们的主要法益应该是不特定多数人的生命、健康等公共安全，故将其理解为危害公共安全罪较为妥当。
③ Max Weber, Politikals Beruf, 4.Aufl., 1964. 转引自［德］克努特·阿梅隆：《德国刑法学中法益保护理论的现状》，收录于［日］日高义博：《违法性的基础理论》，イウス出版2005年版、第199—225页。

果伦理（Erfolgsethik）相区别的古老想法，通过区分行为不法（Handlungsunrecht）与结果不法（Erolgsunrecht），进而引申出其关于法益保护理论的关注点。详言之，即行为不法在于侵害规范，结果不法则超越了规范侵害而在于其所带来的结果。韦尔策尔认为："必须将制裁所保护的东西区别开来。也就是说制裁不外乎是保护规范的，但是应该将规范从法益当中区别出来。"[①] 因此，我们就必须将制裁所保护的东西，即规范区别开来思考问题，并且也必须将其与规范第一性所保护的东西分离开来思考问题，而规范第一性所保护的东西，便是法益。[②] 但规范不止保护一种类型的法益，某些秩序当然也可以成为规范的保护对象，尽管其可能并非第一性保护的对象。

在德国刑法学界，1932年林德曼（K.Lindeman）教授便指出，应该把国家的整体经济当作刑法所保护的法益，经济犯罪是一种针对国家整体经济及其重要部门与制度而违反的可罚性的行为。[③] 而在1977年，《选择草案》（Alternativ-Entwurf）奠定的经济刑法理论已处于主导地位，基于该理论，经济犯罪与经济刑法的特点为：行为并非（仅仅）针对个人利益，而是针对经济活动的社会性/超个人利益，即经济生活之社会性/超个人法（sozial-uberindividuelle Rechtsgüter- des Wirtschaftslebens）遭到侵害，或者当今经济生活之工具（Instrumente des heutigenWirtschaftslebens）遭到滥用。[④] 经济刑法规制对象行为的超个人性，以及经济刑法法益的超个人性，均在刑法学的发展中得到了肯定。但我们仍然要清楚，在肯定超个人法益的同时，其仍然承认对个人法益的保护，即此时的超个人法益仍然是与个人法益具有紧密关系的。

经济刑法不仅涉及具体的财产利益，更重要的是其涉及超个人法益理论的

[①] Welzel，Studienzum System des Strafrechts，ZStW 58（1939），S.512.
[②] Max Weber，Politikals Beruf，4. Aufl.，1964.
[③] 林山田：《经济犯罪与经济刑法》，三民书局1981年版，第12页.
[④] AE eines Strafgesetzbuches Besonderer Teil，Straftatengegen die Wirtschaft，1977，S.19. 转引自：[德]克劳斯·梯德曼：《德国经济刑法导论》，周遵友译，载赵秉志主编：《刑法论丛（第34卷）》，法律出版社2013年版，第7页。

相关方面。从广义上看，经济刑法包括企业对自身以及诸如企业设备和非物质利益等法益的保护，其中非物质利益包括企业的商业秘密、商标、著作权等，相关犯罪构成要件大多是针对第三人侵犯企业权利的行为，如产品仿冒及计算机程序盗版等行为。① 以上这些法益便很难通过"溯源关系"拆解为具体的个人法益，而这些超个人法益同样应该成为适格的刑法保护法益。以法兰克福学派为代表的观点，只论述了超个人法益中的一种类型，却忽视了在现实社会中还存在同属于超个人法益但是很难被"溯源"至某具体个人法益的类型。经济刑法中典型的抽象危险犯就是此种意义，引入抽象危险犯这一犯罪类型意味着刑法可罚性的扩张，只有当抽象的危险达到刑事可罚性（Kriminellstrafwürdig）的程度时才能适用刑罚。需要注意的是，从个人利益的角度来看，危险的确是作为一种抽象的概念，但是对超个人法益而言，将此类行为（如德国刑法中规定的补贴与信贷诈骗的构成要件限于纯粹的欺骗行为）构造为抽象的危险犯是合理的而且是必须的。德国学者梯德曼（Tiedemann）教授认为，以上观点正好得到了环境刑法中污染水源（Gewässerverunreinigung）之犯罪构成要件的证明："如果这里保护的法益只是人类生命利益与健康，那么污染水源就是对那些利益的抽象危险；相反，如果在生态的意义上，还（或仅）将（作为人类之生物性生命基础的）水之纯净性规定为保护对象，那么对于这种纯净性的破坏就是真实的侵害，而不是单纯的危险。与此极为相似的情形还包括，关于资合公司状况的真实信息也是一种利益，因而股份公司法、有限公司法以及合作社法上的犯罪构成要件惩治纯粹的欺骗行为，而不必考虑是否已经造成财产损害。"② 正是由于此类规定，如果行为人提供了关于资合公司财产状况的不实信息，一般公民的信息利益便可认为同样遭受了损害，而不再仅仅是危险。"这里导致

---

① ［德］克劳斯·梯德曼：《经济刑法总论"序言"》，周遵友译，载陈兴良主编：《刑事法评论（第 37 卷）》，北京大学出版社 2016 年版，第 333 页。
② ［德］克劳斯·梯德曼：《德国经济刑法导论》，周遵友译，载赵秉志主编：《刑法论丛（第 34 卷）》，法律出版社 2013 年版，第 25—26 页。

对于受保护法益（比如信息利益）的确立或者认定，绝对不只是为了证据上的利益。传统的财产刑法（尤其是欺诈之构成要件）在实践中常常对此无能为力①，这也正好预示着新的保护需求以及新的法益的产生。"② 显然这正是区别于超个人法益溯源说的另外的一条解释途径，即通过在刑法中危险犯的设定，将对个人法益的危险设定为针对超个人法益的实害，从而间接地对个人法益进行保护。

上述论证阐明了超个人法益的相对独立性，即独立于个人法益存在却又与个人法益紧密相关。在现行《刑法》分则第三章中，大部分罪名均符合该种解释路径。例如《刑法》第160条欺诈发行股票、债券罪，第161条违规披露、不披露重要信息罪，第162条之一隐匿、故意销毁会计凭证、会计账簿、财务会计报告罪，第162条之二虚假破产罪，第163条非国家工作人员受贿罪，第164条对非国家工作人员行贿罪，第169条之一背信损害上市公司利益罪，第170条伪造货币罪，第178条伪造、变造国家有价证券罪，第188条违规出具金融票证罪等罪名，以上各个罪名保护的法益虽然直接对象并非具体个人，但是却保障了在经济市场中各主体进行交易的知情权、公平竞争权等法益，从而间接保护了公民个人财产权。比如第163条和第164条，无论是公司还是企业均没有因为行为人双方的犯罪行为遭受损失，相反各自可能均获得了相应的收益，那刑法为什么还要规制该类型性行为呢？原因就在于该行为侵害了一种秩序，即在经济活动中公平竞争的秩序。尽管可能在行为人实施行为时并没有利益第三人的存

---

① 在传统财产犯理论中，此时一般认定为预备犯，而在德国刑法中单纯的预备行为（Vorbereitungshandlung）原则上是不处罚的。参见［德］韦塞尔斯：《德国刑法总论》，李昌珂译，法律出版社2008年版，第343—346页；这是因为德国采取的是"分则限制型"规定，即不在总则中一般地规定对犯罪预备的惩罚，仅在刑法分则中需要惩罚预备犯的犯罪中明确规定其构成要件。参见王世洲：《现代刑法学（总论）》，北京大学出版社2011年版，第219页。
② ［德］克劳斯·梯德曼：《德国经济刑法导论》，周遵友译，载赵秉志主编：《刑法论丛（第34卷）》，法律出版社2013年版，第26页。

在，但是如果允许这种秩序被肆意的侵害，那么当有利益第三人存在时再予以补救可能为时已晚，故需要将处罚前置以规避这种风险；同理可以发现，第170条伪造货币罪的保护法益有观点认为是货币制度，也有观点认为是货币的公共信用（保护货币发行权也属于公共信用的一种），① 但无论持何种观点，该罪的目的最终还是为了间接（通过处罚前置，避免伪造的货币在市场中流通，导致公民个人财产受到损害）保护公民个人在经济生活中的公平交易、等价交换等法益（刑法分则中货币类犯罪一般均可做此解释）。

（三）超个人法益独立说

超个人法益的独立性，是指将某类行为规定为犯罪，并非出于具体个人法益受到侵害，而是由于该行为违反了禁止规范，国家出于行政管理方面的需求将其作为规范保护对象。此类犯罪可以理解为大多是行政违法行为刑事化的产物，② 即被称为存在着先天的"法益性的欠缺"。③ 但也有学者认为其仍然侵害了法益，因为国家不会单纯为了某些规范的有效性而去命令、禁止某类行为，其本质还是为了实现具有法律之上价值的事态、关系或者避免负价值的事态、关系发生才去命令、禁止某种行为。④

无论采取哪种解释，均无法否定我国刑法分则第三章中确实存在一些与个人法益没有直接，甚至间接关系的犯罪，如为了在经济市场中维护相关行政管理之需要，在涉及准入、退出以及运行过程中的某些方面设立罪名，以维护我国经济秩序的有序发展。这些犯罪集中存在于走私类犯罪、妨害公司企业管理秩序类犯罪、破坏金融管理秩序类犯罪、危害税收征管类犯罪中。其中走私类犯罪仍然需进一步区分，走私武器、弹药罪与走私核材料罪如前所述应属于危害公共安全的犯罪，即便其在交易过程中存在经济行为，但本罪的主要法益仍

---

① 张明楷：《刑法学（第5版）》，法律出版社2016年版，第767页。
② 周佑勇、刘艳红：《行政刑法的一般理论》，北京大学出版社2008年版，第8页。
③ 刘艳红：《"法益性的欠缺"与法定犯的出罪》，载《比较法研究》2019年第1期。
④ [日]福田平：《行政刑法》，有斐阁1978年版、第36页。

应是公共安全,因此与具体个人法益仍有紧密联系。而走私文物、贵重金属、珍贵动物以及国家禁止进出口的货物、物品等行为,其主要侵害的明显是我国对外贸易管理等秩序,尽管在某些情况下其交易过程也导致国家税收的损失,并伴随着大量钱款的流动,但此时应将其理解为侵害对外贸易管理等秩序程度的具体参照。

经济刑法中的行政犯所保护的法益,虽然看似独立于个人法益并且与个人法益也很少有间接的关系,但正如一个国家的公民与这个国家的基础设施一样,是一种"演员与舞台"的关系。国家基础设施的建设与维护不会给个人带来任何利益的积极减少,但是如果没有这些基础设施的存在,那么个人在支配其利益实现时可能会面临成本过高的问题。例如刑法第174条擅自设立金融机构罪,我国通说认为,只要未经国家有关主管部门批准擅自设立了金融机构,便构成既遂,无须开展相应的金融业务活动。此罪设立的目的主要是保障个人在经济活动中的知情权,降低资金流动过程中的风险。本罪的实行行为一般是非法吸收公众存款等犯罪的预备行为,但是考虑到后者犯罪在当下的经济生活中如若发生便会导致难以衡量的财产损失,出于对公民个人的保护,我国刑法便采取处罚前置的方式将此种行为独立成罪,以求给个人经济生活提供安全的秩序状态。

(四)超个人法益解释路径之评述

我国《刑法》分则在进行罪名设置时,采取的主要标准为通过行为的类型进行划分,由此导致的情况是,许多的罪名即使是位于同一章节之下,但是细究各罪保护的法益可能并不相同。在刑法教义学的语境之下,虽然可以通过教义学的方法正确合理地对各罪的规范含义进行解释,但是仍无法掩盖刑法在分则条文设置时出现的"混乱"。笔者并非是对我国刑法进行批评,而是希望通过运用教义学的方法正确解释各罪名之间的关系以及体系定位,推动超个人法益犯罪形成体系化的构造。正如陈兴良教授指出的:"法教义学并不主张批评法律,而是致力于解释法律。通过对法律的解释,使法律容易被理解,甚至可以在一定限度内填补法律的漏洞。法教义学研究并没有丧失研究者的能动性而成为法律的奴仆，而是使法律变得更完善的另一种途径。"[1] 更何况我国现行刑法于1997年修订至今已逾20年，在这段时间里我们的社会现状与刑法理论均发生了大幅度的革新与进步，刑法中的相关规定与现实不相契合情有可原，我们只需直面缺陷，运用教义学的方法，将有缺陷之处通过解释予以完善即可。张明楷教授亦指出："在刑法条文的表述存在缺陷的情况下，通过解释弥补其缺陷，是刑法教义学的重要内容或任务之一。事实上，将批判寓于解释之中，是刑法教义学的常态。"[2]

对我国刑法理论分则罪名进行分析，可以发现超个人法益的三种解释路径均在我国刑法分则中得以体现，但存在罪名体系定位混乱等现状。根据罪名之间法益的不同，需要对其在刑法分则中的体系定位进行重新归类，进而依据不同分类对超个人法益犯罪进行合理的阐释。

1. 超个人法益溯源说：犯罪化根据的自然犯化

超个人法益溯源说与超个人法益独立说在我国刑法分则中均有相关体现，而且罪名所保护的法益还均有公共性，但仍需强调二者存在本质的区别。符合前者的超个人法益的犯罪化根据与自然犯相同，其本质仍然是对传统个人法益的侵害，只是由于"量大"所以致使法益具有了公共性，例如放火罪、决水罪、爆炸罪等。而符合后者的超个人法益，其犯罪化根据则与法定犯相同，即具有行政不法与刑事不法的二次违法性。例如污染环境罪、非法处置进口的固体废物罪中的"违反国家规定"、擅自进口固体废物罪中的"未经国务院有关主管部门许可"、非法捕捞水产品罪中的"违反水产资源法规"等。故超个人法益溯源说其实并不能体现法益的"超个人性"，其只是个人法益量的聚集，还未产生"量变到质变"的飞跃。质言之，笔者认为超个人法益溯源说其实徒有"超个人法益"之名，其实质上仍然属于"个人法益"理论的范畴。

---

[1] 陈兴良：《刑法知识的教义学化》，载《法学研究》2011年第6期。
[2] 张明楷：《也论刑法教义学的立场》，载《中外法学》2014年第2期。

2. 超个人法益相对独立说：法益侵害与规范违反的二元思考

在我国经济刑法中，大部分犯罪符合超个人法益相对独立性说。在当下的经济秩序中，金融交易与市场经济的有效运作可以为个人利益的实现提供媒介与平台，经济法与刑法均对其提供相应的保障。当下中国经济社会高速发展的同时，经济犯罪也以各种形式频繁多发，导致了传统刑法理论无法及时回应保护公民个人财产的需求，因此需要设置一些危险犯，将刑事处罚前置化，只有这样才能更周延地保护个人法益。反观德国当年经济刑法的发展动因之一，也是经济犯罪的日渐嚣张，为了更好地打击犯罪以保障个人、社会、国家的利益，刑法不得不扩张刑法圈，将法益保护的触手前置，设置了相应的超个人法益罪名。[①] 根据法益主体划分，存在个人法益、社会法益和国家法益三种类型，但在尊重基本人权的现代法治国家之下，生命、身体、自由、名誉、财产等个人法益是一切法益存在的基础和出发点，刑法应将其作为主要法益予以优先保护。[②] 但是仅仅对于主要的法益进行直接保护，虽顾及了法益保护的主要方面，但必将存在法益保护的漏洞及出现保护不周延的情形。正因如此，经济刑法理论才应运而生，其克服了传统刑法个人法益保护的漏洞，对独立于个人法益之外但是对于个人法益的保护具有重要作用的超个人法益加以保护，弥补了个人法益无法涵摄的漏洞，由此实现对个人、社会、国家在经济生活中的利益保障。

3. 超个人法益独立性说：法益保护早期化与刑事处罚前置化

关于将法益保护提前化进而设置危险犯的做法，其实早在1970年秋便在日本的"公害国会"临时会议上进行过辩论。有观点就认为公害犯罪与侵害具体个人法益的犯罪存在明显区别，如果将处罚前置会有违人权保障。针对这种观点藤木英雄教授进行了直击要害的回应，指出当时的人们还没有对风险社会有清晰的认识，针对公害犯罪意识相当淡薄，"凡是目睹过这种惨状（遭受公害犯

[①] ［德］马克·恩格尔哈特：《德国经济刑法的发展和现状》，徐剑译，载陈兴良主编：《刑事法评论（第39卷）》，北京大学出版社2017年版，第304—326页。

[②] 黎宏：《刑法学总论（第2版）》，法律出版社2016年版，第47页。

罪侵害的被害人的现状）的人都会感到，如果连这都还不算犯罪的话，那么就没有什么犯罪可言了"，并拿出具有代表性的沙利度胺（Thalidomide）丑闻[①]等事件予以说明。[②] 如今人们在经历了历史的惨痛教训后，对"公害犯罪"的意识已经不再淡薄，世界各国均在刑法典中采用"危险犯"的立法形式规定了一定数量的犯罪，而危险犯的设立，正是刑法对法益保护早期化的回应，目的在于预防犯罪行为社会危害的深化和蔓延。[③] 例如我国在刑法分则中专节规定了破坏环境资源保护罪，在此节中除刑法第 342 条非法占用农用地罪直接或间接与具体的个人法益密切相关外，其他均属于典型的超个人法益犯罪（以超个人法益相对独立说和超个人法益独立说为主），而对此学界却鲜有批评之声，反而是在经济刑法领域，众多学者针对超个人法益、秩序法益等进行了诸多批评。难道自然环境之于社会生活中个人的重要性与经济秩序之于经济活动中个人的重要性差距如此之大吗？笔者认为显然不是，将二者如此区别对待是一种对经济秩序的轻视，也是对超个人法益独立性的误解，个人利益在经济活动中固然重要，但是如果没有一个良好运行的环境、市场、平台，那么个人也终将无法支配其利益的实现。

（五）超个人法益的理论争议及其匡正——以经济秩序法益为例

经济秩序属于超个人法益（作为经济刑法法益）的一种，要否定秩序法益的独立价值，便要否定超个人法益独立存在的正当性。但有学者在论述超个人法益正当性时便精辟地指出："人不是独立地存在于社会，而是必须与他人、社会有所互动地存在于生活。此外，一个国家必须具有某些社会、经济、政治、

---

① 沙利度胺（Thalidomide）能够有效缓解女性怀孕早期的孕吐，在 20 世纪 50 至 60 年代初期在世界被广泛使用，但之后发现其会妨碍孕妇对胎儿的血液供应，导致大量畸形婴儿的出生，因此自 20 世纪 60 年代起，该药便在严格管控下仅适用于某些癌症、麻风病等。
② ［日］藤木英雄:《公害犯罪》，丛选功等译，中国政法大学出版社 1992 年版，第 3—8 页。
③ 涂龙科:《经济刑法中危险犯的立法问题研究》，载《法学杂志》2012 年第 8 期。

文化上的制度与秩序，以供个人与他人互动、沟通，或是作为实现个人利益的平台界面。就如同一个人拥有财产，但欠缺交易或经济制度使其得以支配运用财产，则这个人只会成为在孤岛上坐拥金山的鲁滨逊而已。然而，对一个作为法主体的个人而言，值得保护的利益，不仅是他所拥有的利益或权利，也应该包含各种使个人得以发展成为成熟公民，以及真正开展其人格、自由，使财产得以运用的各种法律秩序、机制或制度。"① 因此，反秩序说的观点大多忽视了经济秩序与个人利益之间的关系，存在将二者对立的误解，故对此亟待进行理论上的解释与说明。

1. 秩序法益理论不可承受之重

（1）秩序法益观使刑法工具主义死灰复燃

我国有学者将承认秩序法益作为经济刑法法益的观点评价为可以导致刑法工具主义死灰复燃的导火索，但笔者认为此观点存在逻辑漏洞。在我国社会中，刑法工具主义从古至今一直长期存在于司法实践当中，即使现在也很难将其从国家治理手段中抹去。而"秩序说"的演进自20世纪刚刚在德国开始，更不必说国内有关经济刑法法益的讨论自20世纪80年代才刚刚起步。与其说经济刑法法益中的"秩序说"是刑法工具主义的导火索，倒不如认为正是由于刑法工具主义在当下社会中仍具有相当的客观需求，才衍生出了"秩序说"的土壤。由此看来，经济刑法法益中的"秩序说"应该被认为是刑法工具主义客观存在的具体反映，而并非是刑法工具主义存在的导火索，即便自"秩序说"诞生之后其对刑法工具主义的发展起到了相当大的促进作用，但在我国当下的学理与实践中，二者的逻辑关系还远未达到可以颠倒的程度。更何况，几千年以来刑法工具主义一直在我国的刑事立法、司法中客观存在，甚至在某些时间段起着主导作用，其在我国从来没有式微甚至消失过，因此更谈不上"死灰复燃"。②

---

① 王皇玉：《刑法总则（五版）》，新学林出版股份有限公司2019年版，第25页。
② 涂龙科、李萌：《左支右绌、捉襟见肘的经济刑法法益》，载魏昌东、顾肖荣主编：《经济刑法（第18辑）》，上海社会科学院出版社2018年版，第10页。

(2) 秩序法益观致使经济自由遭到侵害

我国有部分学者认为，强调对经济秩序的保护是一种忽视经济自由的做法，将会导致交易自由、经济创新等方面受到过度干预。这其实是一种误解，强调对经济秩序的保护，其本质便是维持一种经济安全状态，以便更好地保障个人实现经济利益。强调保护经济秩序、经济安全的学者，在面对突破现有规则的经济创新行为时，依然会强调刑法应该给其预留合理的空间；在面对非法吸收公众存款罪设立的问题时，依然会认为此举"就是将不具有欺诈性的民间集资行为规定为犯罪，仅仅出于维护国家金融管制的需要，而完全忽视我国公有制主体下民营企业等非公有制企业融资渠道不畅的客观现实以及民间集资在资金市场的调配价值"，① 并将其评价为罔顾市场发展而进行的过度干预行为。故强调对经济秩序（超个人法益）的保护并非只是单纯"统制主义"的体现，其背后还有更深层的考量，那便是为个人支配利益提供稳定的平台和安全的秩序。没有实现可能的利益并不能称之为利益，同理，没有秩序保障的利益也不可能持续性地存在。②

(3) 秩序法益观致使法益概念抽象化

有学者主张的可以解决法益概念抽象化难题的"利益法益观"，其实就是基于超个人法益溯源说展开的。详言之，即以个人利益为基础的"一元法益观"。但在面对利益概念本身就具有的多变性和不明确性时，无论支持者还是反对者均承认利益概念是抽象的、存在缺陷的。韦尔策尔（Welzel）便指出："利益在语言上像愤怒的普罗透斯，不像其他词汇，在观念上给所有东西蒙上黄昏的面纱，晦明之间，却有所区别，因而更加危险。"③ 即便是法益概念，在"一元法

---

① 田鹏辉：《经济安全与经济刑法立法模式选择》，载《法商研究》2018 年第 3 期。
② 涂龙科：《经济刑法中危险犯的立法问题研究》，载《法学杂志》2012 年第 8 期。
③ "普罗透斯"是希腊神话中的神，有着一张捉摸不定的脸，变化无常，甚至会呈现截然不同的面貌。Hans Welzel, Studienzum System des Strafrechts, in Abhandlungzum Strafrecht und zur Rechtsphilosophie, Walter de Gruyter, Berlin/New York, 1975, S.135. 转引自王安异：《我国经济刑法的立法根据质疑》，载《中国刑事法杂志》2011 年第 3 期。

益观"视角下其是以"个人利益"为核心展开的,故其"开放面对历史演进和经验知识的增加",也"没有可以推导出最终结论的定义",[1] 同时在学说发展的历史中,法益概念也没能摆脱意义多变、精神化和抽象化的特质,[2] 其在经济刑法的讨论中局限性依旧存在。因此,无论是利益概念还是法益概念,均存在无法明确规范内容的缺陷,随着利益概念的可此可彼、忽此忽彼[3],"利益法益观"在解释法条、分析罪名时便丧失了确定性,存在与罪刑法定原则相悖之嫌。

况且如果要求所有的超个人法益最终都可以"溯源"至个人法益,那么将会引发一个新的问题,即所有的"超个人法益"犯罪岂不是都将与"个人法益"犯罪产生竞合问题。由此而来,将会带来罪数论、刑罚论等一系列难题,如果对超个人法益犯罪中的数个个人法益犯罪进行并罚,那么其与超个人法益犯罪自身的处罚要如何协调便成为新的问题(想象竞合还是数罪并罚)。因此,如果采取上述观点的话,虽然貌似可以解决超个人法益理论的抽象性问题,但其将会"牵一发而动全身",引发更多新的问题,最终导致得不偿失的后果,故并不可取。

按照本章第一部分的梳理,其实超个人法益相对独立性说下的秩序法益并不会产生过于抽象化的问题,并且也不存在侵犯经济自由、平等竞争等利益的可能,反而通过对此种秩序法益的保护,公民在市场经济中的个人利益得到了更充分的保障。在以往的讨论中,学者们对于经济秩序法益和个人利益法益太过泾渭分明,导致忽视了两者在本质上其实是相辅相成的关系,承认"秩序法益"的存在,并非是对"个人法益"的否定,只有强调"二元法益观"[4] 才能更

---

[1] Claus Roxin, Strafrecht AT.1, Aufl 4, München: C. H. Berk, 2006, S.17f. 转引自王安异:《我国经济刑法的立法根据质疑》,载《中国刑事法杂志》2011 年第 3 期。
[2] [日] 伊东研祐:《法益概念史研究》,成文堂 1988 年版,第 423 页;王安异:《刑法中的行为无价值与结果无价值研究》,中国人民公安大学出版社 2005 年版,第 75—76 页。
[3] 王安异:《我国经济刑法的立法根据质疑》,载《中国刑事法杂志》2011 年第 3 期。
[4] 关于"二元法益观"的相关论述,参见孙国祥:《集体法益的刑法保护及其边界》,载《法学研究》2018 年第 6 期;马春晓:《现代刑法的法益观:法益二元论的提倡》,载《环球法律评论》2019 年第 6 期。尽管表述不一致,但本章所使用的个人法益/超个人法益的用语,在本质内容上与个人法益/集体法益的用语并无实质不同。

好地解决法益概念自身的局限性，以应对现代社会的发展。

2. 秩序背后的超个人法益理论机能遭到忽视

对于秩序法益的主要批判之一，便是认为此观点会将仅侵犯"经济秩序"而未侵犯"个人利益"的行为认定为犯罪，进而违背了刑法保护法益的原则。正如林幹人教授认为："自由经济秩序这些抽象性、观念性的法益，作为科处行政制裁的前提是妥当的，但是作为刑法保护的法益，却不能仅是观念性的。刑法保护的法益应该是以消费者利益为中心，因为经济犯罪之损害，会扩展到全体消费者，每个人成为真正被害人和财产犯罪损害对象之间并没有质的差异。"[①]此种批评确实有一定的道理，按照芝原邦尔教授的意思，便是如今之社会已经不能再通过刑法规制之途径来维持一定的经济秩序了，经济犯罪之成立除了违反秩序的要求外，还应该加上行为侵犯市民经济生活的要素，同时具有高度的盖然性。经济刑法所规制的重点，应该是侵犯一般消费者利益、市民经济生活的行为。[②] 但是我们需要明确的是超个人法益的落脚点。如果一定要求为可以通过解释，最终使得其落脚点归为个人法益，那么，直接依据行为侵犯个人法益的相关罪名进行处罚就行了，超个人法益没有存在的意义，况且可以肯定的是许多的超个人法益与个人法益是存在间接关系的，并不存在直接关系，很难抽象地从一般情况建立起二者的联系。但是，这些超个人法益又的确弥补了处罚漏洞，在现实中更全面地保障了公民个人利益。

近年来有学者认为，我国经济刑法法益应该从"秩序法益观"转向"利益法益观"，从而可以解决"超个人法益观"过于抽象的难题。[③] 但是，随着研究的深入，该学者在最新关于金融刑法（经济刑法）法益实质内涵的论文中，对

---

① ［日］林幹人：《现代经济犯罪——法的规则研究》，弘文堂1989年版，第55—56页。
② ［日］芝原邦尔：《经济刑法与市民经济生活的保护》，载《法律时报》1986年第4期。
③ 魏昌东：《中国经济刑法法益追问与立法选择》，载《政法论坛》2016年第6期；钱小平：《中国金融刑法立法的应然转向：从"秩序法益观"到"利益法益观"》，载《政治与法律》2017年第5期。

其观点进行了完善，指出应由传统的"秩序法益观"转向"秩序导向下的利益法益观"。① 根据此种改变我们可以发现，在金融发展第三次浪潮中，如果仅强调"个人法益"，而忽视了（相对）独立于个人利益之外的"秩序法益"，那么以金融交易利益为核心确立的新"金融秩序"（即"经济秩序"）便无法得到充分的保护，而以此为平台的金融交易行为也无法正常进行。既然如此，为何不直接大方地承认"秩序法益"的存在，相比于构建复杂的学说内涵而言，可能更加有利于立法和司法层面的借鉴。

3. 误将秩序法益的内涵单一化

批评秩序说学者还认为，该说违反了法益的基本原理，理由在于经济秩序是经济系统内各要素正常运行的一种状态，但这种有序状态并非是利益本身，而是利益的前置性条件，因此应当用"利益说"来代替"秩序说"。针对此种批评有观点认为，其将秩序混同于物质利益的产生、形成机制，但利益既可以是具体可触的，也可以是抽象制度的，表现为特定的、稳定的制度秩序，规范、有序的经济秩序就意味着世间在市场经济大潮中沉浮的普罗大众的深厚福祉，是巨大的国民利益。② 依笔者之见，上述两种观点都忽略了一点，即"秩序"内涵的多元性。秩序确实会成为利益的前置性条件，比如国家安全秩序可以成为一国境内几乎所有利益的前置性条件，但是也不能忽视某些秩序本身也具有利益属性，如公平竞争秩序在市场经济中既可以成为保障经济行为公平、公正的前置性条件，其本身也足以成为一种刑法保护的利益，此时的秩序便不单是一个前提性条件，而是成为符合法益基本原理的一种利益。

有学者认为，出现"环境""秩序"之类的、难以被"溯源"为个人法益（例如人的生命、健康、自由、财产、名誉等具体生活利益）的超个人法益，是

---

① 魏昌东：《中国金融刑法法益之理论辩证与定位革新》，载《法学评论》2017年第6期。
② 涂龙科、李萌：《左支右绌、捉襟见肘的经济刑法法益》，载魏昌东、顾肖荣主编：《经济刑法（第18辑）》，上海社会科学院出版社2018年版，第9页。

法益原则面临侵害风险的危机之一。① 但笔者认为，抽象法益的出现正是个人法益无法回应社会发展、客观事实产生相应需求之下的必然产物，其正是对当下被普遍称为"风险社会"之现实的一种客观回应，这是因为"适当的实定刑法，必须适应具体社会中对法益保护的现实要求"，② 而理论的发展同样反映了这种现实要求的变迁，超个人法益理论便是基于社会对法益保护的需求，从而发展并逐渐完善起来的。③

4. 秩序法益并非导致象征主义的唯一原因

1994 年储槐植教授指出，我国经济刑法领域的立法存在此种现象："在立法上出现了对经济活动领域的一些无序、失范行为在没有取得规律性认识、没有动用民商法、经济法和行政法手段予以有效调整的情况下，就匆忙予以犯罪化，纳入刑罚圈的现象，使刑罚的触须不适当地伸入到经济活动的某些领域。"④ 然而这些问题时至今日，仍然在我国经济刑法领域存在。有学者便指出当下我国经济刑法仍然乱象丛生，立法的不当扩张限制了自由、减少了可能的市场增益，法域的边界模糊导致不同法秩序之间关系混乱，立而不用现象明显致使立法走向"象征主义"歧途。⑤ 此种现状的描述，很大程度上符合了现状，但是造成现状的原因是多种多样的，仅将结果乱象归责于法益理论的选择，恐怕难以形成合理的论述。

我国在立法层面确实存在"象征主义"，但是与此同时我们不能忽略一点，即某些刑法罪名适用率的下降，并非其无法产生法益保护效果，反而正是由于该罪名的存在，对社会中的不特定人群起到了良好的宣示效果，使得行为人在

---

① 黎宏：《法益论的研究现状和展望》，载《人民检察》2013 年第 7 期。
② [日] 大塚仁：《犯罪论的基本问题》，冯军译，中国政法大学出版社 1993 年版，第 14 页。
③ 同样持此观点者还有李小文博士，详细论述参见李小文：《行政犯定罪的基本原理》，上海交通大学 2014 年博士学位论文，第 68—69 页。
④ 储槐植：《罪刑矛盾与刑法改革》，载《中国法学》1994 年第 5 期。
⑤ 魏昌东：《中国经济刑法法益追问与立法选择》，载《政法论坛》2016 年第 6 期。

意欲实施此类行为时面临刑罚的成本考虑，促使其放弃此类犯罪行为。基于此，便不能因为我国立法存在"象征主义"现象，就全然否定一些适用率较低的罪名条文之价值。另外很多罪名适用率的下降，有多种因素左右，比如社会公民的整体法治意识提高、我国行政管理水平提升、社会制度得到完善等。同时，不同法秩序之间的关系紊乱，不仅是经济刑法忽视主要法益和次要法益关系的结果，在司法实践中适用法律时缺乏适当的解释、对法益认定的错误等情形，同样也会影响对违反秩序法益的行为进行定性与定量的合理判断。因此，将由多种因素导致之结果归责于一种原因（法益"泛秩序化"）做法，不可不谓之欠妥。

三、行政刑法理论应以超个人法益为核心构建

通过前面的整理、分析可以发现，行政犯侵犯的法益应该理解为超个人法益，而基于此，构建行政刑法理论，我们也应该以超个人法益理论为核心去理解、适用相关罪名。因此，既有的以个人法益为基础的自然犯理论难以回应以超个人法益为基础的行政刑法理论的需求，为了解决这一问题，行政刑法理论必须要以超个人法益为核心进行体系建构，就法益理论、构成要件要素的认定、违法阻却事由的确定、违法性认识错误等问题进行重新阐释，如此方能推进行政刑法理论的建构。而这并非本书所关注的内容，其应该属于更宏观、更基础的刑法理论研究，此处仅是略微提及。

第三节 行政犯的违法性判断问题

如前所述，行政犯通常需要借助前置法作出准确认定，因此一般认为行政犯具有行政和刑事的双重违法性。即首先违反了行政法规，因而具有行政违法性。其次，行政犯违反了刑法规范，侵害刑法保护的法益，因而具有刑

事违法性。所谓行政违法性是指违反行政法规，这是行政犯构成要件的规范要素。刑事违法性是指行政犯的构成要件行为符合刑法规定，具有构成要件该当性。①

行政犯的违法性判断是指判断一个行政违法行为是否构成犯罪的具体方法、规则和路径。由于行政犯兼涉行政法和刑法两大部门法，对某一行为，其合法性或者违法性的判断在不同的部门法中得出的评价结论是否统一，是在整体法秩序之下违法性判断的重要议题。当前，行政犯的违法性判断的主要学说和具体方法有三类：严格违法一元论指导下的绝对从属性说、缓和违法一元论（量的差异论）指导下的相对从属性说、违法相对论（违法多元论、质的差异论和质量差异论）指导下的相对独立性和绝对独立性说。② 三类理论可简要地具体化为两个命题：(1) 在刑法中，符合构成要件的行为在行政法中属于合法行为，在刑法中是否也应肯定该行为的正当性；(2) 在行政法中被禁止的行为，如果符合刑法中的构成要件，那么，该行为在刑法中是否也应视为违法。严格的违法一元论均肯定命题(1)和(2)；违法的相对论否定命题(1)和(2)；缓和的违法一元论肯定命题(1)，但否定命题(2)。③

一、违法性判断理论

（一）严格违法一元论

严格的违法一元论是德国学者恩吉施提出的，是德国的通说。违法一元论的思想基础是法秩序的统一性。所谓法秩序的统一性是指宪法、刑法、民法等多个法律领域构成的法秩序不能相互矛盾，更准确地说，是这些不同的法领域在立法、法律解释适用上不能相互矛盾和冲突。如果法领域之间不协调，如行政法上容许的行为在刑法上却被处罚，国民就会不知所措。从这个意义上而言，

---

① 陈兴良：《法定犯的性质和界定》，载《中外法学》2020年第6期。
② 熊波：《行政犯的类型与违法性判断的区分》，载《政治与法律》2020年第5期。
③ 吴镝飞：《法秩序统一视域下的刑事违法性判断》，载《法学评论》2019年第3期。

法秩序的统一性意味着违法的一元论。① 恩吉施认为，即便只是形式的意义，统一的违法概念也必须坚持，违法意味着规范的违反，既然规范秩序是统一的，那么违法概念的统一性应当被认可。现实中违法性的实质区别确实存在，这产生于各个多样的法领域，但由于法秩序的统一性，这种区别应当逐渐被解消。②法的效果在法秩序中是多样的，这一事实虽然存在，但将之作为认定民事违法和刑事违法差异的根据是错误的。法的义务和违法阻却事由也以全体法秩序为基础，具有一般性，行为违法性应当通过整体法秩序下所有相关利益的衡量，平衡在统一的法秩序中的所有内容和价值来加以认定。③ 德国刑法将严格的违法一元论主要用于对违法阻却事由的承认上。实践中，违法阻却事由（尤其是超法规的违法阻却事由）的判断方法要从刑法以外的全部法领域中寻求，这是违法统一性的最大机能。违法阻却事由并不限于成文法，而是要从全体法领域中得出，这是法秩序统一性的意义；无论何种法律效果，容许规范都从全体法秩序中得出。④

严格的违法一元论立足于存在论的立场，强调刑法与其他部门法在评价行为时必须绝对一致。刑法评价为违法行为则所有法律部门都应该评价为违法，反之亦然。⑤ 即在刑法上被评价为违法的行为，民法、行政法等其他法领域中也要认定为违法；在民法、行政法等法域评价为违法的，在刑法上也要按照违法行为处理。⑥ 在日本，严格的违法一元论认为，对作为犯罪成立要件之一的违法性的评价应从全体法秩序的立场进行统一的理解。但这种理论完全没有考虑不

---

① 童伟华：《日本刑法中违法性判断的一元论与相对论述评》，载《河北法学》2009年第11期。
② Vgl. Karl Engisch, Die Einheit der Rechtsordncag, 1935, S. 26.
③ 陈少青：《法秩序的统一性与违法判断的相对性》，载《法学家》2016年第3期。
④ 陈少青：《法秩序的统一性与违法判断的相对性》，载《法学家》2016年第3期。
⑤ 陈惜珍：《侵占不法原因给付物的类型界分与刑法规制》，载《江西社会科学》2017年第12期。
⑥ [日] 木村龟二：《违法性的统一性的理论》，载《法学讨论》1969年第156号。

同法律领域的特定机能以及不同法律责任性质上的差异，有所不妥。在民法或者行政法上禁止的行为该当构成要件的场合下即便对于民事上轻微的违法行为，只要符合构成要件该当性，就可能会作为犯罪来处理，这并不合适。

杨兴培教授指出，经济犯罪必然具有二次违法性的特征。一个国家对社会的管理控制应当主要依据民法、经济法和行政法，对于经济违法、经济失范行为应当优先通过前置性法律加以处置，而刑法在法律体系中应当处于保障法的地位，具有最后性。[1] 故只有在其他规制手段不充分时才应允许刑法介入。这就意味着一方面经济刑法立法上犯罪化和司法中的处罚是以严重的社会危害性为依据的。另一方面刑法的判断不得与前置法相矛盾，经济犯罪的成立应当首先具有前置法中设定的违法性。刑事违法具有高违法性，前置违法则是低违法性，如果前置法不存在违法性，则刑法不应启动。[2]

田宏杰教授认为，刑法作为所有部门法的后盾与保障，无论是犯罪圈的划定还是刑事责任的追究，既要在形式上受制于其保障的前置法之保护性规则的规定，又要在实质上受制于前置法之保护性规则共同保障的调整性规则的规定。[3] 简言之，可以理解为严重的违法即犯罪，两者仅是量变的差异。在此前提下，经济刑法作为行政刑法承担了二次法律调整之责，其违法性判断是前置法第一保护性规则的补充，应当以第一次调整的违法性判断为依据，弥补第一次保护责任追究与制裁力量的不足。可以认为，这种理论下前置法起到"定性"作用而刑罚起到"定量"作用。

严格的一元论实则是依从刑事古典主义的观点，它保障了法秩序的统一，且以"量"作为刑法的介入标准使得认定更为直观，避免了"质"的参与下法

---

[1] 杨兴培：《论经济犯罪刑事责任的立法模式》，载《环球法律评论》2018 年第 6 期。

[2] 江奥立、杨兴培：《犯罪二次性违法特征的理论与实践再探讨》，载《汉江学术》2016 年第 5 期。

[3] 田宏杰：《行政犯的法律属性及其责任——兼及定罪机制的重构》，载《法学家》2013 年第 3 期。

益判断的抽象性。但是其在违法阶层上无法进行实质的判断，仅仅通过形式上的构成要件的符合而认定犯罪，会导致犯罪圈的扩大，非刑事法律和行政权过度向刑事法律转化。同时法益保护目的的缺失也导致了严格的一元论无法适应风险社会之下经济刑法对市场风险的防范与规制作用。

因此，即使在违法性判断问题争议激烈的日本，除了木村龟二教授外鲜见主张严格的违法一元论者，当下常提到的"违法一元论"实际上系指缓和的违法一元论。这是因为，严格的违法一元论虽然对限制处罚和违法范围有一定的积极意义，但其完全否认刑法自有的机能、目的、特性等独立品性的主张难言妥当。而在我国学界，对违法性判断问题进行讨论时，甚至经常略过该理论展开阐述。[1]

（二）缓和违法一元论

缓和的违法一元论认为，违法一元性并不必然意味着其他法域的违法行为在刑法上也必须受到处罚，因而应支持可罚的违法性理论。可罚的违法性是宫本英修教授率先提出的："从主观的违法性论出发，使违法性判断成为客观要素与主观要素相统一的所谓一般刑法规范上的违法判断，在此基础上再作具体的可罚判断，其中前者是前提基础，后者是对前者的实质判断和限缩。"[2] 佐伯千仞教授在继承了宫本英修教授的可罚的违法性理论的基础上进一步发展了该理论，其从客观的违法性视域出发，对轻微行为的违法性进行了否认。对于到达一定程度的违法行为，刑法才进行处罚，并非只要违法刑法便要进行处罚。换言之，在整体的违法行为中，并不是所有的行为都要刑法进行干预，一些行为虽然违法，但是本身并未到达值得刑法科处刑罚的程度，对于这些行为，在民事上进行赔偿或者行政法上进行惩戒就足够了。但是同时，对于可罚的违法性有些学者也有不同的认识，有学者将其看作是超法规的阻却事由，日本学者大冢仁教授认为，某行为"虽然在其他法律领域被评价为存在违法性，但在刑法上从科以刑罚的角度

---

[1] 温行健：《论多元的违法性判断》，载《江西警察学院学报》2018年第3期。
[2] 陈兴良：《教义刑法学（第二版）》，中国人民大学出版社2014年版，第363页。

来看却缺乏适合性，而所谓缺乏可罚的违法性正是指这一情形"。① 大冢仁教授的这种观点实际上是指出了超法规阻却事由的意义，它只是一种例外的、特殊的适用情形。而上述的佐伯千仞教授提出的观点实际上是一种"二元阻却说"。②

其次，在适用可罚的违法性理论时，应采取"一般违法性＋可罚的违法性"这种二重判断结构，亦即，要肯定具有刑法上的违法性，除了一般违法性之外，还必须同时具有可罚的违法性，因而一般违法性只是刑事处罚的必要条件，整体法秩序意义上的违法行为之中，存在可罚的行为与不可罚的行为。关于可罚的违法性的适用范围，日本学界存在较多的分类。有的学者区分为绝对轻微型与相对轻微型；有的区分为宪法论的限定解释型、目的论的限定解释型、违法相对型、紧急行为型、单纯微罪事件处理型等；有的区分为绝对轻微型、相对轻微型、违法相对型、合宪限制解释型。③ 综合来看，对于可罚的违法性理论的适用范围大致上可以分为绝对轻微型、相对轻微型、违法相对论这几种类型，绝对轻微型主要指虽然一些行为侵害了法益，但是侵害程度极其轻微并不值得刑法去处罚。比如，行为人去盗窃一张纸。在日本刑法理论中，主要是以行为不具有社会相当性或者不符合人们的法感情进行论证行为不具有可罚的违法性。因为我国刑法是对犯罪定性加定量的双重规定，例如我国刑法不仅规定了盗窃罪的犯罪构成同时有"数额较大"的量化规定，所以绝对轻微型从现实司法实践层面来看于我国不具有现实意义。相对轻微型是指那些实施了该当构成要件的行为，该行为被认为是为保护其他法益而必要的，由于结果无价值的大幅度中性化，而只能认可其只有轻微的违法性，可能肯定其系违法性阻却事由。对于这种情形也可以通过法益衡量理论来进行解决，从而论证其不具有可罚的违

---

① ［日］大冢仁：《犯罪论的基本问题》，冯军译，中国政法大学出版社 1993 年版，第 128 页。
② ［日］大冢仁：《刑法概说（总论）（第三版）》，冯军译，中国人民大学出版社 2003 年版，第 363—364 页。
③ 王彦强：《可罚的违法性论纲》，载《比较法研究》2015 年第 5 期。

法性，进而阻却违法。

最后，通过采取二重判断结构，主张违法阻却事由既包括完全阻却违法性的"正当化事由"，还包括"可罚的违法阻却事由"，后者虽不能完全阻却违法性，但降低了违法性的"质"或者"量"，使之未达到可罚程度，因而虽不构成犯罪，但仍属于刑法上的"违法"行为，可成为正当防卫的对象。① 所谓的"量"，主要是从结果无价值论的角度而言的，是指行为造成了法益侵害但是程度比较轻微；所谓"质"，是从行为无价值的角度而言的，指从行为本身来说其样态属于违法，但是行为所违反的社会秩序及社会伦理规范尚未达到社会相当性的程度，尚无须以刑罚加以制裁。行政不法与刑事不法在行为的性质上不存在差异，而只有在行为的轻重程度上具有量的不同，即刑事不法与行政不法相比较，仅仅是具有较大的社会危害性而已，是程度较大的不法。②

（三）违法相对论

根据法域的不同，刑法与民法的目的、效果具有明显差异，违法相对论主张各部门法的违法性的评价都不相同。刑法规范是以裁判规范为主的规范，进而，刑法的违法性评价必须以是否具有值得刑罚处罚的法益侵害性判断（实质的违法性）为核心独立判断，而不为民法、行政法的违法性所决定。违法相对论不认可"二重判断模式"，首先，在考虑应否处罚的场合下，再单独讨论"一般违法性"概念并无益处。其次，在已经认定完全没有违法阻却事由的情况下，还讨论以可罚的违法性作为阻却违法的理由，只会使得犯罪论过度复杂化，有损构成要件的违法推定机能和保障罪刑法定机能，导致无意义的混乱。与之相对，违法相对论主张进行实质的违法判断。当然，实质的违法判断与可罚的违法性判断具有较多相重合之处（目的正当性，手段正当性，法益的权衡，必要性、紧急性与轻微性等），甚至可以说违法性判断的实体中本身就已经包括了可罚性判断的内容。不过直接对违法性进行实质判断，可以避免区分一般违法阻却

---

① 王昭武：《法秩序统一性视野下违法判断的相对性》，载《中外法学》2015年第1期。
② 孙国祥：《行政犯违法性判断的从属性和独立性研究》，载《法学家》2017年第1期。

事由和不可罚的违法阻却事由所带来的弊端。①

  违法的相对论在日本学界被广泛接受。日本学者前田雅英认为，现实的法包含各种各样的矛盾，且不必消除，只要在法秩序目的所必要的范围内、在可能的前提下尽量消除矛盾即可。②京藤哲久教授也认为，即使是统一法律规范命令为而另一法律规范命令不要为同种行为，也没必要绝对排斥这种规范冲突。法秩序的统一性并非绝对地要求排除规范之间的矛盾，违法判断的统一性理论也并非法秩序的统一性要求的必然归结。违法判断的相对性理论更能符合法秩序在目的论层面上的统一性的要求。③日本学者团藤重光认为，违法性虽然是整体法秩序的基础，但由于不同领域具有不同的"法目的"，故其违法性认定具有相对性。因此，在其他规范中的有效行为在刑法领域仍可被判定为违法。换言之，其他领域认为合法的行为在刑法中可能具有违法性，反之其他领域认为违法的行为在刑法中不认为是犯罪。④藤木英雄认为，犯罪行为不仅需要符合违法的形式外观，还需要符合具有值得处罚的定型化的实质违法性。同时他认为可罚的违法性应当同时置于行为无价值中进行考虑，既要考虑其是否造成法益的侵害，也要考虑其社会相当性程度，即参照行为本身的目的、手段、行为者的意思状态等诸多情况，从而认定行为样态是否具有社会通常观念所容许的相当性。⑤这一观点实则是将可罚的违法性置于构成要件该当性层面，将其作为阻却该当性的依据，直接将不符合刑法目的的行为排除出该当性范围。

  相对论旨在强调刑事不法侵害中法益侵害的特殊性，认为其与其他领域的

---

① 温行健：《论多元的违法性判断》，载《江西警察学院学报》2018年第3期。
② 童伟华：《日本刑法中违法性判断的一元论与相对论评述》，载《河北法学》2009年第11期。
③ ［日］京藤哲久：《法秩序的统一性与违法判断的相对性》，王释锋、甄贞译，载《苏州大学学报（法学版）》2020年第1期。
④ ［日］团藤重光：《刑法纲要统论》，创文社1990年版，第136页。转引自马荣春：《可罚性理论：对可罚的违法性理论的超越》，载《法治研究》2015年第4期。
⑤ ［日］藤木英雄：《可罚的违法性》，学阳书房1975年版，第9页。转引自于改之：《可罚的违法性理论及其在中国的适用》，载《刑法论丛》2007年第12期。

不法决然分离。因此在对经济刑法的解释适用上，相对论也主张对法条用语的解释范围不必然小于或等于非刑事规范的解释结论，而纯粹以刑法的保护目的为依据。同时在构成要件的该当性上也采用实质解释的方式而不要求行为必须符合非刑事规范要件的规定，由此增加了刑法的灵活性，增加了对非刑事法规范中未规定的违法行为进行追诉的可能，进一步弥补了社会环境快速变化下刑法规制时找法困难的情况。但是，在违法相对论的语境下，将其他法律认为合法的行为认定为刑事领域的违法，违反了刑法的最后性与补充地位，更不利于法的可预测性。同时，不可否认刑法与非刑事规范存在大量交叉重合，前置规范对刑法的构成要件具有指引作用，如果刑法完全拒绝与其他规范相协调则会导致刑法的设立缺乏依据，没有形式依据的情况下仅凭刑法权利保障、处罚必要性和公平正义的目的来设立法益，法益也将成为空中楼阁。①

二、缓和违法一元论与违法相对论支持观点梳理

（一）缓和违法一元论

违法一元论认为法既是行为规范，又是裁判规范，但首先是作为行为规范而发挥作用。行为规范就是行为准则，即对人的行为的要求。法秩序为了确立国民的行为基准，应统一规定国民应该实施的行为和不应该实施的行为，如果一个行为在被禁止的同时又被允许，就会引起人们的行为混乱。从一般规范的客观存在看来，宪法作为一般规范，应当得到承认，从宪法中寻求立法和解释的正当性，是各个法域的共同规则。当实定法之间发生冲突的时候，应当根据一定的规则寻求规范的统一，如下位法服从上位法，等等。无论民事上的不法行为还是刑事上的不法行为，归根到底在宪法上都是不法行为，宪法在实定法上具有一般规范的特性。②

---

① 杨兴培：《刑法实质解释论与形式解释论的透析和批评》，载《法学家》2013年第1期。
② 童伟华：《日本刑法中违法性判断的一元论与相对论述评》，载《河北法学》2009年第11期。

因此，进行一般违法性判断是正当而且必要的。

违法相对论认为民法、行政法中的违法行为并不必然是刑法中的违法行为，这是比较合理的，但是其在违法判断的独立性方面又走得太远，认为民法、行政法中的合法行为也可能属于刑法中的违法行为，这可能有极端之嫌。① 对于其他法领域明确允许的行为，因其直接以立法形式宣示于国民，具有强烈的鼓励、支持功能，在不同法领域间必须保持违法性评价的一致性。刑法处罚其他法领域明示允许的行为，从刑法补充性的见地来看，是不妥当的。②

法律作为规范社会的重要手段，针对现实中不同的行为对象，基于不同的价值选择，确立了各自的保护目的（损害填补、维护管理秩序或者法益保护等），不同法领域的法律目的作为抽象概念，体现了各不相同的行为指向，强行将不同目的统一在一个范畴下是非常困难的。但是，目的背后都体现着一定的利益诉求，而利益本身是可以量化和比较的，目的的优先性判断是对不同利益进行衡量的判断。合目的性就是法律对公民利益的保护性。因此，合目的性的统一最终是利益保护的统一；各个法领域所设立的行为规范都是在符合利益保护的前提下，结合各自的法律目的进行不同评价，彼此之间并不存在矛盾。③ 因此，可罚的违法性理论有其适用空间。

闻冬梅博士认为，刑事违法性的判断应当以"质"为主以"量"为辅，只有当"质"的标准无法区分时才引入"量"的标准。对于行为是否可以被认定为犯罪，应当先从"质"的角度判断其有无对刑法法益的侵害，而如果此时该行为既侵害刑法法益又侵害其他法法益，则通过对社会危害性的"量"的判断决定其是否由刑法调整。④

---

① 吴锑飞：《法秩序统一视域下的刑事违法性判断》，载《法学评论》2019 年第 3 期。
② 王骏：《违法性判断必须一元吗？——以刑民实体关系为视角》，载《法学家》2013 年第 5 期。
③ 陈少青：《法秩序的统一性与违法判断的相对性》，载《法学家》2016 年第 3 期。
④ 闻冬梅：《论刑事不法与行政不法区别的理论基础》，载《学术交流》2013 年第 9 期。

刘艳红教授认为，首先，违法性的判断应当坚持法秩序统一原理，根据行政管理法确定法定犯的违法性，进而决定是否入罪。这一违法性认定方式是罪刑法定原则的必然要求。其次，在行为违反非刑事规范的基础上，若实质侧面在违法性和有责性两个阶层没有出罪的依据，则应当认定为犯罪。①

王昭武教授认为，一方面应当将不同领域的相同或相似概念置于同一理论基点上进行审视和评价，以便于法律从整体上对社会生活进行普遍且统一的调控。另一方面基于社会分化和法律分化的要求。兼顾不同法域的调整对象和调整方法，坚持各领域目的的自主性，使同样的概念或行为在不同领域获得不同的评价。②

刘伟教授认为，严格的一元论过于强调整体法律体系的统一和违法判断的一致性，忽略了不同法域的特殊性，不符合不同法律部门根据不同标准划定禁止行为范围的实际。而相对论过于强调不同法之间的差异性和独立性，忽视了刑事违法与其他领域违法本质上的一致性，走向了另一个极端。故应坚持缓和的一元论观点。③ 同时他指出，大陆法系背景下缓和的一元论与违法的相对论的冲突是不存在的。两者的分歧在于对一般违法性前提的承认，而相对论即使不承认一般违法性的前提，但刑法规范中的构成要件一部分来自于前置规范，形式上已经具有了一般违法性的预设，在此前提下再满足实质违法性的要求并科处刑罚，本质上还是遵循了缓和一元论的要求。④

高铭暄教授同样支持缓和的一元论。他认为行政犯的违法性判断应当采用"一般违法性＋可罚违法性"的双层位阶判断模式，只有既违反前置法又具有法益侵害性的行为才具有刑事的可罚性。同时他认为坚持法秩序的统一是必要的，如果坚持违法相对性的主张则会导致刑法在整体法秩序中陷入孤立，妨碍刑法

---

① 刘艳红：《法定犯与罪刑法定原则的坚守》，载《中国刑事法杂志》2018 年第 6 期。
② 王昭武：《法秩序统一视野下违法判断的相对性》，载《中外法学》2015 年第 1 期。
③ 刘伟：《经济刑法规范适用的独立性判断问题》，载《刑法论丛》2013 年第 2 期。
④ 于佳佳：《违法性之"法"的多远解释》，载《河北法学》2008 年第 10 期。

与其他领域规范的协调联动，制约整体法秩序之法治目的的达成。而坚持可罚的违法性理论则有助于保障刑法的谦抑性，契合了刑法的保障地位。①

(二) 违法相对论

此观点的支持者认为，刑法与行政法在基本理念、规范目的、规制对象、规制手段等方面均存在重大差别。基于比例原则，刑法和行政法中的违法判断标准程度要求不同。刑法中的犯罪行为与行政法中的行政违法行为作横向比较，刑罚要比行政处罚严厉，那么刑事违法的标准自然要比行政违法的标准高，以此标准在司法实践中才能得出妥当的结论。

有德国学者认为，犯罪行为与违反秩序的行政不法行为之间存在着实质性的区别："犯罪性的不法是特别受道德上的无价值评价决定的，行政性的不法则仅限于一种单纯的不服从行政命令。"② 法国学者也曾指出："即使刑法为这一或那一私法分支提供它们所需要的制裁措施，但刑法本身的适用却不一定需要借助这些分支的基本观念，因为这些分支的基本观念相互之间可能是矛盾的，可能有损于刑法不可缺少的统一性。"③

我国刑法规制的行为类型是具有独特的"量域"性，对于行为的要求有着高于民法上对于不法量的要求，行为只有达到刑法规定的量的要求才能成为刑法的评价对象。若行为没有达到刑法中关于量的要求，那么是不符合构成要件的定型性。可以看出我国刑法中，"可罚的违法性"这一概念是淹没在"不法量域"的行为定型中，再增加一个独立的判断层面是不合理也不现实的。既然如此，切分行为的"质"与"量"，分别置入"一般的违法性"与"可罚的违法性"，形成二重构造判断方式的缓和的违法一元论，在我国就难以有立

---

① 高铭暄、曹波：《保险刑法规范解释立场新探——基于缓和违法一元论的展开》，载《中国应用法学》2019 年第 3 期。
② [德] 克劳斯·罗克辛：《德国刑法学总论（第 1 卷）》，王世洲译，法律出版社 2005 年版，第 28 页。
③ [法] 卡斯东·斯特法尼等：《法国刑法总论精义》，罗结珍译，中国政法大学出版社 1998 年版，第 39 页。

足之地。①

王骏教授指出，我国并不存在"一般违法性"与"可罚违法性"两阶段的刑事违法性，后者不具有独立存在的空间。同时，我国刑法的行为模式中大量出现"情节严重""数额较大""情节恶劣"等罪量的表述，体现了独特的"量域"属性，使得其他规范中的违法行为在达到刑法中量的要求时会直接入罪，没有"可罚的违法性"的判断空间。故他主张刑事违法性判断坚持其独立的目的考量，不必然受制于前置法的结论。同时他指出，相对论与整体法秩序的统一并不矛盾，法秩序的一致性应当是实质上、公理上的一致，即不同规范共同构建一种整体的有序状态，而非在形式上要求各领域得出同样的判断结论。②欧阳本祺教授也认为，应当坚持"质"的差异说，即违法性相对论的观点，通过对法定犯保护目的的限缩，在构成要件的该当性层面将不属于刑法调整范围的行为先行排除。③

（三）综合缓和违法一元论与违法相对论

部分学者认为，需要对行政法进行分类，针对不同的具体罪名，在缓和违法一元论与违法相对论中作出选择。

孙国祥教授认为决定行政不法与刑事不法通常表现为量的差异，借助于不法"量"的框定和衔接就能直观地划定各自的界限。但"量"的区分并不当然适用于所有的行政犯。当行政法保护的法益抽象而模糊，或者刑法所欲保护的法益已经溢出了行政法法益范围（触及刑法核心领域）的情况下，两者的区分不在于"量"而是"质"。"质"的判断并非是经验性的归纳以及法直觉，刑法所保护的法益应该是具体或者可具体的实体内容。在行政法保护法益过于抽象的情况下，行政犯只能从中过滤出能够被具体化的实体法益作为保护对象；在

---

① 王骏：《违法性判断必须一元吗？——以刑民实体关系为视角》，载《法学家》2013年第5期。
② 王骏：《违法性判断必须一元吗？——以刑民实体关系为视角》，载《法学家》2013年第5期。
③ 欧阳本祺：《论行政犯违法判断的独立性》，载《行政法学研究》2019年第4期。

刑法保护法益已经溢出行政法保护法益范围的情况下，应通过规范目的的分析，找到行政不法与刑事不法的保护法益差异，从而实现两者的有效区分。①

还有学者认为，应当将行政犯划分为前置不法型行政犯和前置程序型行政犯。其中，前置不法型行政犯违法性判断具有从属性，从属于一般违法性的概念和类型，适用缓和违法一元论；前置程序型行政犯违法性判断具有独立性，独立于前置程序规范具体规定的行政法效果，适用违法多元论。②

三、行政犯违法性判断理论选择

（一）刑事违法性实质判断必要性

近年来司法实践中为何频繁出现赵春华案、王力军案、毒豆芽案等热议案件，这些案件的焦点问题出现在哪里？一是，司法机关在认定行政犯的案件时，仅根据行政机关认定的"行为具有行政违法性"，而不加判断地将行政违法行为认定为刑事犯罪；二是，司法裁判者虽是将行为严格按法条进行涵摄，但是似乎缺少了价值判断的步骤，使得案件事实虽然符合刑法分则条文的字面含义，判决结果却出乎公众的意料。③ 然而，刑法在发展过程中，刑法适用已经不再是简单的涵摄过程，而应该在涵摄的基础上进行价值判断和解释。④ 陈兴良教授指出："一个行为是否符合构成要件该当性，需要依据刑法规定，对事实进行是否合乎刑法条文的判断，是属于形式判断；而实质判断，是指行为是否具有法益侵害性的评价性判断。"⑤

---

① 孙国祥：《行政犯违法性判断的从属性和独立性研究》，载《法学家》2017年第1期。
② 熊波：《行政犯的类型与违法性判断的区分》，载《政治与法律》2020年第5期。
③ 张明楷：《避免将行政违法认定为刑事犯罪：理念、方法与路径》，载《中国法学》2017年第4期。
④ 劳东燕：《法条主义与刑法解释中的实质判断：以赵春华持枪案为例的分析》，载《华东政法大学学报》2017年第6期。
⑤ 陈兴良：《刑法教义学的逻辑方法：形式逻辑与实体逻辑》，载《政法论坛》2017年第5期。

在行政犯中，大多数行政犯保护的法益过于抽象，在处理抽象事由时，易引起大众情感不适，产生反感。在处理此类需要具体化、实质化的"超常性法益"时，应当将其进行还原，以刑法分则具体罪名对应章节所保护的法益为依据，在此范围内进行具体的法益定位。换言之，在行为破坏了经济法、行政法等前置法所保护的秩序的基础上，司法人员需要进一步判断行为是否侵犯了刑法所保护的具体法益，即对于行政犯的法益侵害性刑法目的的实质判断不可或缺。如《刑法》第 176 条，非法吸收公众存款罪的认定，对社会中的投资者吸收存款，无可争议，成立该罪；那么如果吸收的对象是亲朋好友，亲朋好友也属于公众范围，可此时认定犯罪成立，显然不合常情常理。所以实质的判断不可缺少，否则将无法从抽象的法益中进行进一步抽取出具体法益，这将使得犯罪的结果认定出现偏离。因此，严格违法一元论指导下的绝对从属性说不可取。

（二）双重判断结构的优势

"一般违法性—可罚违法性"的这一结构正如前文所述，由日本学者宫本英修、佐伯千仞教授所提倡，这种观点认为违法性在各个法律的意义上是相同的，一般的违法性为认定具体的违法性奠定基础，可罚的违法性主要是指在刑法领域，进一步构成刑事违法所需要的质与量。这种双重的结构，在整体的法秩序视角下，对各个法域的违法性进行综合的看待，通过法秩序统一性原理，对于行为的违法性进行统一的评价，同时也兼具特殊性，考虑到行为的个性，违法在不同领域的表现是不同的。如缺少在其他法域对行为的违法性判断过程，会造成法的概念相对化等不当结果。

对轻微的犯罪不进行处罚其实并非与社会公众的良知与意愿相悖，但是如何来肯定其正当化依据却是棘手的问题。传统的刑法理论与通行的犯罪论体系很难合理解决这一问题，可罚的违法性理论通过"一般违法性—可罚违法性"这一双重结构，以"质"与"量"的双重内涵与判断标准将上述问题合理解决。对相当一部分在"量"的要求上达不到刑罚标准、在"质"的体现上不宜作为犯罪处理的行为实行非犯罪化，可以合理解决微罪不罚的理论依据问题，同时可以防止犯罪圈的过于泛化，坚守刑法的罪刑法定原则，防止国家刑罚权的恣意发动，体现刑法理性、内敛、自律的特质。合理限制刑法的社会保护机能、加强刑法的人权保障机能，这是人类社会走向理性、文明的必然要求，可罚的违法性理论顺应了这一时代要求。通过"质"与"量"的双重内涵与判断标准，将相当一部分微罪过滤在刑事法网之外，是对违法行为的"有限容忍"和适度让步，避免了法律的过于严苛，在可罚的违法性理论勃兴之后，刑法谦抑思想蔚然风行。

总言之，行政违法性判断理论选择并不具有绝对性。学界对行政违法性判断理论的争论助益于全面分析各理论在行政犯问题上的适用，从而统一司法实践中行政违法性判断的逻辑方法。笔者认为，对行政犯这一复杂问题，不能寄希望于一种理论解决，笔者将在下文中结合行政犯的出入罪问题进行重点分析。

四、行政犯违法性判断方法与实践运用

（一）行政法的许可行为，直接排除刑法上的违法性

由于行政犯是所谓"法禁止的行为"，仅仅是在国家禁止的范围内才是错误的。[①] 而且，在空白罪状的情况下，行政法的规定还起到补充刑事法律罪状的作用。因而行政犯的成立，有赖于刑法外部的行政法的制度设立，行政法上许可的行为，不但没有构成行政犯的理由，而且行政法许可本身也无法成为行政犯的充足构成要件。在行政法律变化导致行政不法的标准发生变化的情况下，刑法虽然没有明文修正，也将影响犯罪认定。如《公司法》将注册资本实缴制改为认缴制，刑法上的虚报注册资本、虚假出资等资本犯罪也就失去行政违法的前提而实质上无罪化了。

---

① ［英］尼古拉·蕾西：《囚徒困境：当代民主国家的政治与刑事处罚》，黄晓亮译，中国政法大学出版社 2014 年版，第 76 页。

（二）对行政机关的前置性判断再行刑事审查

刑事违法性的判断是依赖于行政违法的成立，也就是说行政违法的成立一定程度上成为刑事违法判断的基础与前提。这是在相对独立的刑事违法性判断的语境下而言的。实践中常存在这样的疑问，刑事违法性的判断是不是必须要依赖于行政前置性的不法判断，如果行政机关对于行为的相关认定出现缺失，对于刑事违法性的认定是否出现影响？另外，存在行政机关不法判断的情形，在进入刑事司法程序时，司法机关是否对于行政不法的认定机械地全盘承认，采纳行政机关的相关行政认定？笔者认为，以上问题的答案应当是否定的，刑事违法性的判断具有相对的独立性，并不完全依赖于行政机关的前置不法判断。

首先，行政机关没有作出前置性判断的情况下，虽然行政犯刑事违法的成立以行政违法的成立为前提，但是这显然是从实体法的角度来进行构建的，实体上的构建并不能与认定程序画等号，在刑事司法的认定过程中并不需要依赖行政机关的前置不法的认定，司法机关对于行为的违法判断可以进行行政违法与刑事违法的一次性认定。程序上的分离性并不是指实体法上的认定绝对的独立，对刑事司法程序来说，行政违法的前置过滤功能仍然需要发挥作用，一个行为在行政法上没有溢出合法圈，可以肯定阻却刑事违法的成立。总而言之，司法机关对行政犯所涉及的案件的刑事违法性进行认定，显然具有程序上的独立性，在这一层面来说并不依赖于行政机关的前置不法判断，行为的行政违法性判断可由司法机关独立作出。

其次，存在行政机关的前置不法判断时，对于行政机关的不法判断，司法机关并不一定要全盘承认以肯定行政机关的行政认定。某一行为的刑事违法性的判断，司法机关不能一概不加甄别地直接采纳行政机关的前置不法认定。但是这不是指要否定行政机关的行政认定对刑事违法判断的基础性作用，而是在整体上接受行政机关认定结果的基础之上，根据刑法的任务与目的、刑罚适用的原则、刑罚的目的进行选择性地采纳接受。基于国家公定力的要求，在原则上接受行政认定是有必要性和合理性的，行政机关代表国家行使公权力，其作出的行政认定背后体现的是国家的公信力与稳定性,因此行政认定是不能轻易被否定的,除非相关行政认定存在重大、明显的瑕疵。

总之,笔者认为,对行政机关作出的前置性不法判断是否采纳应遵循以下原则:一是根据刑法的任务与目的、刑罚适用的原则、刑罚的目的进行有选择性的采纳接受;二是基于国家的公定力要求,对行政机关作出的认定原则上承认和接受;三是特殊的情况下,行政认定存在重大、明显的瑕疵则予以排除,不将其作为刑事违法性的认定依据。对于上述第三点的理解是行政机关将原本合法的行政相对人的行为错误进行认定为违法的情形。在现实的实践中,行政机关如果错误地免除了本应该由行政相对人承担的义务,导致将本是违法的行为认定为合法的行为,这并不能排除其对于刑事违法性认定的影响。

(三)先做形式判断,后做实质判断

对行政犯的刑事违法性进行实质的判断要受到其形式违法性判断的限制。这种限制体现在形式判断与实质判断的关系顺序之中。陈兴良教授认为,就形式判断与实质判断之间的关系而言,先做形式判断,其后是可以再做实质判断的,形式判断不可能取代实质判断,而能够为实质判断提供存在的空间,而先作实质判断,则其后就不可能再作形式判断,形式判断必然会被实质判断所取代,实质判断的出罪功能无从发挥。[1]

然而,违法性认定实质化的时代背景下,仅有对形式判断的构成要件的坚守并无意义,不能只做形式判断,不进行实质判断。在现阶段来看,采取实质的解释,既有必要性也有可行性。以必要性来看,法律是对社会生活长期以来的经验进行总结,而社会生活总是在不断发展的,极端地来说以法的滞后性为视角,法律一旦制定即意味着落后,所以需要对法律进行一定程度的实质解释,否则难以对社会生活进行调控,国民也会无所适从。尤其是在我国当前的社会背景之下,一方面,行政性法规大量涌现,另一方面,立法者的立法水平

---

[1] 陈兴良:《走向学派之争的刑法学》,载《法学研究》2010年第1期。

总体上来说有待提高，法律之间缺乏协调性、周延性和应有的前瞻性。所以在进行解释时，若严格"忠诚于罪状的核心意义，有时候甚至仅仅是自己熟悉的法条的含义"[①]，显然是不能适应社会的发展和现实的需要。在行政犯的认定中，行为具备了前置的行政要素后，此时不能仅将行政前置认定为入罪依据，法益保护具有一体两面的机能，不仅通过法益进行判断有无法益侵害，更重要的是应当体现法益的出罪机能，以此限制刑罚权的任意发动。因此，对于入罪效果来讲，只有先做形式判断，才能进行出罪效果的实质判断。

第四节　行政犯的空白罪状判断问题

周光权教授撰写了《处理刑民交叉案件需要关注前置法》（《法治日报》2021年4月7日第9版）和《质疑"前置法定性刑事法定量"的观点》（《法治日报》2021年4月14日第9版）两篇文章，既强调了在认定相关犯罪时需要关注前置法的内容，也指出了刑法在"质"上并非从属于前置法，而是具有自己相对独立的判断。对此笔者深以为然，并认为在行政犯领域该观点尤其值得强调。众所周知，行政犯的特征之一便是立法时采取了空白刑法的立法例，而空白刑法的罪状需要通过前置法规范（即"补充规范"）的适用予以明确，否则将会造成构成要件模糊、入罪范围过大的弊病。张明楷教授在《正确适用空白刑法的补充规范》一文中，就如何理解和适用空白刑法的补充规范从形式判断、实质判断和独立判断三个部分予以展开说明（《人民法院报》2019年8月8日第5版）。但是，笔者认为张明楷教授仅在宏观层面对适用补充规范的原理性规则进行了阐释，而对于适用补充规范的具体性规则，或许囿于篇幅原因并未详细说明，故本章将针对在空白刑法中适用补充规范的具体性规则进行论述，以供参考。

[①] 李立众、吴学斌主编：《刑法新思潮——张明楷教授学术观点探究》，北京大学出版社2008年版，第67页。

在空白刑法中适用补充规范（非刑事规范）时，符合刑法第96条的规范可以补充，其他位阶的法律规范也可以补充，具体情况要根据罪名的不同予以区分。刑法第96条明确规定了"违反国家规定"的含义，但是却并未界定"违反……规定"的内容，因此，"违反……规定"中的"规定"既可以是国家规定，也可以是部门规章或者行业规范等规范性文件。所以，空白刑法的补充规范应包括以下范围：(1) 法律；(2) 行政法规，即国务院制定的行政法规、规定的行政措施、发布的决定和命令；(3) 部门规章，即国务院组成部门发布的规章；(4) 其他规范性文件，如在违规出具金融票证罪中，金融机构内部制定的有关规章制度在满足一定规则下也可以成为空白刑法的补充规范。但同时需要说明一点，在针对不同空白刑法规定的具体犯罪时，可被适用的补充规范范围并不一定相同，此时要根据不同罪名来界定各自的特定范围。那么如此一来，空白刑法中可被适用的补充规范范围应如何判断？特定范围内的补充规范应如何适用于空白刑法？便成为非常重要的问题。

一、补充规范范围的判断规则
（一）法益同一性规则

在判断作为补充规范之非刑事规范的范围时，应先遵循法益同一性规则，即作为罪刑规范的空白刑法和非刑事规范所保护的法益应该在内容上具有同一性。详言之，在具体案件中判断补充规范的范围时，应先判断该非刑事规范保护的法益与空白刑法保护的法益是否同一，只有符合法益同一性规则的非刑事规范，才可以作为补充规范适用于空白刑法。

以刑法第128条非法持有枪支罪为例，该空白刑法所保护的（主要）法益应该理解为公共安全，故以保护国家枪支管理制度为主要目的的非刑事规范（如公安部发布的《公安机关涉案枪支弹药性能鉴定工作规定》《枪支致伤力的法庭科学鉴定判据》等）中不符合法益同一性规则的内容，不能作为补充规范适用于空白刑法，此时需要以保护公共安全为目的对其进行限缩，将依据符合法益同一性规则的内容得出的结论适用于空白刑法。详言之，即刑法中的枪支概念应做更严格的限定，通过《枪支管理法》第46条中的"足以致人伤亡或者丧失知觉"要素，对符合前者非刑事规范（即枪形物比动能超过1.8焦耳/平方厘米）的行政法中的"枪支"予以限缩，将不具有侵害生命、健康安全可能性的枪形物剔除出刑法中的枪支概念。

(二) 效力该当性规则

在考察行为人实施的行为是否符合空白刑法的构成要件行为时，需要适用非刑事规范予以补充、判断，但是当该行为违反了非刑事规范时，并非可以一概将其认定为该当于空白刑法的构成要件，而是应判断该非刑事规范是否该当于空白刑法所要求的效力等级，如果该规范没有达到空白刑法的效力等级要求，则无法作为补充规范适用于该空白刑法。

以刑法第225条非法经营罪为例，该空白刑法将"未经许可经营法律、行政法规规定的专营、专卖物品或其他限制买卖的物品的"行为规定为构成要件行为中的第（一）项，故即便在我国专营、专卖规范体系中，还存在以部门规章形式设置专营、专卖条款规定专营及限制买卖的物品的情形，例如，2002年11月19日国家对外贸易经济合作部、国家经济贸易委员会及海关总署联合发布了《有关化学品及相关设备和技术出口管制办法》，其中第18条规定，未经许可擅自出口有关化学品及相关设备和技术，或擅自超出许可范围出口有关化学品及相关设备和技术的，依照刑法关于走私罪、非法经营罪、泄露国家秘密罪或其他罪的规定，依法追究刑事责任。但由于该类非刑事规范并未达到空白刑法所要求的效力等级（即没有符合效力该当性规则），其不能作为补充规范适用于空白刑法。

二、特定补充规范的适用规则

(一) 刑事责任条款区分规则

在非刑事规范中设置刑事责任条款（一般为"……构成犯罪的，依法追究刑事责任")的,一般被称为附属刑事责任条款(由于我国采取的是单轨制立法模式,其并非真正的附属刑法),而追究某行为的刑事责任时,是否必须以相应的非刑事规范设置该条款为前提条件,理论上存在肯定说与否定说两种观点。但笔者认为,讨论该问题之前需要先将刑事责任条款区分为单一刑事责任条款与双重刑事责任条款两种类型,然后根据两种类型的不同分别得出相应的结论。

单一刑事责任条款,是指在非刑事规范中仅规定了行为的类型,却并没有"构成犯罪的,依法追究刑事责任"的规定,只有空白刑法将此类行为规定为犯罪。对于此种情形,我国有学者认为,既然非刑事规范没有上述规定,表明此类行为没有达到科处刑罚的必要性,质言之,此时非刑事规范的规定具有限制刑罚处罚范围的作用,因此,对于非刑事规范中没有设置刑事责任条款的,否定对其追究刑事责任的必要性。但笔者认为,此举混淆了补充规范、补充罪状与刑事不法独立判断之间的关系,即非刑事规范对于某类型行为的规定可以影响空白刑法罪状的具体内容,但是这并不能影响刑事不法判断的独立性,质言之,某行为是否构成犯罪,最终依据的仍然是刑法典,这既是刑法效力位阶高于非刑事规范的当然之果,也是《立法法》第9条中法律专属性原则的应然之义。而作为补充规范的非刑事规范,此时起到的作用则是解释空白刑法中的罪状内容,故追究此类行为时不需要以设置条款为前提条件。

双重刑事责任条款,是指不仅在空白刑法中将此类行为规定为犯罪,而且在附属刑事责任条款中也规定了对此类行为"构成犯罪的,依法追究刑事责任"。对于此种情形,当附属刑事责任条款与空白刑法的罪状内容规定一致时,并不会出现问题,可关键就在于当二者存在不一致时,应如何解决此类问题。对于此种情形,笔者认为既然国家已经通过立法的明示方式在非刑事规范("前置法规范")中规定了值得科处刑罚的行为类型,那么针对在前置法中并未规定"……构成犯罪的,依法追究刑事责任"的行为类型,便应该将其理解为没有科处刑罚的必要性,这背后所体现的正是刑法谦抑性原则,故追究此类行为时需要以设置条款为前提条件,此时前置法的规定起到的是限制刑罚适用范围的作用。

(二) 一次补充直接适用规则

当确定了补充规范的特定范围后,适格的非刑事规范可以直接对空白刑法中的罪状内容进行全面适当的解释,此时该非刑事规则便可以作为补充规范直接适用于空白刑法,此之谓一次补充直接适用规则,这是补充规范适用于空白刑法时最典型的方式,同时也是实践中比较常见的情形。

以刑法第 216 条假冒专利罪为例,该空白刑法将"假冒他人专利,情节严重的"行为规定为构成要件行为,但"假冒他人专利"的具体内容(构成要件行为的类型)则需要非刑事规范予以补充说明。《专利法实施细则》第 84 条针对"假冒他人专利"的具体情形予以详细解释,并且在最后一款规定了"反证规则"作为兜底条款。此外,"两高"《关于办理侵犯知识产权刑事案件具体应用法律若干问题的解释》第 10 条中,规定了四项属于"假冒他人专利"的行为,但笔者认为其与《专利法实施细则》的规定在实质内容上并无不同(如果在司法实践中二者出现冲突,应该以《专利法实施细则》为准)。前述非刑事规范符合法益同一性规则和效力一致性规则,因此属于补充规范的范围,而且其对空白刑法中的罪状内容直接予以说明,故该非刑事规范可以作为补充规范直接适用于空白刑法。

结合新型冠状病毒疫情防控的社会背景,再以刑法第 330 条妨害传染病防治罪为例,该空白刑法将"违反传染病防治法的规定,有下列情形之一,引起甲类传染病传播或者有传播严重危险的"行为规定为构成要件行为,其中的"甲类传染病"应依照《中华人民共和国传染病防治法》和国务院的相关规定确定,范围较为明确,但是关于"有传播严重危险"的认定标准应该予以明确(关于"传播"的认定标准也较为明确),否则将会对公民的人身自由产生过度侵犯。因此,即便在 2008 年 6 月 25 日最高检、公安部《关于公安机关管辖的刑事案件立案追诉标准的规定(一)》第 49 条中将"甲类传染病"的范围扩大为"甲类或者按照甲类管理的传染病",仍应对"引起按照甲类管理的传染病传播或者有传播严重危险的"行为进行限缩解释,限定在与违法传染病防治法规定的引起甲类传染病传播或者有传播严重危险具有相当性的行为类型,该规定本身便有违反罪刑法定原则之嫌,故在新冠疫情防控期间认定该罪时需要谨慎对待。

（三）二次补充间接援引规则

作为补充规范的非刑事规范自身应该起到解释说明空白刑法罪状内容的作用,但是如果该非刑事规范自身也设置了空白条款,致使其无法起到直接解释说明的作用时,应该如何解释说明空白刑法便成了问题。尤其是在补充规范具有效力等级要求的前提下,如何在空白刑法中适用补充规范或者补充规范的"补充规范",更是成为重中之重的问题。

以刑法第186条违法发放贷款罪为例,该空白刑法将银行或者其他金融机构的工作人员"违反国家规定发放贷款"的行为规定为构成要件行为,但其中"违反国家规定"的具体内容则需要非刑事规范予以补充说明。针对"违反国家规定"的含义,刑法第96条明确规定了"是指违反全国人民代表大会及其常务委员会制定的法律和决定,国务院制定的行政法规、制定的行政措施、发布的决定和命令",故能够成为适格非刑事规范的便是全国人大常委会制定的《商业银行法》。但是,在《商业银行法》第四章"贷款和其他业务的基本规则"中,并未就发放贷款的情形予以具体说明而且还存在着空白条款的规定（《商业银行法》第52条规定:"商业银行工作人员应当遵守法律、行政法规和其他各项业务管理的规定,不得有下列行为:……（三）违反规定徇私向亲属、朋友发放贷款或者提供担保;……（五）违反法律、行政法规和业务管理规定的其他行为。"),质言之,尽管《商业银行法》符合补充规范范围的判断规则,但是其直接适用于空白刑法时却无法起到补充说明罪状内容的作用。

因此,在一次补充直接适用补充规范无法解释说明空白刑法的罪状内容时,如何补充说明"违反国家规定发放贷款"便成为下一步要解决的问题。在司法实践中,关于发放贷款的规则一般以中国人民银行制定的《贷款通则》为依据,但是从非刑事规范的效力等级来看,《贷款通则》只是部门规章而已,不在刑法第96条规定的范围内,因此其并不符合效力一致性规则,故在补充规范范围的判断环节就已经被排除了。对此,笔者认为可以采取"二次补充间接援引规则"

解决此类问题，详言之，即通过一次补充先直接适用《商业银行法》第 52 条关于发放贷款规则的空白条款，然后再依据《贷款通则》的相关规定对该条中的空白条款予以补充说明，此举是以作为补充规范的《商业银行法》为媒介间接援引了《贷款通则》，从而针对空白刑法的罪状内容进行了二次补充说明，最终使空白刑法得到全面适当的解释。

三、行政刑法解释适用的独立性依据：违法性判断一元论与相对论的争议

经济刑法作为行政刑法的重要组成部分，其解释和适用的独立性的争议究其实质是违法性判断一元论与相对论的分歧，主要表现为缓和的一元论和违法相对论之间的分歧，这种分歧根本上则是对于刑事违法性与一般违法性"质"与"量"的不同观点。违法的相对论认为刑法有其独特的立法目的和法益，经济刑法的解释适用具有独立性，其判决结果不必然与其他法律规范保持一致。而违法一元论以法秩序统一为依据，认为刑法具有最后性和补充性，其违法性判断以其他规范为前提。①

表 2-4-1　违法性判断的分歧

	非刑事合法	刑事合法	非刑事违法	刑事违法性
缓和的一元论	合法	不违法	违法	不必然违法
违法的相对论	合法	不必然合法	违法	不必然违法

基于严格一元论的缺陷，学界在坚持"一般违法性"的基础上提出了"可罚的违法性"概念，承认刑事惩罚需要兼具合目的性和必要性，进而衍生出缓和的一元论理论。缓和的一元论认为，尽管整体上来看法秩序具有统一性，但不同领域的违法具有不同的类别与程度。正如前文所述，刑法的违法性与其他

---

① ［意］杜里奥·帕多瓦尼：《意大利刑法原理》，陈忠林译，中国人民大学出版社 2004 年版，第 3—4 页。

规范的违法性不违背,可罚的违法性与一般的违法性差异既包含量的叠加,又具有质的区别。换言之,可以认为刑法的入罪需要符合其本身的目的和处罚的该当性,质与量均是判断刑事违法性的必然因素。可罚的违法性以一般的违法性为前提,同时加入了以法益为依据的质的判断,如果没有对刑法的法益造成侵害,则依然不具有刑事上的可罚性,见图2-4-1。这一理论既缓解了绝对的一元论的僵化,又防止了对其他规范的违反直接被纳入刑法调整的范围,在中国学界被广泛地接受。

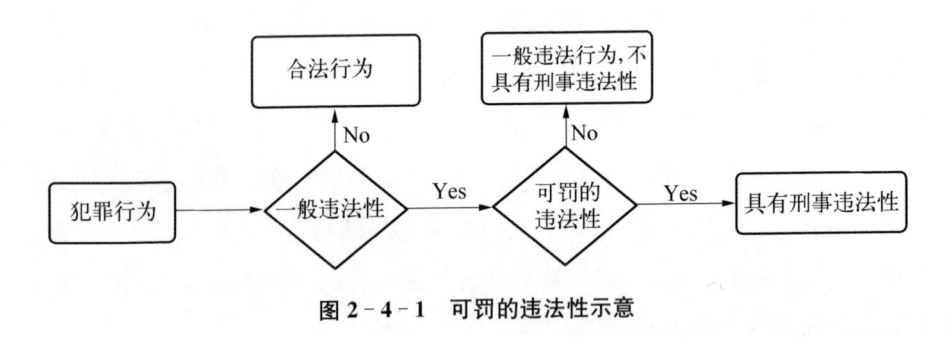

图 2-4-1 可罚的违法性示意

在日本刑法学界上关于可罚的违法性理论前文已经详细论及,在此将视角转移至欧洲,在德国,罗克辛主张的"质量差异说"是德国的通说。在德国法"立法定性、司法定量"的立法模式下,罗克辛将刑法划分为核心领域与非核心领域,在核心领域内通过"质"来区分刑事不法与行政不法,在非核心领域通过"量"来区分。他认为犯罪行为与违反秩序行为的区别主要是数量性的,但是他也强调:"违法行为在核心领域中的比较严重的犯罪行为,的确是通过内容上的标准来预先确定这种惩罚性的,因此在内容的界限上,应采取一种数量与质量相结合的思考方式而非仅仅讨论量的变化。"①

通过对前文违法的相对论进行总结可以看出,其认为法秩序只存在一定程

---

① [德] 克劳斯·罗克辛:《德国刑法学总论(第一卷)》,王世洲译,法律出版社2005年版,第28页。转引自孙国祥:《行政犯违法性判断的从属性和独立性研究》,载《法学家》2017年第1期。

度的统一，由于不同法存在目的、性质和适用上的差异，法秩序体系内的矛盾不可能被消除。而刑法在概念、构成、功能上都具有绝对的独立性。因此，不需以"一般违法性"为前提，也不再适用"可罚的违法性"，而是直接采用"实质的违法性"这一概念，要求各部门法应当依照其本身的目的立场决定其违法性判断。刑法的犯罪构成实质上是将值得科处刑罚的违法行为予以类型化，其违法性判断应当脱离整体法秩序，从刑法的立场与目的进行相对独立的判断。在"质"与"量"的关系上，相对论认为实质的违法性中的"量"只是对法益侵害的程度，而更重要的区分依据在于不同法所保护的法益存在"质"的差异，只有实质侵害刑法法益的行为才能纳入刑法规制的范围。

四、行政刑法的内涵与外延：法条解释的独立性

犯罪的违法性可以分为"形式的违法性"和"实质的违法性"，前者是指违反法秩序或法规范、符合构成要件的行为，后者是指对法益造成实质的侵害或者威胁。[1] 经济刑法的处罚应当以实质的违法性为前提，故其解释也应当坚持实质解释方法，而非以形式上的违法进行入罪。具体而言，经济刑法的解释包括以下几方面。

（一）构成要件用语的解释

经济刑法作为行政刑法，其条文的表达与其他非刑事规范存在大量重合，而对于这些语义的解释应当保持刑法的独立性，得到符合刑法保护目的的解释结论。涂龙科教授认为，经济刑法的术语、概念含义虽然与其他非刑事规范具有形式上的一致性，但其实质内涵并不必然相同。他指出统一概念用语在实质的内涵和外延上可能出现相等、小于或者大于的情况。在非刑事规范的外延小于或大于刑法时，刑法应作出独立判断，而在非刑事规范的含义发生变化时，刑法中的同一概念不必然随之变化。[2] 肖中华教授也认为，经济犯罪构成要件

---

[1] ［日］大谷实：《刑法总论》，黎宏译，法律出版社2003年版，第67页。
[2] 涂龙科：《论经济刑法解释的独立性》，载《政治与法律》2011年第5期。

的用语应当进行独立的评价，其解释结论未必要与非刑事规范用语的解释结论相一致。① 当然，也有观点认为，由于刑法参照了非刑事规范的概念且空白罪状中的前置规范对构成要件产生影响，故刑法在解释过程中存在对其他规范的依附性，在用语解释时应当与非刑事规范保持一致。② 亦有观点认为，语义概念的解释原则上应保持一致，只有在例外情况下某一行为具有严重社会危害性、符合行政违法性前提，且扩张解释符合可预测性时，才可以不与非刑事规范保持一致。③ 笔者不同意后面两种观点，刑法本身具有独立的立法目的，不必然与非刑事法律规范的解释结论保持一致，对于非刑事规范中的概念外延进行扩大解释以回应法益保护的需要，或进行限缩解释以保障刑法的谦抑性均是必要的。

（二）以刑法法益为依据的实质解释提倡

在经济刑法的认定过程中，若要坚持刑法的独立性，就应当坚持刑法本身的该当性与可罚性判断。首先，从该当性层面，在对客观构成要件进行解释时，应对行为本身的法益侵害进行衡量，对"情节严重"等定量构成要件的解释应综合考察其行为对特定秩序法益的实质侵害以认定其行为是否具有刑事不法性。④ 换言之，如果行为本身不足以对法益造成侵害或不能容许的危险，就不应当被解释为符合构成要件。⑤ 特别是一些金融类案件中行为人的行为如果仅仅是形式上具有违法的外观而实质上并未侵害刑法所保护的法益，尽管交易数额巨大、交易程序存在瑕疵，也不应当交由刑法规制。⑥ 其次，在可罚性层面也

---

① 肖中华：《经济犯罪的规范解释》，载《法学研究》2006 年第 5 期。
② 张绍谦：《论行政犯中行政法规与刑事法规的关系——从著作权犯罪的"复制发行"说起》，载《政治与法律》2011 年第 8 期。
③ 徐文文：《行政犯之司法解释与行政法规和行政解释关系论要》，载《法治研究》2014 年第 11 期。
④ 倪子岳：《行政犯的可罚性依据与认定模式》，载《安徽行政学院学报》2020 年第 2 期。
⑤ 车浩：《非法持有枪支罪的构成要件》，载《华东政法大学学报》2017 年第 6 期。
⑥ 周光权：《经济犯罪侦查的方法论》，载《江西警察学院学报》2014 年第 1 期。

应当考虑行为结果是否对法益有实质的侵害性，例如王昭武教授认为，我国的刑事违法性判断实际上是对行为的社会危害程度进行实质评价，《刑法》第13条的但书规定也为实质法益侵害理论和可罚违法性理论提供了依据，对于程度较轻不能达到侵害法益程度的规范违反行为，不作为犯罪进行处罚。[①] 但是，实质解释并不意味着放弃形式要件的符合，对构成要件的解释仍应当遵循"规范在前，价值在后"原则和罪刑法定原则，在规范要件的语义范围内进行实质的价值评价，在行为符合法定要件的情况下再讨论其实质上是否具有法益侵害性，从而进行扩大或限缩解释。

(三) 体系解释的限度

肖中华教授指出，经济刑法解释中应当关注构成要件的体系解释，将刑法的规范要件或用语置于整个刑法规范内进行解释，以保证用语含义、意义的协调。[②] 换言之其将体系解释的范围限定在刑法规范体系，而不要求与整个法律体系的协调。但其他学者对此有不同观点。高维俭教授认为，刑法体系解释不仅包括条文体系、章节体系和刑法典体系，还包括法秩序统一体系和社会共同体价值体系，即解释结论不但要在刑法内部达到统一，还要与整个法律体系相一致，与社会共同价值体系相融洽。[③] 王海东博士也支持这一观点，认为体系解释包括微观、中观、宏观和全局四个层面，而刑法典内的统一仅仅是中观层面，还需要整个法秩序体系的检验。[④] 笔者不认同后两种观点，如果要求刑法解释结果与其他法解释结果一致才符合体系性，则导致刑法的判断依附于其他法的判断，其调整范围也将和其他法一致，不符合刑法在整个法律体系中保障法的地位。

[①] 王昭武：《犯罪的本质特征与但书的机能及其适用》，载《法学家》2014年第4期。
[②] 肖中华：《空白刑法规范的特性及其解释》，载《法学家》2010年第3期。
[③] 高维俭：《刑法体系解释层次论——兼以赵春华案为实践检验样本》，载《现代法学》2019年第5期。
[④] 王海东：《刑法体系解释四层次论的展开与检验》，载《重庆理工大学学报（社会科学版）》2019年第1期。

五、行政刑法规范适用的独立性

如前文所述，刑事不法在判断上具有独立性，在适用的过程中也要避免对非刑事规范的从属性。具体而言，刑事不法与行政不法或其他规范违反行为的差异主要包括以下几点。

(一) 正当化事由的独立判断

刑法上的正当化事由应当具有独立性，而不因为其他领域的合法性或有效性，尤其是不因行政许可而具备出罪的条件。[1] 刘伟教授指出，违法的行政许可分为两种，一种因违反法律规定自始无效，另一种以不正当手段取得，尽管行政形式上合法但具有实质的违法性。前者固然没有刑事正当化的依据，而后者的判断则存在争议。在法秩序统一的理论下，这种许可的违法虽然具有实质的违法性但行政法上仍然属于有效的许可，刑法应尊重行政法的认定。但从缓和的一元论出发，行政法上的效力并不及于刑法的认定，因此不能成为刑法上的正当化事由。[2] 也有学者主张依据两种许可的类型分情况认定，如果不正当手段取得许可的行为不仅违反了管理秩序，还侵害了刑法保护的法益，则应按犯罪论处。[3]

(二) 刑事不法类型的独立性

经济刑法中广泛采用空白罪状的立法模式，导致其行为模式，与前置规范存在一定程度的一致性，换言之非刑事规范对刑法规范的客观要件产生间接的影响和一定的指引作用。同时，在主观方面的认定上，非刑事规范也为特定主体提供了主观认识义务和认识可能性的依据。[4] 但是，刑事不法的类型与其他法域的不法类型存在较大差别，因此在适用过程中若刑法没有设定某一不法类型，

---

[1] 马春晓：《非法经营罪的"口袋化"困境和规范解释路径——基于司法实务的分析立场》，载《中国刑事法律杂志》2013 年第 6 期。

[2] 刘伟：《经济刑法规范适用的独立性判断问题》，载《刑法论丛》2013 年第 2 期。

[3] 张明楷：《行政违反家中犯初探》，载《中国法学》2007 年第 6 期。

[4] 袁彬：《刑法与相关部门法的关系模式及其反思》，载《中南大学学报（社会科学版）》2015 年第 1 期。

不能以其他规范的不法类型作为认定犯罪的依据。首先，刑事不法类型的独立性体现在其保护目的与其他规范存在本质区别，即刑法强调对法益的侵害或危险性。同时，其主观要件的规定较其他规范更强调对法益侵害的主观恶性或者过失的严重程度。① 且刑法的犯罪数额或情节的定量要求上往往高于其他规范。欧阳本祺教授认为，刑事不法的范围应当坚持对非法定目的犯进行目的性限缩，将不符合规范目的的行为排除在构成要件适用范围之外。② 孙国祥教授提出，刑事不法的类型通常窄于行政不法类型，且两者主观要素不同，刑事责任对于严重违法行为所确立的犯罪构成在主观性上更强调对法益侵害的主观意愿，对于一般违反秩序的不法行为若不符合刑法上的主观要件，同样不认为是犯罪。同时，当违法性的"量"没有达到可罚性的程度，刑法也不对其行为做否定性评价。③ 李文吉博士也认为，刑法处罚的前提是前置法规定的秩序法益能够还原为刑法所保护的实体性法益。他指出刑法不应沦为保障行政执法的强制手段，实践中仅有一部分管理秩序可以符合刑法规范的保护目的，其规范秩序背后具备刑法应当保护的实体性利益，进而可以由行政法益上升为刑事法益。因此，他认为，对于仅仅代表行政部门利益和行政管理型利益，或者不具有实体性的集体法益，不应当作为刑法法益保护。④ 总的来说，经济刑法中刑事不法与其他法域的不法尽管存在行为模式上的重合，但刑法因其独立目的而需对犯罪构成的实质和形式方面加以更多的限制，仍应独立判断。

（三）经济犯罪形态与前置规范的违法性

经济刑法作为行政刑法的一部分，其犯罪形态的认定上既与前置规范的违反相关，又需要兼顾刑法判断的独立性。违反前置规范的行为在刑法领域归属

---

① 魏昌东：《行刑鸿沟：实然、根据与坚守——兼及我国行政犯理论争议问题及其解决路径》，载《中国刑事法杂志》2018 年第 5 期。
② 欧阳本祺：《论行政犯违法判断的独立性》，载《行政法学研究》2019 年第 4 期。
③ 孙国祥：《行政犯违法性判断的从属性和独立性研究》，载《法学家》2017 年第 1 期。
④ 李文吉：《我国刑法中管理秩序法益还原为实体性法益之提倡》，载《河北法学》2020 年第 5 期。

于犯罪的预备、未遂或既遂阶段，同样也对其行为的可罚性产生影响。谭兆强博士指出，对于行政犯的预备行为，因其具有"双重违法性、专业性、较弱反伦理性和较高隐蔽性"，对法益危害程度轻微，故应当以不处罚为原则。而未遂形态的犯罪，通常表现为部分违反秩序或造成严重危险的行为，在此情况下仍然以对法益的侵害为可罚依据，具有"选择的可罚性"。当法益侵害行为的抽象危险达到可以"具体化"的程度，则应认定为未遂犯。同理对于中止犯罪，仅构成非刑事规范的不法而尚未造成法益侵害或侵害程度轻微的，不具有可罚性。① 因此，经济刑法适用中对犯罪形态的认定并不以前置规范的违反为前提，而是以规范违反后对法益造成的侵害情形和侵害程度为依据而决定是否构成犯罪的未完成形态。

---

① 谭兆强：《法定犯的理论与实践》，华东政法大学，2012年博士学位论文。

第三章　行政犯认定过程中的入罪机制

　　一切理论都是灰色，唯有生命之树常青。行政犯的理论发展困境与争论最终也必须回到司法实践才能得到解答。纵观我国近年来司法实践中引发社会广泛关注的案件，多数都是行政犯案件，诸如赵春华非法持有枪支案、陆勇销售假药案、王力军非法收购玉米案等。类似的案件频发，共同之处在于司法机关将部分行政违法行为当作刑事犯罪来处理，从而扩张了刑事处罚的范围，导致犯罪圈的扩大。当然，出现这一问题的原因很多，既有立法上的原因，也有司法上的原因。从立法上来看，我国所采用的自然法与法定犯一体化的立法体例，存在大量的自然犯规定中包含着法定犯，法定犯规定中包含自然犯的现象，这给行政犯的认定带来相当大的困难。从司法上来看，行政违法与刑事犯罪二元一体的追究机制赋予了公安机关程序选择的主体地位，公安机关为了避免成为行政诉讼的被告或者为了避免承担国家赔偿责任，往往会将行政违法行为刑事化处理。

　　除了上述两个方面以外，更为重要的原因是，刑法理论与实务没有厘清行政违法与刑事违法之间的关系，而造成这样的结果，正是因为现在的刑事违法性的判断容易犯以偏概全的错误，缺乏更宏观的视角。视角的狭隘，一是只关注刑法的条文，忽视了对行政法的研究。比如对于行政犯类型的划分标准上，多数学者仅是局限于刑法的角度，用传统的刑法思维对行政犯进行分类，缺乏对前置行政法特性的观察，从而忽视其中潜在的行政行为的本质属性。具体表现于仅将前置规范局限于抽象行政行为的不法规范，忽视具体行政行为的程序规范，并据此形成行政犯违法性判断不具有类型性的偏颇结论。二是过分强调前置行政法的作用，忽视了刑法的独立价值。行政违法与刑事违法在法律法规上的直接体现就是数额和数量的差异，这也便于司法实务中判断行政犯罪的可操作性。不过，这种做法忽视刑法的独立价值，仅仅将刑法理解为行政法规的补充法，沦为给行政法规填补漏洞的工具，成为行政法规自身规定不完善的"替罪羊"。故而，需要重新明确行政违法向刑事违法转化的条件，划定行政犯罪的处罚范围。

第一节 行政犯类型的理论争议与规范表述

在韦伯看来，一种理想类型是通过片面突出一个或更多的观点，通过综合许多弥漫的、无联系的、或多或少存在和偶尔又不存在的个别具体现象而形成的，这些现象根据那些被片面强调的观点而被整理到一个统一的分析结构中。[1]按照这一观点，从多角度对行政犯进行学理上的分类，并筛选出最匹配的研究对象特性的种类是必不可少的研究方式。因此，我们注重对行政犯分类的讨论就是为了更好地开展行政犯特性的研究。

一、刑法学界对行政犯类型的理论梳理及评析

目前学界有关行政犯研究，对行政犯分类进行的学术讨论并不多。如有学者以犯罪客体、主体、主观方面以及客观方面对行政犯进行分类。[2]具体而言：

第一，依据我国的刑法、单行刑法以及行政法律中的相关刑事责任条款，

---

[1] [德]马克斯·韦伯：《社会科学方法论》，朱红文等译，中国人民大学出版社1992年版，第85页。
[2] 黄河：《行政刑法比较研究》，中国方正出版社2001年版，第103—105页；程凡卿：《行政刑法立法研究》，法律出版社2014年版，第76—116页。

行政犯罪按照侵害的客体可以进行如下分类：一是妨害一般行政管理秩序的行政犯罪，例如伪造公司、企业、事业单位、人民团体印章罪、煽动暴力抗拒法律实施罪等；二是妨害公共安全行政管理秩序的行政犯罪，例如强令违章冒险作业罪、危险驾驶罪等；三是妨害工商、税收、金融、海关行政管理秩序的行政犯罪，如逃税罪、走私罪等；四是妨害环境保护行政管理秩序的行政犯罪，例如盗伐林木罪、非法采矿罪等；五是妨害司法行政管理秩序的行政犯罪，例如扰乱法庭秩序罪、非法处置查封、扣押、冻结的财产罪等；六是妨害文教、卫生、医疗行政管理秩序的行政犯罪，例如妨害传染病防治罪、组织淫秽表演罪；七是其他类型。这一分类的重要意义在于学者可以由此比较清晰地判断行政犯所归属的行政法规以及所保护的法益圈，从而有益于在认定行政犯时更为明确和准确地运用具体规定。

第二，按照犯罪主体标准，大致有以下几种类型。一是以犯罪主体能否成为法律所承认的组织体作为标准，可以将行政犯分为自然人行政犯罪与单位行政犯罪。目前我国刑法条文里面所规定的单位犯罪大体上都是行政犯罪。横向比较，域外刑法中所涉及的法人犯罪大多也是行政犯罪。域外的刑法理论一直对于单位犯罪的成立存在着肯定说与否定说的论争，但是在行政刑法领域，鲜有争议。究其原因，主要是目前刑法领域的单位犯罪都是行政犯，而不是一贯认为的单位自然犯。二是将行政犯罪分为了国家工作人员犯罪和一般公民犯罪。[①] 从某种意义上来说，单位犯罪是相对于刑法中最基本的、最具有普遍意义的自然人犯罪而言，因此，前一种分类中作为单独的专门类型列出。此外，按照一般理论理解，刑法的特殊主体是指作为构成要件的要素或对刑罚有加减免

[①] 具体来看，国家工作人员犯罪又可以具体分为一般国家工作人员行政犯罪与特殊国家工作人员行政犯两类，一般公民犯罪又可以分为妨害一般行政管理秩序的行政犯，妨害司法行政管理秩序的行政犯，妨害工商、税收、金融、海关行政管理秩序的行政犯，妨害环境保护行政管理秩序的行政犯，妨害公共安全行政管理秩序的行政犯，妨害文教、卫生、医疗行政管理秩序的行政犯，及其他不宜归入上述六类的行政犯七类。

除的作用的所具备的某种特定出身、地位或者身份，这是根据犯罪主体是一般主体还是特殊主体来区分的行政犯罪。例如，根据我国刑法的规定，国家工作人员的行政犯罪主要是职务犯罪，而职务犯罪是指具备一定职务身份的人故意或过失地实施与其职务之间具有必然联系的、触犯刑律应受刑罚惩罚的各种行为的总称。[①]加强对职务犯罪工作的重视，可以促进党风廉政建设，保持党、政府和公务人员的廉洁，减少国家工作人员职务犯罪的机会和条件，同时可以有效威慑犯罪，对国家工作人员起到良好警示作用，使其不敢犯罪。如果对国家工作人员的行政犯罪细分，根据国家工作人员工作的特点，进一步可以分为一般国家工作人员的行政犯罪和特殊国家工作人员的行政犯罪。前者大致包括贪污罪、受贿罪、玩忽职守罪、报复陷害罪、泄露国家秘密罪等，后者主要是发生在司法行政管理活动中的犯罪，例如刑讯逼供罪、徇私舞弊罪、私放在押人员罪等。三是根据犯罪人的数量将行政犯罪分为共同行政犯罪与单独行政犯罪。行为人为两人以上基于共同的故意所实施的行政犯罪就是共同行政犯罪，反之则为单独行政犯罪。这样分类是基于共同犯罪的社会危害性要大于单独的犯罪，该结论在行政犯领域也同样适用。从主体角度所进行的分类对认识行政犯各自不同的特征具有重要的意义，这里不再赘言。

  第三，以犯罪的主观方面对行政犯进行分类，可以根据犯罪的罪过形式将行政犯分为故意行政犯、过失行政犯和严格责任行政犯。严格责任（strictliability）也被称为绝对责任（absoluteliability），主要存在于英美刑法的行政犯领域。具体来说严格责任具备以下特征：(1) 被告人实施制定或判例法规定禁止的行为；(2) 被告人在实际上可能存在着某种过错，但按严格责任原则认定，不要求证明其犯罪过错的存在；(3) 通过的辩护理由不成立，对主要的犯罪行为因素不能提出对事实的误解这样的辩护理由，尽管行为人的误解是合理的。一般来说，制定严格责任主要包括以下几类：(1) 有关公共安全方面的犯罪，如非法持有枪支

[①] 张穹：《职务犯罪概论》，中国检察出版社1991年版，第15页。

弹药罪；（2）有关公共卫生方面的犯罪，包括生产销售伪劣产品的犯罪；（3）有关公共道德方面的犯罪，如使用虚假广告等；（4）有关公共秩序方面的犯罪，如交通违章等。[1] 严格责任概念的提出一是为了响应社会需要，由行为人所实施的危害行为与造成的社会福利的影响，行为人应当受到相应的谴责，且必须是一种严格的法律责任；二是出于诉讼成本和效率的考虑，由于触犯行政法规的犯罪数量非常庞大，且要求对每一起案件都要求证实过错与否是非常困难的。基于这两种考量，为了免除或减轻公诉机关的证明难度，创设了该种理论，这也是功利主义对英美刑法在行政犯领域产生的重大影响。但是，目前我国的法制还不是很健全，还不宜对犯罪采取严格责任的认定方式，否则极易造成司法实践中忽视行为人主观选择而导致盲目入罪，这种司法上的不公，正如美国学者哈特所说："法律在道德上不公正，或当我们对其道德性不能确定，因而违法不具有道德罪过之时，对那些无意识地违法的人的惩罚，也是一种错上加错，不是这样的刑罚，反而在一定程度上意味着宽仁。"[2] 而且我国刑法总则第 14 条规定的故意犯罪和第 15 条规定的过失犯罪，其内容已经明确排除了严格责任，易言之，不是出于"故意或过失"的行为，不能认定为犯罪行为。综上，严格责任是出于对社会公共利益的保护，造成了诉讼过程中证明力的脱钩，是不适用于我国司法实践的。

第四，以犯罪的客观方面进行分类，行政犯罪跟刑事犯罪的类型其实没有差异——有牵连犯、结合犯、想象竞合犯、结果加重犯、吸收犯、连续犯、作为犯、不作为犯、行为犯、结果犯、既遂犯和未遂犯等。[3] 但是，该分类标准并没有体现是从犯罪客观方面的哪一个角度考虑的，也不能体现行政犯的全部外延，同时因为采取的标准不一致，犯了分类的逻辑错误。

再者，按照行政犯罪行为违反的罪刑规范的性质不同，将行政犯分为直接违

---

[1] 黄河：《行政刑法比较研究》，中国方正出版社 2001 年版，第 118 页。
[2] ［英］H. L. A. 哈特：《惩罚与责任》，王勇等译，华夏出版社 1989 年版，第 17 页。
[3] 黄河：《行政刑法比较研究》，中国方正出版社 2001 年版，第 105 页。

反刑法典罪刑规范的行政犯和违反行政法律中罪刑规范的行政犯。① 还有学者在犯罪构成要件的区分基础上，另行创设新标准，"根据行政犯刑法规范是否需要委任行政规范的补充，将行政犯分为空白规范行政犯与完全规范行政犯"。② 这两种分类其实有类似之处。然而，如何理解"空白"和"完全"的相对含义和类型，该学者并未深入建构。该种划分方法仍然是以犯罪构成要件的不同为主要标准。依据四要件的分类方法，其容易脱离立法实践，也并未凸显行政犯类型划分的特殊性，换言之，自然犯的划分亦可如此进行。也就是说，以犯罪构成要件的分类方法仅能帮助识别出该类行政犯罪的大致形象。由于行政犯属于刑法与行政法交叉的犯罪类型，单纯从封闭的犯罪构成要件的单一标准中探求行政犯的特点，容易忽视行政行为的本质属性，这对于司法实践中的刑事违法性判断或者行政违法行为与犯罪行为的界分并无太多助益。

基于此，有学者摒弃犯罪构成要件这一简单化、形式化的划分标准，依据行政犯立法规范的不同，梳理了刑法立法援引的行政规范的不同方式，将行政犯分为了肯定式表达的行政犯和否定式表达的行政犯。其中，肯定式表达又包括显性表达和隐性表达。显性表达其实是引用既有的行政规范，在刑法中对相关概念重申和提示，一般以"遵守""依照"等词语为前缀，如我国《刑法》第141条、第142条对假药、劣药的界定，以及第180条第3款对内幕信息、知情人员的界定；隐性表达不以条文明文规定为限，但实际上已经将该行政规范中的内容直接引用，不用再对援引的行政规范查阅。否定式表达强调行为要件在受到行政法规范的否定性评价时才可评价为犯罪行为，诸如，"违反国家规定""不符合行政标准"等形式的行政犯。③ 如《刑法》第180条第1款规定："证

---

① 张明楷：《行政刑法概论》，中国政法大学出版社1991年版，第108—109页。
② 黄明儒：《行政犯比较研究——以行政犯的立法与性质为视点》，法律出版社2004年版，第136页。
③ 高永明：《刑法中的行政规范：表达、功能及规制》，载《行政法学研究》2017年第4期。

券、期货交易内幕信息的知情人员或者非法获取证券、期货交易内幕信息的人员，在涉及证券的发行，证券、期货交易或者其他对证券、期货交易价格有重大影响的信息尚未公开前，买入或者卖出该证券，或者从事与该内幕信息有关的期货交易，或者泄露该信息……"该条中对内幕交易的内容予以直接说明，该内容援引《证券法》第 73 条到第 76 条的条文，《刑法》并没有直接援引这些条文，而是以隐性方式将行政规范引入，通过《证券法》的具体条文影响个罪的构成。否定式表达是指行为受到行政规范的否定性评价才能符合犯罪构成要件，主要以"违反""不符合"为典型表述。具体有三种方式：一是违反规定类，包括"违反规定""违反国家规定""违反……规定""违反……管理规定""违反法律规定""违反法律、行政法规"等，如第 330 条妨害传染病防治罪、第 225 条非法经营罪的规定。二是违反规章制度类，如重大飞行事故罪和铁路运营安全事故罪中的"违反规章制度"，如第 342 条非法占用农用地罪中的"非法占用耕地、林地等农用地"。三是"不符合……标准"，包括"食品安全标准""卫生标准""国家标准""行业标准"等，如第 131 条重大飞行事故罪、第 132 条铁路运营安全事故罪、第 133 条交通肇事罪的规定。

虽然，相对于以犯罪构成要件为行政犯类型的划分标准，根据援引的行政规范的不同方式来划分行政犯，有助于发现行政规范在刑事司法过程中对某一犯罪要件要素的决定性作用或者参照作用，促进行政法与刑法规范的衔接适用。然而，该类划分标准仅是将前置不法型行政犯（包含独立型行政犯）视为行政犯的唯一类型，仍然忽视其中潜在的行政行为的本质属性。仅依据前置不法规范这一抽象行政行为，忽视前置程序规范的具体行政行为，将极易导致主张该类划分标准的学者断然地形成行政犯违法性判断可以不区分类型而直接得出行政从属性的结论。[1]

---

[1] 李梁：《拒不支付劳动报酬罪的行政附属性规定研究》，载《政法论坛》2017 年第 5 期。

二、行政犯类型的规范表述

正如前文所述，我国刑法学界对于行政犯类型区分囿于封闭的刑法理论框架，忽视了对行政行为本质属性的探究。行政犯属于刑法与行政法交叉的犯罪类型，单纯地按照传统刑法理论分析行政犯，必然会导致司法实践中对行政犯刑事违法性判断的混乱。因此，对行政犯类型的区分应当回溯到行政法原理中对行政行为的区分。

行政法原理中，行政行为是指"行政主体在实施行政管理活动、行使行政职权过程中所作出的具有法律意义的行为"。[1] 行政行为概念分为三点：一是行政行为是特定的行政主体所实施的行为；二是行政行为是行政主体基于法律所赋予的行政职权而实施的行政管理行为；三是行政行为是行政主体实施的能够产生行政法律效果的行为。基于行为适用范围将行政行为分为具体行政行为与抽象行政行为。基于行政法对行政行为的划分，本章将行政犯类型分为"违反程序性要素"行政犯和"违反规范性要素"行政犯，分别对应行政法中的具体行政行为和抽象行政行为。

（一）"违反程序性要素"行政犯

"违反程序性要素"行政犯对应行政法中的具体行政行为。在行政法原理中，具体行政行为通常是指"具有行政权能的组织运用行政权，针对特定相对人直接设定、变更或消灭权利义务所作的单方行政行为"。[2] 主要的具体行政行为包括：行政处罚、行政确认、行政许可、行政命令等。根据刑法与行政行为的特点，可以将"违反程序性要素"行政犯细分为四种类型：行政处罚型行政犯、行政确认型行政犯、行政许可型行政犯、行政命令型行政犯。

1. 行政处罚型行政犯

行政处罚型行政犯是指，刑法条文中明确将被给予行政处罚的作为犯罪成立条件。《刑法》第153条走私普通货物、物品罪中将"一年内曾因走私被给予

---

[1] 罗豪才、湛中乐主编：《行政法学》，北京大学出版社2016年版，第113页。
[2] 叶必丰：《行政行为原理》，商务印书馆2019年版，第166页。

二次行政处罚"又走私的行为规定为犯罪。又比如，《刑法》第 201 条逃税罪中规定，纳税人虽然有逃税行为，但经税务机关追缴并予以行政处罚的不追究刑事责任，除五年内因逃税受到刑事处罚或二次以上行政处罚之外。需要注意，该罪将"五年内受到二次以上行政处罚"又逃税的行为规定为犯罪。刑法条文中明确将行政处罚作为犯罪成立条件或加重处罚情节的罪名超过 30 个。随着行政犯数量的增多，以此种方式规定的罪名日益增加。

2. *行政确认型行政犯*

行政确认型行政犯是指，刑法将行政主体对相关法律关系、法律事实的甄别或认定结论作为案件相关事实的证明。以交通肇事罪为例，根据《最高人民法院关于审理交通肇事刑事案件具体应用法律若干问题的解释》第 1 条规定，构成交通肇事罪必须在分清事故责任的基础之上。在我国，交通事故责任实则是一种过错认定原则，是由交管部门作出的《交通事故认定书》予以确认，在一定情形下交管部门会推定双方责任，但这种推定责任事实上却是构成交通肇事罪的基础。《刑法》第 180 条规定的内幕交易、泄露内幕信息罪中，往往会有公安部或者中国证监会出具的诸如内幕信息、内幕信息知情人以及价格敏感期等与案件事实密切相关的认定函。在我国司法实践中，包括行政确认在内的行政文书却成为认定犯罪成立的关键证据，甚至直接将其作为刑事证据，法庭并未予以司法审查，直接采纳行政确认文书作为定罪量刑的刑事证据。

3. *行政许可型行政犯*

行政许可型行政犯是指，刑法直接将未获得行政机关的许可或批准作为犯罪成立的条件。较为典型的就是我国《刑法》第 336 条非法行医罪，该罪的犯罪主体为未取得医生执业资格的人。根据我国《执业医师法》第 12 条规定，医师资格考试成绩合格就取得了医师职业资格，但这不等同于医师执业资格。我国实行医师执业注册制度，医师执业证书须经医师注册后，由卫生行政部门颁发，并明确规定执业地点、执业类别、执业范围。又如《刑法》第 343 条规定的非法采矿罪明确将"未取得采矿许可证"作为构成要件。

4. 行政命令型行政犯

所谓行政命令型行政犯是指，在刑法条文中明确将行政命令行为作为犯罪的要素之一予以规定，成立犯罪需要满足行政命令程序。例如，我国《刑法》第286条之一拒不履行信息网络安全管理义务罪规定的"经监管部门责令采取改正措施而拒不改正"的命令程序。第139条消防责任事故罪规定的"经消防监督机构通知采取改正措施"的通知程序。第176条之一拒不支付劳动报酬罪规定"经政府有关部门责令支付仍不支付的"等都属于行政命令型行政犯。

(二)"违反规范性要素"行政犯

"违反规范性要素"行政犯对应行政法中的抽象行政行为。在行政法原理中，抽象行政行为是相对于具体行政行为而言的，抽象行政行为通常是指"国家行政机关针对不特定的人和不特定的事制定的具有普遍约束力的行为规则，包括行政法规、行政规章和其他具有普遍约束力的决定和命令等"。[①] 这种类型的行政犯是刑法学界研究的重点，刑法学者将这种行政犯规定称为"空白罪状"。一方面，由于行政法律数量庞杂混乱，更新变化较为频繁，为防止刑法立法的疏漏，刑法在规定行政犯时仅涉及犯罪的基本特征与法定刑，授权其他机关补充说明犯罪的具体要素。另一方面，基于行政犯立法技术规范性不足，有的行政犯并未在法条中对前置行政法作概括性或具体性规定。然而，法律适用的过程就是解释法律的过程，解释法律条文的真实含义，发现条文中没有规定的构成要件要素。因此，根据刑法罪状中是否明文规定前置行政法规，可以将"违反规范性要素"行政犯分为"违反显性规定"行政犯和"违反隐性规定"行政犯。

1. "违反显性规定"行政犯的规范表述

"违反显性规定"行政犯的罪状描述为"违反……规定"或者"违反……法规"。其中，一部分罪名明确指出行政法规范依据，另一部分罪名只表述为"违反国家规定"。这样表述是因为部分犯罪行为严重危及国家安全、公共安全或个

---

① 罗豪才、湛中乐主编：《行政法学》，北京大学出版社2016年版，第145页。

人生命财产安全，刑法所给予的刑罚较重，所以其前置法规范不宜过于广泛，需明确援引前置行政法规。例如，我国《刑法》第136条危险物品肇事罪表述为："违反爆炸性、易燃性、放射性、毒害性、腐蚀性物品的管理规定，在生产……处三年以上七年以下有期徒刑。"危险物品严重危及公共安全，一旦发生事故，后果不堪设想，因此，该罪的罪状描述中明确规定了前置行政法规为爆炸性、易燃性、放射性、毒害性、腐蚀性物品管理规定。而第338条污染环境罪表述为："违反国家规定，排放、倾倒或者处置有放射性的废物、含传染病病原体的废物……处三年以上七年以下有期徒刑，并处罚金"。该罪的罪状中便没有明确所违反的前置行政法规，但根据罪状描述以及《刑法》第96条对国家规定的界定，可以明确定位该罪所违反的相关行政法规。

除上述两类"违反显性规定"行政犯的罪状描述外，还有一种不太典型的罪状表述。例如，我国《刑法》第225条非法经营罪第一项和第三项，部分学者直接将非法经营罪归类在违反行政许可型行政犯下。但是仅凭"未经许可"便认为该罪属于行政许可型行政犯显得不够严谨。非法经营罪中第一项规定中的"未经许可"并非是指行政许可行为。陈兴良教授认为，《行政许可法》规定的行政许可与专营专卖法设定的垄断经营是完全不同。① 我国专营专卖制度主要包括食盐、烟草。该罪第一项中的"未经许可"是指侵犯专营专卖的垄断经营权。根据《食盐专营办法》的规定，我国实行食盐定点生产、定点批发制度，非食盐定点生产企业不得生产食盐，非食盐定点批发企业不得经营食盐批发业务。因此，非食盐定点生产或经营食盐批发企业从事食盐生产或经营批发业务，所违反的是《食盐专营办法》，而非具体的食盐批发许可证。概言之，非法经营罪第一项所违反的"许可"实则是违反了国家法律的禁止性规定，即违反了抽象行政行为（前置法律、行政法规）。该罪第一项规定的"限制买卖的物品"同样是指违反国家法律禁止性规定。

---

① 陈兴良：《违反行政许可构成非法经营罪问题研究》，载《政治与法律》2018年第6期。

非法经营罪的第三项规定的非法经营行为是指未经国家有关主管部门批准，从事证券、期货、保险、资金结算业务。我国学者将其称为非法经营业务行为。这些业务行为其实是国家垄断经营的，其他市场主体不得进入。虽然从事这些业务也需要获得国家有关部门的许可证，但其本质还是违反国家禁止性规定，属于"违反前置规范性"行政犯。

2."违反隐性规定"行政犯的规范表述

"违反隐性规定"行政犯的罪状表述中并未规定援引法或者规定得不充分，不仅需要运用刑法中同类法益保护的体系性解释，还需要结合刑法对犯罪构成要件要素的具体规定，确定相关的行政法规范依据。

第一，针对犯罪对象的行政法规范依据。例如，《刑法》第130条非法携带枪支、弹药、管制刀具、危险物品危及公共安全罪表述为："非法携带枪支、弹药、管制刀具或者爆炸性、易燃性、放射性、毒害性、腐蚀性，进入公共场所或者公共交通工具，危及公共安全，情节严重的，处三年以下有期徒刑、拘役或者管制。"需要结合具体罪名中的限制或禁止对象确定行政犯规范依据。虽然《刑法》第151条走私珍贵动物、珍贵动物制品罪为例，法条中只规定了走私对象及刑罚，未明确规定该罪的犯罪对象范围，但是通过分析犯罪对象可以确定前置行政法规为《国家重点保护野生动物名录》以及《濒危野生动植物种国际贸易公约》。上述的行政犯条文中未规定所援引的前置法，需要通过对条文内容的分析，确定犯罪对象的范围。

第二，针对犯罪主体的行政法规范依据。例如《刑法》第223条串通投标罪规定为，"投标人相互串通投标报价，损害招标人或者其他投标人利益，情节严重的"。顾名思义，本罪的犯罪主体应当为投标人，但是如何定义投标人以及如何认定作为招投标的单位主体范围？实务中对于是否应当根据招投标相关法律法规的规定认定犯罪成立存在较大的争议。笔者认为，该罪罪状属于典型的"违反隐性规定"行政犯的表述。虽然法条中未明确规定"违反招投标法"，但在具体认定该罪时必须明确何谓"投标人"，何谓"串通投标行为"等概念。

"必须要实现情况与法律所规定的构成要件相吻合，我们才可以说它构成犯罪，这就是罪刑法定的精神。"[①] 根据行政犯的法理以及构成该罪的具体构成要件要素，《招投标法》当然属于串通投标罪的前置行政法，相应地，"违反招投标法"应当是串通投标罪的隐性构成要件要素。并且该罪的犯罪主体自然也应遵循《招投标法》中的第 8 条、第 25 条对招标人与投标人的规定。在该罪中，自然人不属于投标人，其也不成为串通投标罪的主体，但是科研项目除外。同时，串通投标罪的主体只能是响应招标、参加投标竞争的法人或组织。

第三，针对其他犯罪构成要件要素的行政法规范依据。例如，《刑法》第 198 条保险诈骗罪中规定了保险诈骗的 5 类保险诈骗行为。保险诈骗罪需要将一般诈骗罪的犯罪构成要件置于保险领域予以讨论。根据刑法理论，构成保险诈骗罪首先需要明确作为犯罪构成要件要素的投保人、保险标的、保险金、保险事故等专有名词的含义，需要将《保险法》解释与刑法中同类法益保护体系性解释相结合，确定在刑法中这些词语的含义。比如，是否虚构保险标的是成立保险诈骗罪的要素之一，但是关于"虚构保险标的"，理论界一直存在着狭义说和广义说。广义说认为，虚构不存在的保险标的、对保险标的重要事实、情况进行虚构或不如实说明皆属于"虚构保险标的"。狭义说则认为，"虚构保险标的"仅指虚构根本不存在的保险标的。对于"虚构保险标的"作刑法意义上的解释，就势必要结合《保险法》与刑法中同类法益保护体系性解释理解确定"虚构保险标的"的含义。

综上，由于行政犯的双重违法性，对行政犯类型的区分不能离开行政法，单独在刑法框架下进行讨论。通过对行政行为分析可以发现，行政犯的行政违法性不外乎是违反抽象行政行为和违反具体行政行为。因此，我国的行政犯类型主要是"违反程序性要素"行政犯和"违反规范性要素"行政犯。在厘清"违反程序性要素"行政犯和"违反规范性要素"行政犯的区分基础上，方能进

[①] 黄荣坚：《刑罚的极限》，元照出版有限公司 1999 年版，第 175 页。

一步研究二者在刑事违法性判断路径上的差异。

第二节　行政犯入罪机制的实证样态及现实问题

笔者的研究样本来自聚法案例库，选取时间为"2017年1月1日至2021年12月31日"，案由限定为"刑法第三章破坏社会主义市场经济罪"。通过设置时间（2017年1月1日至2021年12月31日）、地域（中国大陆地区）、案由（上述罪名）进行筛选，共获得符合条件的裁判书323 406份。通过技术排查，排除重复的刑事判决书和减刑假释刑事裁定书共计132 146份，[①]因此，有效判决书共计191 260份。此处需要特别说明，在样本裁判案件中可能存在一人触犯数罪、单位犯罪，或者数人触犯一罪的情况，此时，根据公诉机关所指控的主要罪名作为案由依据。根据研究需要，笔者从判决书中提取了16类数据，分别是：案号、审理法院、审判日期、审判程序、文书类型、案由、基本案情、法院认为、裁判结果、文书链接、案件来源、证据内容、数额或数量定罪、犯罪事实认知、法律评价认知、是否援引相关行政法律法规。[②]

一、行政犯裁判案件的总体分析

（一）行政犯裁判案件的时间分布

从时间分布上来看，总体上全国行政犯裁判数量是逐年增加，具体来看，2017年至2019年，行政犯裁判案件数量逐年增加。我国刑法自2011年至2019

[①] 数据来自聚法网（https://www.jufaanli.com/），为提升案例数据准确性，同步采集裁判文书网、北大法宝网相关案例，检索时间为2022年8月21日。
[②] 截取数据栏位中的"数额或数量定罪""犯罪事实认知""法律评价认知"在所有行政犯案件中并非都以"数额"或"数量"定罪，也有部分案件中存在多个犯罪嫌疑人或被告人，此时以"数额""数量"定罪量刑的行政犯案件为基数，对于犯罪嫌疑人或被告人主观认知以判决书中是否提及为标准，一份判决书只计一份。

年对于行政犯犯罪化立法处于扩张阶段，在此期间内，大量的行政违法行为被规定为犯罪导致行政犯裁判案件增加。2019年之后行政犯裁判案件略有下降，截至2021年12月，行政犯裁判案例仅为14 251件。结合公布出来的行政犯案件裁判数量和2017年以来最高人民法院公布的工作报告来看，行政犯裁判案例占全年所有刑事案件的3%左右。

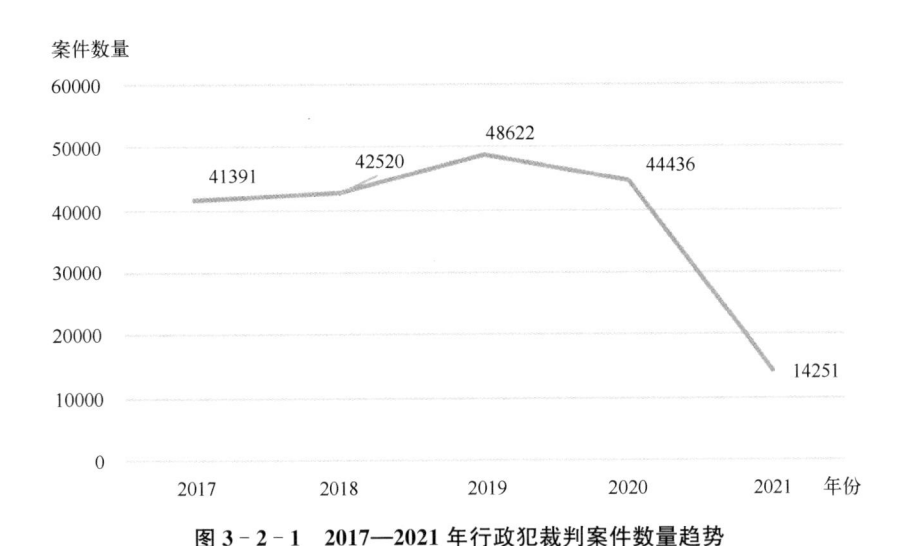

图3－2－1　2017—2021年行政犯裁判案件数量趋势

（二）行政犯裁判案件的地域分布

国家法治发展的内在机理恰恰寓于区域法治现象之中。[①] 中国地域辽阔，各区域的法治发展程度在一定程度上受到该区域的经济、文化、风俗习惯等多方面的影响。概言之，分析对比不同区域下行政犯入罪的影响因素，对于总结行政犯入罪的固有逻辑具有特殊意义。根据图3－2－2可见，全国行政犯裁判案件数量自东向西逐渐递减，行政犯裁判案件数量更多集中于东南沿海地区。其中，江苏省18 200件，广东省为17 764件，河南省15 777件，浙江省14 484件。这在一定程度上应当与各区域之间的经济发展水平具有较大的关联性。本书所选

---

① 公丕祥：《法治发展的区域分析——一种方法论的讨论》，载《法学》2018年第5期。

取的研究范围集中于刑法第三章破坏社会主义经济秩序犯罪，该章规定的行政犯多为违反经济管理秩序犯罪。因此，经济发展水平较高的地区，行政犯裁判案件数量自然较多。

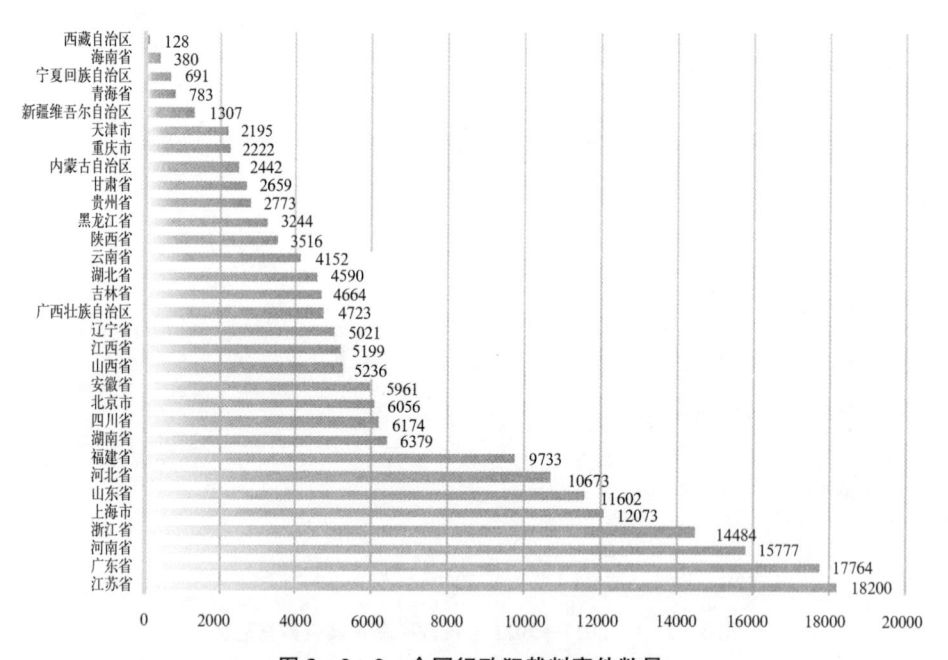

地区	数量
西藏自治区	128
海南省	380
宁夏回族自治区	691
青海省	783
新疆维吾尔自治区	1307
天津市	2195
重庆市	2222
内蒙古自治区	2442
甘肃省	2659
贵州省	2773
黑龙江省	3244
陕西省	3516
云南省	4152
湖北省	4590
吉林省	4664
广西壮族自治区	4723
辽宁省	5021
江西省	5199
山西省	5236
安徽省	5961
北京市	6056
四川省	6174
湖南省	6379
福建省	9733
河北省	10673
山东省	11602
上海市	12073
浙江省	14484
河南省	15777
广东省	17764
江苏省	18200

图 3-2-2　全国行政犯裁判案件数量

（三）法院层级及审判程序分布

根据图 3-2-3 显示，绝大部分的行政犯案件在基层法院裁判，占比 79%，中级法院占比 20%，高级法院的行政犯裁判案件为 3 409 件，最高法院的行政犯裁判案件仅为 4 件。对比行政犯审理程序，一审案件占比 84%，二审案件占比 16%，与法院层级的数据相当。基层法院管辖第一审刑事案件，包括普通程序、简易程序和速裁程序，特别是在认罪认罚从宽制度推行后，基层法院审理的案件数量大幅增加。当然，中级法院也会审理一部分第一审刑事案件，但主要还是审理二审案件。高级法院和最高法院主要负责对法律及司法解释的研究和解释工作，因此，相对基层法院和中级法院的裁判数量较少。

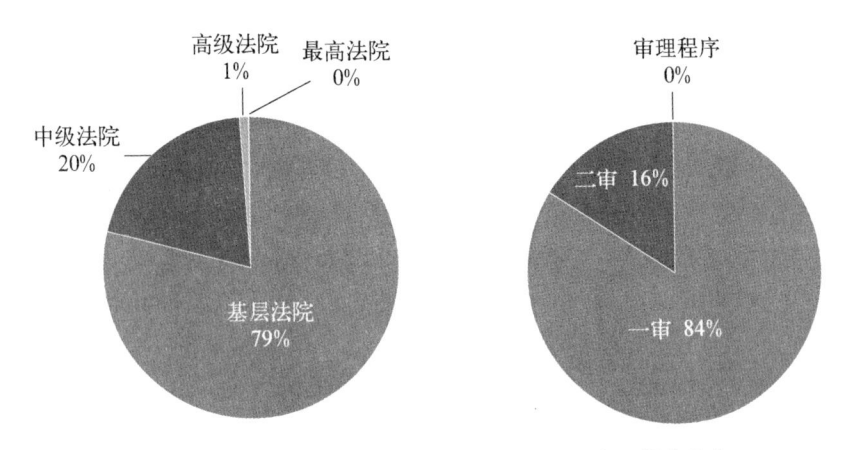

第三章　行政犯认定过程中的入罪机制

图 3-2-3　全国行政犯裁判案件法院层级及审理程序分布

二、行政犯裁判案件的案由分析

(一) 以具体案由为依据分析

表 3-2-1　行政犯裁判案例样本主要案由汇总

案　由	数　量	案　由	数　量
非法吸收公众存款罪	24 895	贷款诈骗罪	995
合同诈骗罪	23 664	持有、使用假币罪	753
非法经营罪	22 060	违法发放贷款罪	719
信用卡诈骗罪	18 982	出售、购买、运输假币罪	702
虚开增值税专用发票、用于骗取出口退税、抵扣税款发票罪	14 406	对非国家工作人员行贿罪	665
生产、销售、提供假药罪	8 659	侵犯著作权罪	563
生产、销售有毒、有害食品罪	8 483	伪造、变造金融票证罪	538
组织、领导传销活动罪	7 496	非法制造、出售非法制造的发票罪	494
销售假冒注册商标的商品罪	6 562	票据诈骗罪	485

续表

案　由	数量	案　由	数量
生产、销售不符合安全标准的食品罪	5 374	伪造货币罪	385
假冒注册商标罪	5 225	洗钱罪	368
生产、销售伪劣产品罪	4 422	走私废物罪	352
妨害信用卡管理罪	4 275	走私珍贵动物、珍贵动物制品罪	345
非国家工作人员受贿罪	3 650	逃税罪	311
骗取贷款、票据承兑、金融票证罪	3 454	高利转贷罪	233
集资诈骗罪	3 141	持有伪造的发票罪	233
走私普通货物、物品罪	2 856	非法出售发票罪	232
强迫交易罪	2 431	国有公司、企业、事业单位人员失职罪	225
虚开发票罪	1 856	国有公司、企业、事业单位人员滥用职权罪	200
窃取、收买、非法提供信用卡信息罪	1 761	伪造、倒卖伪造的有价票证罪	171
保险诈骗罪	1 560	隐匿、故意销毁会计凭证、会计账簿、财务会计报告罪	164
串通投标罪	1 471	骗取出口退税罪	149
走私国家禁止进出口的货物、物品罪	1 348	非法出售增值税专用发票罪	136
非法转让、倒卖土地使用权罪	1 165	生产、销售伪劣农药、兽药、化肥、种子罪	127
非法制造、销售非法制造的注册商标标识罪	1 097		

从行政犯裁判案件涉及刑法第三章的69条罪名，就罪名分布情况来看，其中数量较多的为非法吸收公众存款罪24 895件，非法经营罪22 060件，虚开增值税专用发票、用于骗取出口退税、抵扣税款发票罪14 406件，生产、销售、

提供假药罪 8 659 件。2014 年以来，我国非法吸收公众存款罪进入高发期，众多大型公司涌入 P2P 项目中，P2P 成为非法集资的温床，最后因为资金链断裂相继爆雷，非法吸收公众存款罪也成为这些违法行为人的最终归宿。随着市场经济的发展，行政许可是行政权力干预市场活动的主要手段，从"于润龙黄金案"到"王力军收购玉米案"，非法经营罪仍旧是我国刑法典型的"口袋罪"。增值税目前是我国第一大税种，近几年其占比接近中国全部税收的 40%。虚开增值税专用发票、用于骗取出口退税、抵扣税款发票罪也一直以来是公安、税务部门的联合重点打击对象。根据 2019 年国家税务总局稽查局局长郭晓林的通报，2018 年 8 月份以来，在公安、海关、人民银行等部门的大力支持下，税务部门共计查处虚开企业 11.54 万户，认定虚开发票 639.33 万份，涉及税额 1 129.85 亿元。[①] 2011 年《刑法修正案（八）》将生产销售假药罪由危险犯改为行为犯，降低了该罪的入罪门槛，直接加大了药品犯罪的惩治力度。在刑法认定上，功能性假药和未审批的假药都属于刑法意义上的假药。当然 2019 年《药品管理法》修订，其中规定未经批准少量境外已合法上市的药品不再按假药论处，进一步明确了行政执法中关于假药的认定，同时对于精准打击药品犯罪具有重要意义。此外，最高人民检察院、食品药品监督管理局等部门一直注重对药品犯罪的打击力度。

（二）以案由分类为依据分析

根据上文对违反不同类型的前置行政行为将行政犯分为"违反规范性要素"行政犯和"违反程序性要素"行政犯，其中，"违反规范性要素"行政犯又分为"违反显性规定"行政犯和"违反隐性规定"行政犯。通过对刑法第三章行政犯罪名的分类统计（见图 3-2-4），"违反规范性要素"行政犯占比 94%，"违反程序性要素"行政犯占比 6%，更进一步分析，"违反规范性要素"行政犯中"违反显性规定"行政犯占比 15%，"违反隐性规定"行政犯占比

[①] 公安部、国家税务总局：《重拳打击涉税违法犯罪》，http://www.chinatax.gov.cn/n810219/n810724/c4558576/content.html，访问日期：2021 年 8 月 3 日。

85%。通过对全国行政犯裁判案件案由类型统计（见图3-2-5），全国行政犯裁判案件中，"违反规范性要素"行政犯裁判数量占比97%，"违反程序性要素"行政犯裁判数量占比3%。其中，"违反显性规定"行政犯占比31%，"违反隐性规定"行政犯裁判数量占比69%。在罪名数量及裁判案例占比上，"违反规范性要素"行政犯数量占比均达至90%以上，以违反前置具体行政行为的"违反程序性要素"行政犯数量总体上较少。此外，"违反隐性规定"行政犯在罪名数量和裁判案件数量占比上都是"违反显性规定"行政犯占比数量的2倍之多。由此可见，我国行政犯裁判主要是以"违反隐性规定"的"规范性要素"行政犯为主。

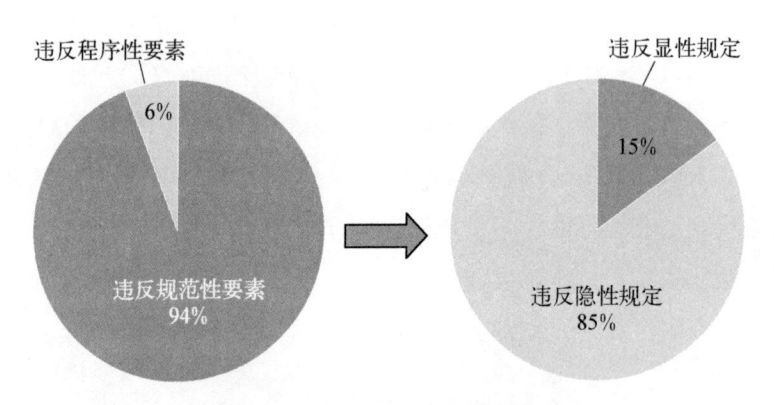

图3-2-4 行政犯罪名类型分布

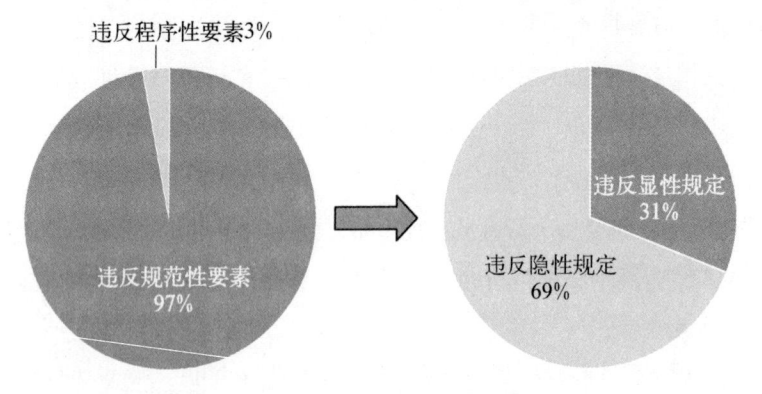

图3-2-5 行政犯裁判案件案由类型分布

三、行政犯裁判案件的特点分析

(一) 行政机关转化案件的定罪率较高

行政转化案件是指，行政机关在行政执法过程中发现的不仅违反了行政法律法规甚至还违反了刑法的案件，并将其移送至司法机关定罪量刑。在裁判文书中的证据内容中通常以"×××机关移送函""×××机关处罚认定书"或"到案情况说明"等。如图3-2-7所示，行政犯案件来源于行政机关移送的占比为32%，占案源比例的1/3。司法实务中，行政机关转化案件的比例远不止于此，因为部分行政机关转化的案件一般是通过政府公务系统的内网移送，部分内容并不会在公开的裁判文书中体现出来。以上海市为例，据上海市行政机关内部统计，2006—2018年，全市检察机关共建议行政执法机关向公安机关移送涉嫌犯罪案件2 721件。[①] 可见，在裁判文书中有大量行政犯案件是公安机关直接致电犯罪嫌疑人询问情况，或传唤犯罪嫌疑人主动到公安机关交代情况。其中，不能排除有相关行政执法部门提供一定的线索，公安机关在立线初查后掌握了初步犯罪证据。特别是前置行政行为属于具体行政行为时，行政机关在执法过程中发现的犯罪线索会直接移送至公安机关。在图3-2-6中，有相当一部分的直接移送案件属于行政执法工作中发现移送的案件。

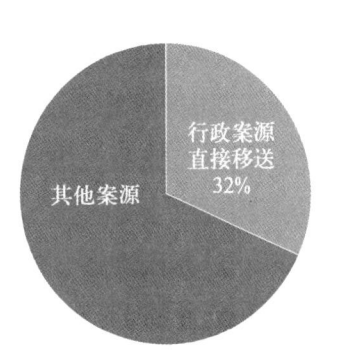

图3-2-6 行政犯案件转化情况

根据相关数据统计，行政机关的转化案件的定罪率保持高位，定罪率高达95%以上。也就是说，在行政案件中被行政机关移送的犯罪嫌疑人基本上都会被定罪，不被定罪的几率比较小。对行政犯案件来源进一步分析可以发现，税务方面的犯罪案件在行政机关移送的行政犯案源所占比重很大。如图3-2-7所示，虚开增值税专用发票、用于骗取出口退税、抵扣税款发票罪总体上占据行政

---

① 因此类数据行政机关属于内部资料，统计搜集难度较大，目前仅搜集到截至2018年数据，但基本能反映行政机关移送案件的基本趋势和规律。

机关移送案件的50%以上,其次分别为非法经营罪(23%)、倒卖车票、船票罪(8%)、虚开发票罪(8%)、走私普通货物、物品罪(7%)。在司法实务中,常见的现象是许多的企业为了节约成本往往冒险选择虚开增值税发票折抵税额。众所周知的是,增值税发票具有抵扣链条的特性,一个企业发生虚开发票行为后,税务机关便可以按图索骥的方式顺着发票的产业链上下游进行调查,从而牵扯出一大批虚开增值税发票的企业。其实按照我国税收的相关法律法规,税务机关每年都会对企业的税收情况进行核查,在核查的过程中一旦发现有刑事犯罪的情况,税务机关便会将案件移交给公安机关进行处理。

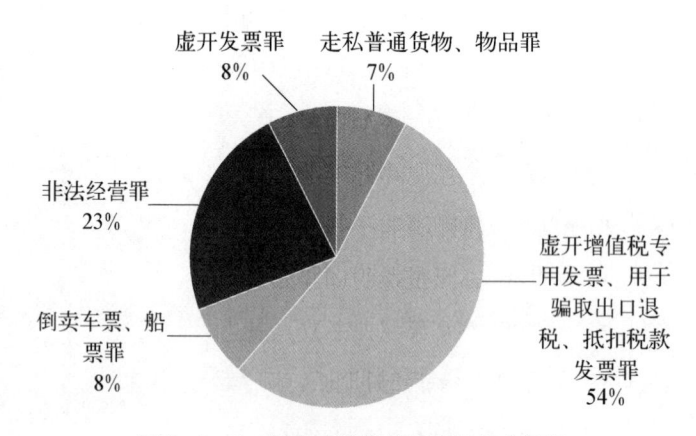

图3-2-7 行政移送案件的犯罪分布情况

以定罪率为标准,对行政案件进行分析可以发现,行政机关移送的案件主要涉及的罪名是虚开增值税专用发票、用于骗取出口退税、抵扣税款发票罪等罪名,这些罪名的定罪率高达98.6%,在这些移送案件的高定罪率中,虚开增值税专用发票、用于骗取出口退税、抵扣税款发票罪相关的案件定罪率位居第一。换言之,总体上来看,在税务机关移送的涉税案件中,犯罪嫌疑人都将被定罪。

(二)行政转化案件二审改判率较低

所有涉及行政犯的案件在审级上主要是一审案件,如图3-2-8所示,涉及的行政犯案件一审转化占比明显高于二审转化占比，一审占比为89%，二审转化行政犯占比为11%。进一步分析可以发现，涉行政犯案件，裁判结果主要分为三类，一是驳回上诉维持原判、二是维持原审部分判决的改判、三是准许被告人撤回上诉。在所涉及的样本案例中，行政犯的定罪或者量刑内容得到改变，便可以认为在二审中得到改判。根据图3-2-9所示，涉及行政犯二审的驳回上诉率为43.24%，被告人撤诉率为40.54%，改判率仅有16.22%。通过数据可以发现在涉及行政犯的案件中，能够启动二审程序的案件占比较低，就算退一步讲，能够启动二审结果也是不容乐观。

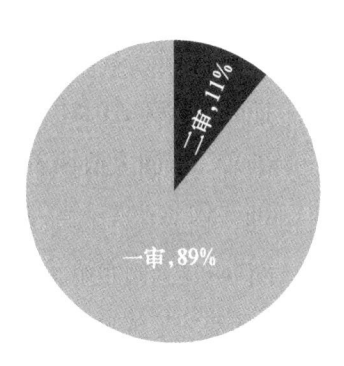

图3-2-8 涉及行政犯案件的审级情况

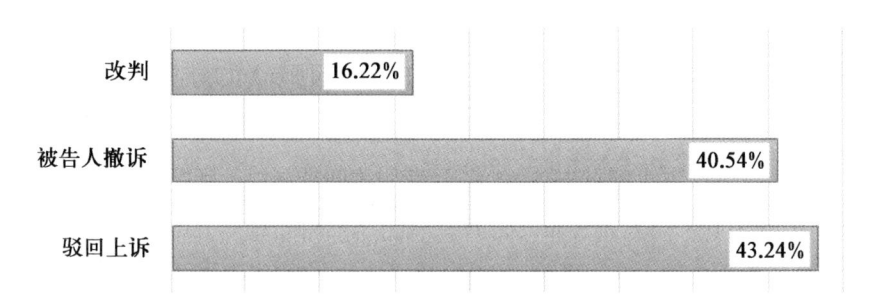

图3-2-9 涉及行政犯案件的二审裁判情况

　　行政转化案件的二审改判情形进行进一步分析可以发现，二审率仅有24.3%，结合图3-2-10案件的分布情况来看，行政移送案件的二审程序启动主要是集中于虚开发票罪、虚开增值税专用发票用于骗取出口退税、抵扣税款罪、走私普通货物、物品罪。需要注意的是，对于存在改判的情形只有虚开增值税专用发票用于骗取出口退税、抵扣税款罪。在行政移送案件中，驳回上诉维持原判率与被告人撤诉率在整体上来看差别不是很大。通过检索分析二审改判理由可以发现，在涉及增值税专用发票罪进行改判的主要理由是被告人自愿退赔税款从而弥补国家的税款损失,进而司法机关在原判刑罚的基础上予以被告人从宽处罚。沿着以上的逻辑进路以及实践总结,涉及行政机关移送的案件,对案件事实与证据的采纳,司法机关一般不会轻易进行推翻改判。这从侧面也印证下文中行政证据采纳率比较高的结论。

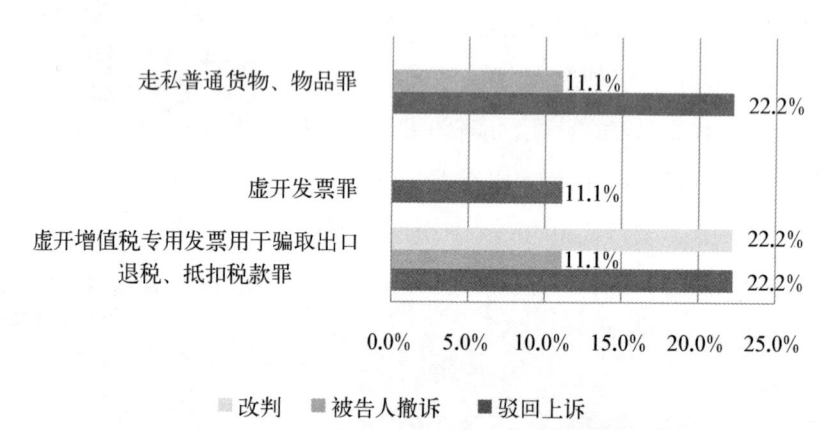

图 3-2-10　行政机关移送案件的二审裁判情况

走私普通货物、物品罪：11.1%、22.2%
虚开发票罪：11.1%
虚开增值税专用发票用于骗取出口退税、抵扣税款罪：22.2%、11.1%、22.2%

（改判　被告人撤诉　驳回上诉）

(三) 行政证据采纳比例较高

通过对裁判文书中相关证据内容以及法院最后观点的梳理可以发现,一般的情况下行政证据的采纳率都比较高。行政证据主要是指在行政主体进行执法的过程中所取得的证据,在案件移送到公安机关后,依据法律规定将行政证据转化为刑事证据。通过在样本案例中统计行政机关出具的公函或认定书,确定其被采纳的概率发现在涉及行政犯的案件中行政证据的采用比例较高。[①] 如图 3-2-11 所示,行政证据的采用率为 31.71%,其它刑事证据的采用率为 68.29%。通过对裁判文书的梳理发现,行政证据的主要种类为行政机关出具的行政处罚决定、复函等书证。在裁判文书中主要体现的是书证这一证据类型。但是行政证据与刑事证据在证明力要求、证据标准等方面存在很大不同,在司法实务中,行政

[①] 裁判文书中无法显示行政证据转化为刑事证据的过程,此处以法院据以裁判的结果是否有采纳行政机关出具的公函为依据进行具体判断。

第三章　行政犯认定过程中的入罪机制

证据的审查程序是宽松于刑事证据的。现实的情况是，两种证据的转化实际是在公安内部的科室之间的流转，但裁判文书很少对这一方面（证据采集情况）进行释明。特别是在证人证言部分，仅是轻微带过，不能排除的情况是言词证据由行政机关进行制作的可能。

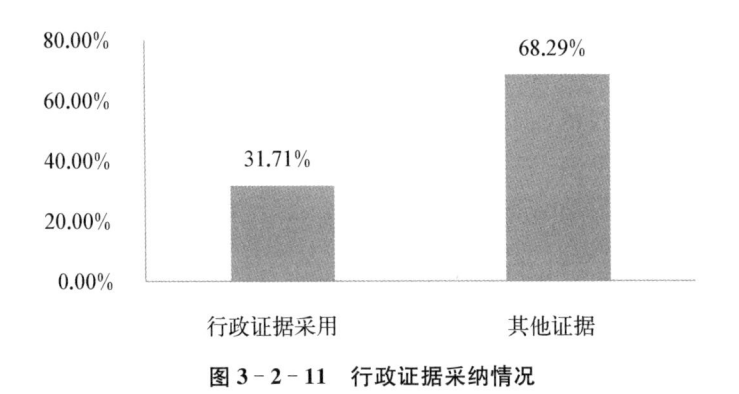

图 3-2-11　行政证据采纳情况

对各犯罪的行政证据采纳情况进行对比分析，如图 3-2-12 所示，虚开增值税专用发票用于骗取出口退税、抵扣税款罪的行政证据采纳率是最高的（17.07%），非法经营罪的行政证据采纳率位居第二（7.32%），该数据与上述的

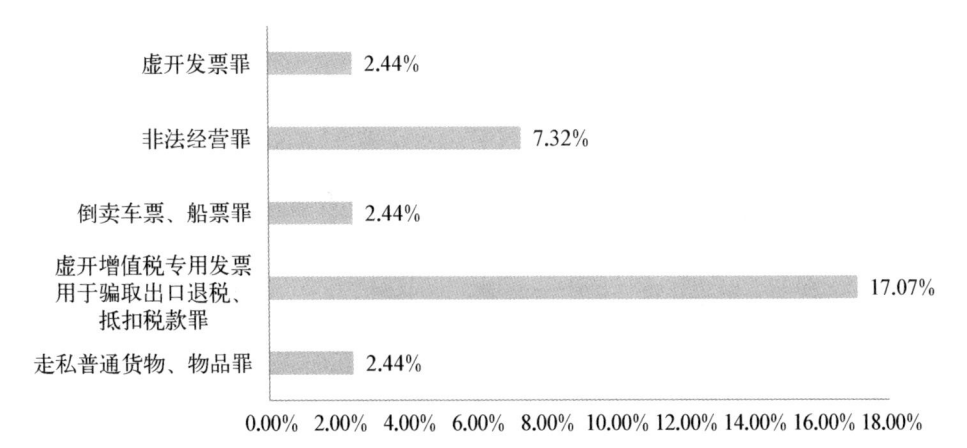

图 3-2-12　各犯罪行政证据采集情况

行政案件移送率比较高的罪名分布情况相吻合。在涉税案件中，税务机关制作的已证实虚开通知单、税务行政处罚事项告知书、抵扣证明、税收完税证明、有关的增值税专用发票、记账凭证、增值税纳税申报表等都是在涉税案件中经常出现的行政证据。行政机关的复函、回函、鉴定检验报告、鉴别意见书等都是在非法经营罪中主要的行政证据。正如前述，在行政移送案件的证据上，将这些证据直接作为刑事证据进行认定并作为定罪量刑的依据是值得深入考量的，这里需要打一个问号。同时这些认定行政违法行为的证据是否会影响法官的实质判断也是值得进一步分析的。

（四）行政犯定罪主要为"数量"或"数额"认定

在我国当下的司法实践中，从行政违法到行政犯罪的认定主要基准是数量以及金额的认定。如下图 3-2-13 所示，在统计的样本案例中，以"数量"或"数额"进行定罪的占比在 86.36%。犯罪的数量或犯罪的数额大小决定了对犯罪行为的定罪量刑。从行政违法到刑事犯罪，数量和数额也是重要的要素之一。在司法实务中或许已经形成这样的思维定式，行政犯是以行政处罚作为犯罪成立的前提与条件，行政处罚与刑法上关于行政犯规定的"情节严重""后果严重"的程度具有对应关系。因此，行政犯的"数量"与"数额"不仅是关乎行政违法与刑事犯罪的界限划分，而且与量刑的档位具有密切的关系。

图 3-2-13 以数量或数额定罪量刑的行政犯案件比例

（五）被告人犯罪故意证据较为薄弱

对于被告人犯罪故意的认定应当从犯罪的事实认识与法律认识两个层面进行展开。通常的情况下，特别是在传统自然犯的领域下，行为人能认识到自己行为的自然事实就能认识到该行为的是否具有社会危害性。但是基于行政犯的特殊性，对行政犯主观故意的判断需要依据行为人对行政前置法的认识。行为人认识到行为的社会危害性，才是犯罪故意成立的实质要件。① 依据相关的统计，大约超过九成的被告人是对自己犯罪的自然事实与法律评价是认知清楚的，有9.09%裁判文书中未提及被告人主观认知程度。在裁判文书中，对于被告人的主观故意的认定大致是分为三种情形：一是行政机关对于被告人的前期行政处罚；二是被告人坦白、自首；三是根据现有证据认定被告人主观犯罪故意，并不特意区分被告人的事实认知与法律评价认知（即是否有认识到违反行政法和刑法的规定）。

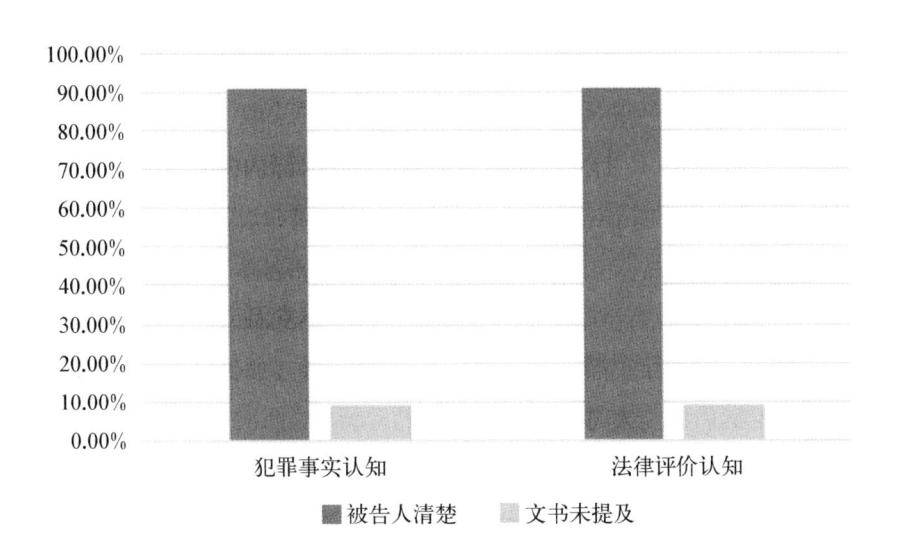

图 3 - 2 - 14　被告人主观犯罪故意的认定情况

(六) 对相关行政法律法规的引用率为零

在规范结构上，行政犯具有行政规范和刑法规范相结合的特征。② 因此，"违反国家规定"是行政犯的犯罪构成要件要素之一。行政犯成立犯罪的前提条件是违反了前置法规定，那么行政犯的定罪必须紧紧围绕犯罪的构成要件要素。

---

① 邵维国：《行政犯前置法认识错误问题研究》，载《法商研究》2020年第1期。
② 刘艳红：《论法定犯的不成文构成要件要素》，载《中外法学》2019年第5期。

换言之，确定行政犯违反前置行政法律规定，在裁判文书中不应当仅以刑法条文予以表述，还应当在证据和法条援引中体现出来。笔者通过检索裁判文书发现，基本上所有的裁判文书在给行政犯定罪量刑时皆未在裁判文书中援引违反前置行政法律法规中的何种具体规定。在证据的认定上，行政处罚决定书发挥着认定被告人行政违法性的作用。但是，从当前的司法实践的定罪思路来看，并没在犯罪的构成要件要素上对行政犯的定罪进行严格的限制。行政犯的"行政化倾向"定罪思路十分明显。

第三节 行政犯类型化的入罪判断路径

依据罪刑法定原则，前置程序型行政犯与前置不法型行政犯是刑法明文规定的两种不同类型犯罪。因此，有必要将前置程序型行政犯脱离于前置不法型行政犯，并在此基础上单独论述前置程序型行政犯的违法性判断。在判断行政犯入罪问题时，不仅需具有行政行为原理的实质性依据，还需具有概念和规范表达的形式性理据，进一步挖掘两者在刑事违法性判断上的具体差异，总结出科学性的行政犯入罪判断逻辑。

一、行政犯刑事违法性判断的前提及依据

刑事违法性，系满足构成要件该当性的行为对刑法规范的违反。对于行政犯而言，其行为具有不为行政法和刑法所允许的性质，换言之，其行为同时违反了行政法和刑法规范。我国刑法学界对行政犯刑事违法性判断的主要学说在前文已经详细论及了由来、理论观点等，当前，刑法学界的主流观点是缓和违法一元论和违法相对论，以下仅通过图示辅助进行总结概括。

第一，缓和违法一元论正如前述，对于违法性的判断应当从整体法秩序的角度出发，但为了避免严格违法一元论认定的机械与僵化，提出刑事违法性在

符合行政违法的前提下，还需具有刑法科处刑罚的程度要求。刑法上之违法性乃具有值得处罚程度之违法性，亦即作为犯罪而应科处刑罚之违法性，在量的方面，必须具有一定以上（值得处罚）之程度，在质的方面，必须符合刑罚之制裁者始可。[①] 至于在量的方面具体包括哪些方面，各学者各有侧重，未形成统一的结论。在图 3-3-1 中，行政不法并不必然会导致刑事不法，但是没有违反行政法规范便一定不会导致刑事不法。

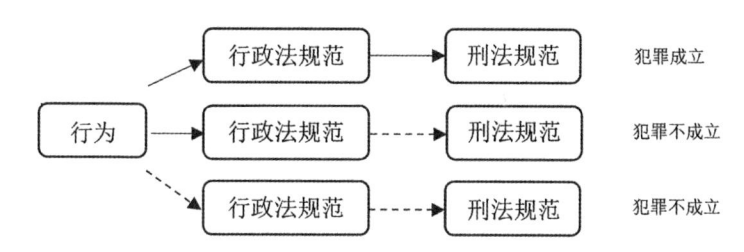

图 3-3-1　缓和违法一元论图示（实线代表"违反"，虚线代表"不违反"）

缓和违法一元论下，行政法与刑法之间存在的差异是被法秩序所承认和包容的。在认定刑事不法时，应当根据刑法的性质和机能进行实质判断。罗克辛教授认为，一个源于其他法律领域的禁令，最先是以引发专门法律领域的法律后果为目的的，并且刑法并不是绝对必须同意那种比其更严厉的制裁。[②] 缓和违法一元论认为在判断刑事违法性时，应当要求不法行为必须达到值得刑罚处罚的程度。缓和违法一元论的本质是一种相对判断，其注重刑法的独立性和法目的的差异性。缓和违法一元论者认为，刑事违法性判断是在一般违法性判断的基础上，增加了可罚违法性判断。一般违法性判断是指行为在其他法领域也属于违法行为。刑事违法性的判断需要先进行一般违法性判断后进行可罚违法性判断。缓和违法一元论更强调刑法的相对从属性。

[①]　陈子平：《刑法总论》，元照出版有限公司 2005 年版，第 220 页。
[②]　［德］克劳斯·罗克辛：《德国刑法学总论（第 1 卷）》，王世洲译，法律出版社 2005 年版，第 397 页。

第二，违法相对论认为，不同的法领域甚至同一法领域对于违法性的判断是不同的。① 正如前所述，对于行政犯刑事违法性的认定，应当更强调刑法判断的独立性，重视对刑法规范目的的实现，并能够兼顾行政法规范目的最终达致全体法秩序的统一。② 具体而言，某一行为虽然具有行政违法性且具有构成要件该当性，却不必然具有刑事违法性；某一行为虽然不具有行政违法性但具有构成要件该当性，也可能具有刑事违法性（见图 3-3-2）

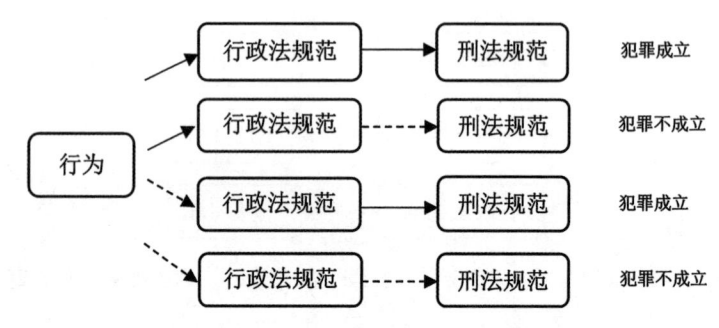

图 3-3-2 违法相对论图示（实线代表"违反"，虚线代表"不违反"）

违法相对论充分考量刑法的独立性和刑法保护目的。违法相对论将刑法作为独立的部门法，认为行政犯的核心不应在于行政法规，而是刑法保护目的的实现。有学者质疑违法相对论突破了法秩序统一性理论。法秩序统一性并非是指形式上的统一，也并非违法性结论一致上的统一。比如，刑法与行政法对逃税行为都进行了规定，如果因行政机关的渎职行为等原因没有对该行为进行行政法上的否定评价，但该逃税行为确实侵害了刑法所保护的法益，当然具有刑事违法性。行政机关没有进行具体的行政违法性结论并不能否认该行为具有违法性。违法相对论强调的是刑法判断的相对独立，而非与其他法律的对立。根据刑法条文和刑法目的，可以在刑法领域内对刑事违法性进行判断。具体而言

---

① 高铭暄、曹波：《保险刑法规范解释立场新探——基于缓和违法一元论的展开》，载《中国应用法学》2019 年第 3 期。
② 简爱：《我国行政犯定罪模式之反思》，载《政治与法律》2018 年第 11 期。

就是结合刑法目的对犯罪构成要件要素进行实质解释,当行政行为成为认定犯罪事实的先决条件时,应当对行政行为进行实质的司法审查。[①]

无论是持何种观点,在理论界还是司法实务界都是将某一观点贯彻于所有行政犯刑事违法性的判断,忽视了行政犯刑事违法性判断的前提与依据。行政犯最为本质的属性是双重违法性,行政犯的犯罪行为源于行政法的不法行为,脱离了前置行政法规对行政犯的刑事违法性判断没有意义,反而是割裂了行政行为的基本属性。概言之,行政犯违法性的前提与依据应当是行政犯刑事违法性判断的核心。刑法学界根据犯罪是否具有当然的反社会、反道德性,将犯罪分为自然犯和行政犯。基于前文对行政行为本质的区分,行政犯分为"违反程序性要素"行政犯和"违反规范性要素"行政犯(见图3-3-3),这两类行政犯又分别对应违反具体行政行为和违反抽象行政行为。笔者认为,行政犯的刑事违法性判断应当根据不同类型的前置行政行为而采用不同的认定路径。具言之,"违反程序性要素"行政犯的刑事违法性判断前提与依据是违反具体行政行为的认定。"违反规

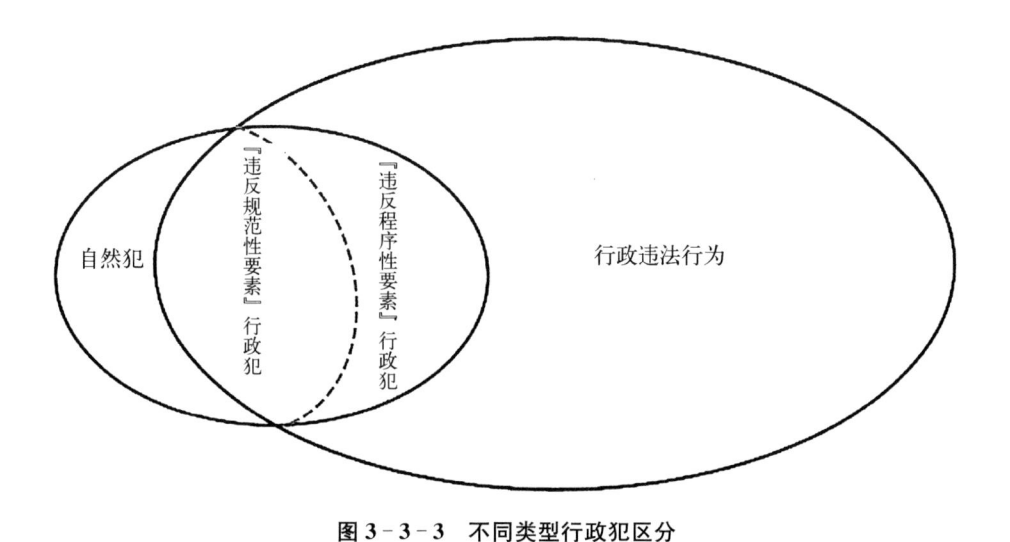

图3-3-3 不同类型行政犯区分

---

① 刘艳红:《论法定犯的不成文构成要件要素》,载《中外法学》2019年第5期。

范性要素"行政犯的刑事违法性判断前提与依据是对行政规范的违反。基于此，笔者认为对于"违反程序性要素"行政犯的刑事违法性判断应适用违法相对论，对于"违反规范性要素"行政犯的刑事违法性判断应适用缓和违法一元论。

(一)"违反程序性要素"行政犯违法性判断：独立性

对所有行政犯违法性判断仅贯彻一种理论本就过于绝对。行政权力的社会管理职能不断扩张导致刑法规模急剧扩大，越来越多的"违反程序性要素"行政犯被纳入刑法。例如，《刑法修正案（八）》的拒不支付劳动报酬罪、《刑法修正案（九）》的拒不履行信息网络安全义务罪、《刑法修正案（十一）》妨害传染病防治罪等。"违反程序性要素"行政犯如果符合刑法规范，即满足了刑法构成要件要素的情况下，便具有刑事违法性，应受到刑法处罚。"违反程序性要素"违法性判断的关键在于具体行政行为的认定。具体行政行为不同于静态的抽象行政行为，它是动态的程序性过程。我国行政法学界认为，具体行政行为包括成立要件与生效要件。① 具体行政行为的成立主要是指行为在法律意义上的存在，其是解决具体行政行为有无的问题。具体行政行为的生效是指具体行政行为存在之后的法律效果，解决行政行为的有效和失效问题。"违反程序性要素"行政犯的刑事违法性判断是评价具体行政行为的成立要件还是两种要件都需要评价呢？

笔者认为，"违反程序性要素"行政犯的刑事违法性判断仅需评价具体行政行为的成立要件，原因如下：第一，具体行政行为的成立要件是解决行政行为有无问题，侧重于客观事实判断问题。具体行政行为的生效要件是解决行政行为有效失效问题，侧重于法律价值判断。第二，具体行政行为的生效要件并不过多关注行政相对人的主观过错。在行政责任认定上承认严格责任，对于主观过错一般采取推定或者直接不予考虑主观过错，但是这一做法显然有悖于刑法的主客观相统一的原则。第三，出于公共秩序管理职能的高效行使，具体行政行

---

① 王锴：《具体行政行为的成立与生效之区分》，载《政治与法律》2012 年第 10 期。

为具有公定力，也就是说具体的行政行为一经成立，那么直接推定其为合法，需要提出反证才能证明违法。如果刑法将具体行政行为的生效要件纳入刑事违法性判断之中，那么刑事违法性判断便完全从属于行政违法性的认定。需要明确，具体行政行为的无效条件是明显且重大违法。换言之，即便具体行政行为存在瑕疵，刑法也需要承认行政行为的刑事违法性。认定犯罪涉及对生命、人身自由、私有财产等权利的剥夺，定罪量刑的过程必须十分严谨慎重。对具体行政行为的法律价值判断问题应当由刑法规范进行评价。综上，对具体行政行为的法律效果判断由刑法规范进行评价，体现了对"违反程序性要素"行政犯违法性判断的独立性。

（二）"违反规范性要素"行政犯违法性判断：一般违法性＋可罚的违法性

从上文对"违反规范性要素"行政犯的规范表述来看，无论是规定了具体的援引法还是未充分规定或未规定援引法，均是将客观行为或犯罪构成要件要素规定在行政法规范中。伴随着社会大生产导致的社会关系复杂化，国家基于社会秩序管理职能，越来越多地介入到社会活动中，导致了行政犯的数量急剧增加。为了维护刑法的稳定性，刑法只能通过规定空白罪状或者将部分犯罪构成要件要素让渡于行政法规范，以弥补刑法无法及时打击犯罪的缺陷。基于法秩序的统一性原理，对不法行为的遏制需要依靠刑法、行政法分工协作才能完成。详言之，法秩序统一性是指宪法、刑法、行政法、民法等多个法领域针对同一概念和类型的行为，各法律领域对该行为的一般违法性评价互不矛盾、互不相悖。[①] 正是基于法秩序统一性原理，才存在违反法秩序意义上的"一般违法性"概念。需要注意的是，这里所言的一般违法性并不等同于刑事违法性。行政法的一般违法性强调的是，对于行政法承认的一般违法性，刑法也必须承认其一般违法性；反之，行政法所允许的行为，也就不具有刑事违法性。一般违法性的判断是刑事违法性判断的前提。具体而言，行为或者部分犯罪构成要件

---

① [日] 松宫孝明：《刑法总论讲义》，钱叶六译、王昭武审校，中国人民大学出版社 2013年版，第81页。

要素的一般违法性需置于前置行政法规范中予以判断，在此基础上才能进一步对刑事违法性进行判断。

"违反规范性要素"行政犯本质是违反抽象行政行为。梳理"违反规范性要素"行政犯罪状可见，刑事立法仅将违反抽象行政行为作为犯罪构成要件要素之一。因此，"违反规范性要素"行政犯是行政违法性与刑事违法性的统一。具言之，行为人违反了应当遵守行政法律规范的义务，并根本性地侵犯了由行政法律规范所确立起来的国家公共管理制度和秩序，是在违反行政法律规范的基础上，达到了刑法所要求的不法程度而被评价为具有刑事违法性。在违法性判断上，行政违法性与刑事违法性是递进的位阶关系，行为应当在违背抽象行政行为（行政法规范）的基础上被判断是否侵犯了刑法所保护的法益。这与缓和违法一元论所坚持的刑事违法性判断"一般违法性＋可罚的违法性"双层位阶判断模式相对应。

刑法谦抑性要求刑法是所有其他一切法律背后的制裁措施。[①] 刑法的保障法地位决定刑法是对维护社会秩序、实现公平正义最底线的保护。只有在民法、行政法等其他法律手段不足以遏制不法行为时，刑法才能介入。故而，作为引发最为严厉惩罚的刑法，其区别于民法、行政法等其他法律，对不法行为违法性程度要求更高。换言之，刑事违法性程度高于一般违法性程度。不法行为的"质"与"量"尚未达到值得刑罚惩罚的限度，该行为则由刑法的前置法予以规制，前置法对不法行为的评价为"一般违法性"。因此，在对违反前置行政法规范的不法行为进行一般违法性判断后，还需要结合刑法保护目的对其可罚违法性予以判断。

二、"违反程序性要素"行政犯的违法性判断路径

"违反程序性要素"行政犯违法性判断的依据是具体行政行为，基于相对独立性说，刑法对行政犯违法性的判断在适当参照前置行政法规定基础上，对该

---

① ［法］卢梭：《社会契约论》，钟书峰译，法律出版社2012年版，第50页。

类型行政犯进行实质违法性判断。笔者认为，可以通过对主观恶性独立评价、行政程序严格认定、刑事证明标准审查和刑法保护法益分析这四个方面，对该类型行政犯作出实质违法性判断。

(一) 主观罪过独立评价

刑法所惩罚的不仅是具有法益侵害性的客观行为，还包括支配该客观行为的主观罪过形式和内容，体现了刑事责任的追究秉持主客观相统一的原则。这也正是刑事违法行为区别于行政违法行为的地方。行政责任的追究在于客观行为上的行政秩序的违反，而不考虑行为人的主观心态。《行政处罚法》第 3 条规定了行政处罚的目的在于维护行政管理秩序。换言之，其侧重于行政不法行为客观上的危害性。如果直接将行政处罚作为不法行为处罚的依据，就是将行政不法的故意判断为犯罪的故意，有悖于我国刑法主客观相统一的原则，也使得行为人失去该行政处罚行为合法性的辩解机会。

故而，对于行为人的不法行为应当在行为违法性的基础上，独立评价行为人的主观罪过形式是否满足刑法构成要件要素。例如，构成非法行医罪需要满足"情节严重"的条件。根据最高人民法院发布的《关于审理非法行医刑事案件具体应用法律若干问题的解释》第 2 条第 4 项，"非法行医被卫生行政部门行政处罚两次以后，再次非法行医的"，属于刑法第 336 条第 1 款规定的"情节严重"。根据该司法解释说明："非法行医行为人在两次被行政处罚以后，明知非法行医的行为扰乱了国家对医疗服务市场和医务人员的管理秩序，仍然无视人民群众的生命权、健康权，受利益驱动再次非法行医的，说明其主观恶性很大，社会危害性也大，这种行为应当视为情节严重。"[1] 该说明认为行政处罚结果可以推定行为人主观的故意。笔者认为，第一，在一定程度上行政处罚确实能够推定行为人主观上的故意，但这并不等于可以直接将过去不法行为的行政处罚结果作为判断当下不法行为的主观罪过和客观违法性程度的依据，这无疑是突破了刑

---

[1] 李晓：《〈关于审理非法行医刑事案件具体应用法律若干问题的解释〉的理解与适用》，载《人民司法》2008 年第 19 期。

法主客观相统一的原则。第二，非法行医罪的主观罪过形式应当是故意。根据非法行医罪的前置法《执业医师法》《医疗机构管理条例》等法律规定，对非法行医行为的处罚依据仅在于客观行为的行政违法性。换言之，非法行医行为的行政处罚在行政法层面便不含有对主观罪责的追究，那么其如何能作为非法行医罪的主观罪过认定依据？第三，刑法应当对具体行政行为的法律效果进行独立判断，如果非法行医的行政处罚不具有合法性，那么以该行政处罚为依据的犯罪主观构成要件便不复存在。因此，刑法应当独立判断非法行医行为人的主观罪过。

(二) 行政程序严格认定

正如前文所言，行政程序是一种特殊的自我裁量程序，其本质是违背了中立性原则的。为了实现行政管理效率，行政机关在行政程序中既扮演着"裁判"又扮演着"球员"。所以，行政程序中行政相对人与行政机关的对抗性不足。行政程序并不排斥形式瑕疵的违法程序，行政程序的无效条件是明显且重大违法。反观在司法实践过程中，确实存在将具有瑕疵的具体行政行为不加以审查便作为刑事违法性判断依据的情形，从而对不法行为予以定罪量刑。

例如，何某消防责任事故案件中，2013 年 7 月何某所有的儋州市某楼房一西南角楼梯间内起火，引燃了停放在楼梯间的摩托车、电动车等物品，引发火灾并造成姚某某、钟某当场死亡，符某某被烧成重伤。2014 年检察院以消防责任事故罪对何某提起公诉。法院查明，在 2013 年 6 月，儋州市公安局解放派出所两位民警在对该楼房进行例行检查过程中，发现该楼房存在没有安装、配置消防栓、灭火器、应急灯，且外墙装有防盗网等消防隐患，民警以口头的形式要求何某对隐患进行整改，并没有按规定下达责令改正通知书，亦没有进行复查。但是何某拒绝履行并隐瞒身份。法院认为，何某违反消防管理法规，经消防监督机构通知采取改正措施而拒绝执行，造成特别严重后果，其行为已构成消防责任事故罪，依法应予惩处。[①] 根据消防责任事故罪规定，"经消防监督机

---

① 海南省第二中级人民法院（2015）海南二中刑终字第 168 号刑事裁定书。

构通知采取改正措施而拒绝执行"是构成消防责任事故罪的条件之一。但需要注意，不加以审查瑕疵的行政程序，并将其作为入罪条件，是否有违背罪刑法定的嫌疑？有些案例中，法院坚持认为在消防责任事故案件中，责令改正通知书作为必备的行政程序的形式或载体，只有利用责令改正通知书的形式才能具体明确行为人需要改正的事项及其程度。在"河南商丘喜来登小区案"中，商丘市公安局前进分局两次对喜来登小区进行消防检查并责令整改，同时对小区物业负责人进行了两次行政处罚。① 在拒不支付劳动报酬罪当中，刑法出于对劳动者权益的保护，将"经政府有关部门责令支付仍不支付的"作为犯罪构成要件之一。然而，行政法规范并没有规定关于责令支付劳动报酬的问题，比如责令支付的性质、形式、方式、期限、次数等方面。② 同样，在拒不履行信息网络安全管理义务罪中，刑法将"经监管部门责令采取改正措施"作为该罪的入罪条件之一，但该责令程序未见于《网络安全法》。如果在轻微法益侵害的情况下，不单独审查瑕疵的责令改正程序将极易导致行为入罪。

笔者认为，刑法应当独立判断前置行政程序，刑法应当对具体行政行为的法律效果进行刑事判断。特别是对于瑕疵的口头责令程序，刑法必须审查该口头责令是否已经使行为人明确改正的具体事项和程度，否则刑法可以排除行政程序在刑法中的法律效果。在前置行政法没有对责令程序进行规定或者行政执法机关作出了瑕疵责令程序的情况下，刑法应当对行政机关所作出的责令程序进行实质审查，比如行政机关是否通知行为人，是否明确指出改正具体事项以及改正程度，是否给予行为人足够的改正期限。对于行为人不配合改正的主观故意，需要刑法根据犯罪主观要件予以单独判断。以上文提及的"何某消防责任事故罪"为例，法院正是通过审查民警的口头责令，判断其是否与符合规定

---

① 河南省郑州市中级人民法院（2019）豫 01 刑终 611 号刑事附带民事裁定书，河南省商丘市梁园区人民法院（2017）豫 1402 刑初 623 号刑事判决书。
② 舒平锋：《拒不支付劳动报酬罪研究——以 40 例拒不支付劳动报酬案件为分析样本》，载《中国刑事法杂志》2013 年第 2 期。

的书面整改通知程序相当。通过审查证人证言、被告人供述和辩解,《民警工作日记簿》等证据,确认民警确实通知了当时的具体事项内容和改正的要求。虽然民警通知之后没有再到现场复查,但在合理期限内,被告人何某经民警口头责令,明知房屋存在消防安全隐患却不采取任何改正措施,且在民警责令的当下,隐瞒自己是房屋所有权人的身份。因此,通过刑法对行政程序予以独立评价,确认已达到刑法构成要件中的"经行政机关通知采取改正措施而拒绝执行",从而构成犯罪,追究相关人员的刑事责任。

(三) 刑事证明标准审查

行政机关在行政执法活动过程中对不法行为作出的"行政认定函"或者对不法行为人作出的"行政处罚决定书",往往会成为犯罪事实认定的重要依据。如交通管理部门对交通肇事案件所作的《交通事故认定书》便是交通肇事罪成立的基础。刑事责任的法律后果是严厉的刑罚,是对生命权、人身自由权、私有财产权等权利的剥夺,而行政责任的法律后果对比刑罚要轻微得多。相应地,刑事犯罪证明标准也比行政不法证明标准要严格得多。在行政法中,行政人员通过调查取证,行政人员相信行政相对人存在行政不法的事实与不存在行政不法的事实相对比来说可能性更大一些,或者认为其存在的行政不法事实具有高度的可能性,这就够了。按照通常的观点,至少在对行政不法事实的认定方面,并不需要达到"排除合理怀疑"的最高证明标准。[①] 行政机关作出的"行政认定函"或"行政处罚决定"仅是对行政不法事实的认定,在行政法上对于证明程度的要求仅是达到具备"优势证据"的证明程度。但是,"行政认定函"与"行政处罚决定书"并不是依照刑事诉讼法的程序和要求认定,不属于刑事诉讼法规定的法定证据,当然也不可作为定罪量刑的依据。

例如,"刘某妍交通肇事案",2016 年 2 月 6 日,被害人曾某驾驶一辆无号牌的普通二轮摩托车在城郊农村路段行驶时,与同方向刘某妍驾驶的农用三轮

---

① 陈瑞华:《行政不法事实与犯罪事实的层次性理不法行为向犯罪转化的事实认定问题》,载《中外法学》2019 年第 1 期。

车发生追尾，撞击到农用三轮车尾部，刘某妍在没有确定是否发生交通事故的情形下，离开了现场，后经路过该地的群众报警，公安人员到现场处理，发现被害人曾某已当场死亡，另一辆肇事车辆已逃逸，公安人员在现场提取到逃逸车辆的尾灯灯罩碎片。根据广州市公安局交通警察支队某大队道路交通事故认定书认定，事故的主要原因是刘某妍导致的，曾某的行为是次要原因，因此，本次事故的主要责任由刘某妍承担，曾某承担次要责任。随后公安局将案件移送检察机关，检察机关以交通肇事罪对刘某妍提起公诉，最后，一审法院以交通肇事罪判处刘某妍有期徒刑一年三个月。[1] 本案中，行政机关对交通事故责任的认定是出于对交通管理的需要，但行政责任的认定不可等同于刑事责任，更不可用行政责任的认定作为定罪量刑的依据。行政机关将刘某妍离开现场的行为认定为逃逸行为，但根据案情被害人曾某未佩戴安全头盔，无证、醉酒驾驶，没有与前车保持足以采取紧急制动措施的安全距离，驾驶摩托车追尾正常行驶的被告人刘某妍。被告人刘某妍虽然属于违章驾驶，但在事故发生时是按照交通规则正常行驶，其违章行为与被害人曾某的死亡行为之间没有因果关系。且经法医鉴定可知，被害人曾某属于当场死亡，换言之，被告人刘某妍逃逸行为与被害人曾某死亡之间无因果关系。综上，尽管被告人刘某妍在本案件中，违反了交通运输管理法规，发生重大交通事故造成一人死亡的后果，但是从行为与结果关系上来说两者不存在刑法上的因果关系，被告人刘某妍的行为不构成交通肇事罪。

从该案例可以看出，行政机关所作的认定结论不可直接作为犯罪事实认定的依据，且不宜将《交通事故认定书》视为刑事诉讼证据的鉴定意见。刑事诉讼法对于司法鉴定作出了严格的要求，对于鉴定意见必须有自然人盖章或者签字，仅有单位的盖章是不行的。在鉴定的程序上，必须符合法定的司法鉴定操作规程。在鉴定检材上，作为检材的书证、物证、视听资料、电子数据等来源

---

[1] 庞良程：《刑法因果关系的判断：从一起交通肇事无罪案件说起》，载微信公众号"法律读库"，2020年10月29日上传。

必须可靠,并没有受到污染,具备鉴定的条件。行政鉴定意见只能作为行政不法事实的证明材料,不可被直接采纳为刑事证据予以使用。除此之外,虽然刑事诉讼法对行政证据的转化作出了明确的规定,但是这只是承认了行政证据作为刑事证据的证据资格,对于行政证据的证明能力仍然需要根据刑事诉讼法的要求审查和判断。总之,刑事案件的定罪量刑的依据不能直接采纳行政确认或者行政处罚等行政结论,行政不法事实的认定不能与刑事不法事实的认定画上等号,刑法需要将行政结论认定的事实还原成犯罪构成要件,以刑事证明标准对行政结论作出的具体内容和程序进行全面审查。

(四) 刑法保护法益分析

刑事违法主要通过行为和对法益造成的损害或危险结果予以体现,如果仅是侵犯行政法所维护的行政管理秩序而未损害刑法所保护的法益,那么,该行为就不能为刑法处置。比如《刑法》第 343 条非法采矿罪将未取得采矿许可证作为犯罪构成要件,非法采矿行为实则属于盗窃行为的一种。天津曾发生过一起采矿案件,行为人非法采砂,价格认证为 2 万元。最高法院研究室刑事处认为,在资源类犯罪中需要考虑现实的实际情况。俗话说"靠山吃山,靠水吃水",周边居民基于自需而零星采挖矿场资源,刑法并不能以居民未办理采矿许可证,将该行为予以入罪。[①] 以"王某非法行医案"为例,2013 年 8 月,被告人王某在未取得医疗机构执业许可证、无在京合法行医资格的情况下,在北京丰台区某地开设的诊所内对被害人易某进行诊断并行输液治疗,随后,被告人王某又在被害人易某暂住地对其进行抢救并注射副肾素。后经赶至现场的急救医生确认,易某已死亡。经法医鉴定,易某系缺血性心源性猝死。非法行医是未取得医生执业资格,擅自从事医疗业务活动。[②] 本案中,王某是否属于非法行医行为关键在于"异地行医"的认定。王某具有许昌县执业医师资格证,但是没有在

[①] 喻海松:《刑事司法解释的实践逻辑》,载微信公众号"悄悄法律人",2020 年 12 月 13 日上传。

[②] 石磊:《试论非法行医罪中的非法行医行为》,载《政治与法律》2002 年第 6 期。

北京注册。根据我国《执业医师法》第 14 条规定，医师经注册后，可以在医疗、预防、保健机构中按照注册的执业地点、执业类别、执业范围执业，从事相应的医疗、预防、保健业务。但该条仅是出于行政管理的需要，对注册执业的地点、类别和范围予以规定。执业管理的规定与执业资格的规定应当属于两种性质，不可直接将对执业管理规定的违反视为不具有执业资格。仅仅是对执业管理规定的违反，行为人在专业水平上已具备了从事医疗业务活动的能力，且未经注册执业医师的异地行医行为的社会危害性明显小于不具有执业资格的行医行为。"异地行医"行为违反了行政法律法规，又造成了病患伤亡的结果，便符合了非法行医罪的构成要件。①

对于非法行医的行为，刑法应当根据刑法保护法益的分析。根据最高人民法院《关于审理非法行医刑事案件具体应用法律若干问题的解释》的说明，对于非法行医罪主体的认定，需要兼顾对严重危害人民群众生命健康的非法行医行为的打击，又要考虑到目前医疗网点不能满足人民日常需要的现实情况，特别在医疗资源匮乏的广大农村和城乡接合部的地区。② 刑法上的非法行医行为认定应当区别于行政法上的非法行医行为。比如，司法解释明确指出，"取得医师资格但尚未进行医师注册取得执业证书的人从事诊疗活动"的行为不宜一律以非法行医罪处理。最高人民法院认为，刑法可以单独对行政许可程序的法律效果进行实质审查和判断，未经注册而非法行医的行政违法并不为刑法所确认，刑法应当根据具体所保护的法益对是否追究刑事责任进行单独的判断。

三、"违反规范性要素"行政犯的违法性判断路径

"违反规范性要素"行政犯的违法性判断依据是在判断抽象行政行为的一般违法性基础上，进一步判断不法行为的可罚违法性。无论是"违反显性规定"

---

① 简爱：《我国行政犯定罪模式之反思》，载《政治与法律》2018 年第 11 期。
② 李晓：《〈关于审理非法行医刑事案件具体应用法律若干问题的解释〉的理解与适用》，载《人民司法》2008 年第 19 期。

行政犯还是"违反隐性规定"行政犯，两者的差别在于刑法条文中是否明确指出所援引的前置法。但是在具体的违法性判断中上，两者均应坚持缓和违法一元论。具体而言，首先应当考察不法行为是否在行政法与刑法规范中予以禁止。其次，在对一般违法性判断的基础上，应该结合刑法保护目的分析不法行为是否侵犯了刑法具体罪名所保护的法益。最后，在满足上述两个条件的基础上，判断该不法行为对法益的侵害程度，衡量是否有必要追究刑事责任。

（一）行刑规定间的衔接

行政犯的二次违法性要求行政法规范与刑法规范都需要对不法行为予以禁止。一方面，行政法所保护的法益在刑法规范中是否予以回应。另一方面，刑法追究刑事责任是否具有前置行政法依据。

行政规范所保护的法益如果没有被刑法所保护，根据罪刑法定原则，刑法不可以追究该不法行为的刑事责任。比如《拍卖法》第65条之规定，竞买人之间、竞买人与拍卖人之间恶意串通，给他人造成损害的，拍卖无效，应当承担相应的行政处罚，并无追究刑事责任的规定。在刑法中，也没有将串通拍卖、损害拍卖人或其他竞拍人利益的行为，规定为"串通拍卖罪"。根据1990年5月国务院《城镇国有土地使用权出让和转让暂行条例》的规定，土地使用权可以采用协议、招标和拍卖三种方式。拍卖最大的特点就是价高者得，拍卖底价是事先公布的。招标的最大特点是购买满足招标文件要求的投标人中要求最低的人的货物或服务，招标的底价是保密的。从适用法律来说，拍卖依据的是《拍卖法》，招标依据的是《招投标法》。故而，招标与拍卖两者有着本质的区别，既不能包容，也不可等同。

在"苍南县花园小区案"中，被告人郑某1、郑某2等人在明知四叉河流地块挂牌出让的实情后，以参与竞拍的方式给原70间地基建房户施压，从而获取好处费。最后，被告人郑某1、郑某2等人在筹集保证金后参与竞标。原70间地基建房户为顺利得标建房，经协商被迫向被告人郑某1等人支付人民币32万元，被告人郑某1等人遂退出竞标。原一审法院认定为构成串通投标罪，在案件发回重审后，再审法院在审理中认为其行为属于串通拍卖而非串通投标行为，法律并未对此行为规定犯罪的，不能适用类推定罪。[①] 有学者认为，串通竞买行为具有串通投标罪的社会危害性，并对串通投标罪作"扩张解释"，认为串通投标行为完全可以涵摄串通竞买行为。两者间的差别仅在于称谓上，但在本质上并无二致。笔者认为，将串通竞买行为解释为串通投标行为已经超越了条文字面含义的范围，属于类推解释。根据罪刑法定原则，法无明文规定不为罪，法无明文规定不处罚。以串通投标罪对串通竞买行为进行定罪处罚是没有刑法根据的。因此，在认定行政犯时，应当明确刑法条文中是否对行政法不法行为进行刑事追究，切忌类推解释，防止刑法的不当扩张。

刑法在判断行政犯刑事违法性之前，必须明确所依据的前置行政法规范。如果前置行政规范容许该行为的存在即排除了该不法行为的一般违法性，那么也否定了该行为的刑事违法性。在前文介绍的"于润龙非法经营案"中，2000年至2002年，被告人于润龙承包的了某金矿，共生产黄金23 000克。2002年被告人于润龙驾车将其自产和收购的46 384克黄金运往吉林长春，途经收费站被公安机关抓获。检察机关以非法经营罪对于润龙提起公诉，法院认为，根据《中华人民共和国金银管理条例》相关条例认定，于润龙构成非法经营罪。本案中的关键在于黄金是否属于非法经营罪所规定的"专营专卖物品"。根据《中华人民共和国金银管理条例》规定，企业、单位从事黄金收购、黄金制品生产、加工、批发、黄金供应、黄金制品零售业务无须再经中国人民银行的批准。但是《国务院关于取消第二批行政审批项目和改变一批行政审批项目管理方式的决定》（国发〔2003〕5号文件）发布后，黄金收购、销售行为无须获取主管部门的审批许可。故此，黄金不再属于专营专卖物品。笔者认为，基于行政法规的任务和目的，行政法规的变化较之于刑法而言更为频繁，在行政犯刑事违法性认定上，行政法规对不法行为规定的变化将直接导致该不法行为是否入罪。

---

① 苍南县人民法院（2018）浙0327刑初187号刑事判决书。

根据该案可知，刑法在认定不法行为的一般违法性时，应当先行考察是否具有相关的行政法规范，在此基础之上还需注重不同行政法规范之间的效力，据此判断该不法行为是否具有一般违法性。被行政法规所容许的行为，必然不可被追究刑事责任。

（二）刑法保护目的要求

"法益是作为人们的生活利益而成为保护对象的。不管是在解释论上还是在立法论上，法益概念都起着指导作用。"① 刑法法条的规定就包含了其所保护的具体法益。"刑法并不禁止可以想象到的一切法益侵害形态，而是仅禁止极为重大的侵害。"② 行政犯之所以具有双重违法性源于行政不法行为与刑事不法行为具有法益侵害的同质性。判断刑事处罚的必要性，最终还是要回归到是否符合刑法所保护的法益。张明楷教授认为，个人的一切法益都是得到法律的承认和受法律保护的，而公法益的保护则受到限制。③ 笔者认同该观点，特别是行政法规基于公共管理职能的需要，所制定的行政法规着眼于公法益的保护。在刑法中，行政犯所侵犯的是复合法益，即公法益与个人法益。当公法益无法被还原或分解为个人法益，此时刑事违法性需要进行具体的判断。

在"赵某非法持枪案"中，根据公安部的枪支鉴定标准，在当场查获9支枪形物中，6支是为能正常发射、以压缩气体为动力的枪支，据此法院认为赵某构成非法持有枪支罪。在司法实践中，发现有许多仿真枪、玩具枪也被认定为刑法意义上的枪支。笔者认为，非法持有枪支的行为是否侵犯了刑法所保护的法益需要结合刑法条文所规定的犯罪构成要件，而不应当完全按照行政机关的标准。比如2001年枪支威力的判断采取的是射击干燥松木板法，即将枪口置于距

---

① ［日］松原芳博：《刑事违法性与法益论的现在》，《法律时报》2016年第7号。
② ［德］阿尔宾·埃泽尔：《法益侵害与法益论中的被害者的役割》，［日］甲斐克则编译，信山社2014年版，第68页。
③ 张明楷：《避免将行政违法认定为刑事犯罪：理念、方法与路径》，载《中国法学》2017年第4期。

厚度为25.4毫米的干燥松木板1米处射击，弹头穿透该松木板时，即可认定足以致人死亡；弹头或弹片卡在松木板上的，即可认为足以致人伤害。具有以上两种情形之一的，即可认定为枪支。① 但是由于南北方松木板干燥程度不同会影响判断，在2008年前后，公安部修改了鉴定标准。将射击干燥松木板法替换为国际通用的枪口比动能标准，原来的射击干燥松木板法换算为枪口比动能约为16焦耳，公安部将枪支的判断标准下调为1.8焦耳。② 本案中，被告人赵春华采购枪支的目的是用于经营射击游戏摊位，且涉案枪支均刚刚达到认定标准，尚不足以对人体（除眼睛等脆弱部位）造成直接伤害。在2018年3月最高人民法院发布的《关于涉以压缩气体为动力的枪支、气枪铅弹刑事案件定罪量刑问题的批复》中，最高法院认为对枪支的认定不应继续适用原枪支判断标准，须遵循罪责刑相适应原则予以判断。对于这一类型的案件，如果采取行政处罚的手段足以达到对不特定多数人的生命、身体、健康等法益的保护，没有必要也不应当发动刑罚。因此，基于刑法保护目的对抽象危险犯构成要件进行解释，应当将非法持有枪支罪中的"枪支"进行一定的限制解释，主要是对人体具有杀伤力的枪支，从而在构成要件该当性阶段否定被告人赵某成立非法持有枪支罪。

同样，在"郭某非法经营案""贵某某销售假药案"和"刘某销售假药案"中都反映同一个问题。被告人的不法行为确实违反了前置行政法规，但是该不法行为只是单纯违反了行政管理规定，其在形式上属于行政犯，但本身却并不对刑法所保护的法益具有现实危险性。基于两法所保护的目的不同，行政犯的行政不法行为并不等同于刑事不法行为，即使行政不法行为为刑法条文所涵摄，甚至符合犯罪构成要件，但刑法仍然应当在谦抑性原则的指导下，对该不法行为是否具有刑法上的法益侵害性进行实质判断。例如"郭某非法经营案"中的

---

① 公安部：《公安机关涉案枪支弹药性能鉴定工作规定》（2001年）。
② 喻海松：《刑事司法解释的实践逻辑》，载微信公众号"悄悄法律人"，2020年12月13日上传。

分装行为,"贵某某销售假药案"中的更换包装行为以及"刘某销售假药案"中的欺骗性宣传行为,确实为《农药管理条例》和《药品管理法》所禁止的行为,但这些行为仅在形式上违反了刑法规定,在实质上未对刑法所保护的法益造成任何危险。此外,在对行政犯刑事违法性判断中,还需特别注意将行政拟制规定予以入罪是否有违反罪刑法定原则的嫌疑。在"郭某非法经营案"中,郭某的分装行为没有改变农药的物理和化学性状,该行为在刑法上也并不等同于农药生产行为,因此,切不可将行政法拟制规定作为定罪量刑的依据。在对行政犯的一般违法性进行判断之后,应当对不法行为是否侵犯了刑法所保护的法益进行实质判断。具言之,判断不法行为的刑事违法性之前,应当先行判断不法行为所侵犯的行政法保护的法益是否能被还原或分解为刑法保护的法益。

(三) 刑事法益侵害程度

从刑法维度对行政犯的刑事违法性予以评价时,应当坚守刑法的处罚原则——罪责刑相适应原则。刑法并不处罚所有的法益侵害行为,只处罚严重的法益侵害行为。刑法认为一般侵害法益行为可由其他法律予以规制。在一般违法性进行判断的基础上,刑法保护目的判断是判断刑法法益侵害性的有无问题,刑事法益侵害程度是判断刑法法益侵害性的大小问题。换言之,有些不法行为无论在形式上还是在实质上都侵害了刑法法益,但该行为属于轻微法益侵害行为,并不值得科处刑罚。我国《刑法》第 170 条伪造货币罪与我国《人民银行法》第 19 条规定,对伪造、变造货币,尚不构成犯罪的,予以相关行政处罚。从刑法条文规定来看,所有伪造货币的行为都应当受到刑法处罚,在相关司法解释中规定了伪造货币罪立案标准分别是总面额在 2 000 元以上或币量在 200 张(枚)以上。但这样理解,意味着在伪造货币上,行政不法行为与刑事不法行为的区别仅是数量的区别。笔者认为,对伪造货币行为进行处罚应当将以行使为目的的伪造货币行为与不以行使为目的的伪造货币行为进行区分。[①] 伪造货币罪

---

① 欧阳本祺:《论行政犯违法判断的独立性》,载《行政法学研究》2019 年第 4 期。

所保护的法益是货币发行权以及货币的公共信用和流通秩序。只有以行使为目的伪造货币并达到一定的数量才侵犯了本罪所保护的法益，应以伪造货币罪追究刑事责任。在"税某某非法制造爆炸物案"中，被告人税某某未经有关部门批准用祖传的方法制造黑火药一百余公斤。检察机关以非法制造爆炸物罪对税某某提起公诉。根据《民用爆炸物品安全管理条例》《民用爆炸物品品名表》等相关规定，黑火药确实属于民用爆炸物品，民用爆炸物品的生产、销售、购买、运输、爆破等作业都需要相关部门的许可证。税某某的行为确实违反了相关行政法规，未经许可生产、爆破黑火药行为具有一般违法性。根据《刑法》第125条之规定，非法制造爆炸物罪属于抽象危险犯。税某某的行为对于不特定人或多数人的生命、身体和财产安全确实具有一定的危险性，违反了刑法条文所保护的法益。但该行为是否具有刑法处罚的必要性吗？税某某家中世代以殡葬服务为业，且根据当地殡葬习俗，从事殡葬服务的过程中需引爆装有黑火药的小铁筒以发出巨响。如果刑法对税某某行为进行刑事处罚无疑是破坏了当地长久沿袭的殡葬习俗。

在我国司法实践中，根据《关于审理非法制造、买卖、运输枪支、弹药、爆炸物等刑事案件具体应用法律若干问题的解释》的规定，即使依法生产爆炸物的企业，如果实施了超过批准的数量或者限额将爆炸物卖给合法使用爆炸物单位的行为，也一律被认定为非法买卖爆炸物罪。即便是抽象危险犯也需要一定的司法判断，特别是抽象危险犯兼顾行政犯属性时，更需要对该不法行为的刑事违法性进行实质判断。合法企业违规出售爆炸物违反了行政管理规定，该行为的危险性远小于明知他人可能实施爆炸犯罪而出卖爆炸物的危险性，合法企业违规出售给合法使用爆炸物单位的行为，并不会严重危害公共安全。因此，该行为虽然具有一般违法性却并未达到值得科处刑罚的程度，予以行政规制即可。

笔者认为，应当将可罚违法性置于具体案件中予以判断，结合案件的实际情况，判断该行为是否值得科处刑罚。一个行政违法行为根本不存在任何刑法意义上的危险，刑法就不可以追究其刑事责任。区别于行政法重视对公共利益的保护，刑法在强调法益保护机制外还重视自由保障机制。张明楷教授认为，自由保障机制最为直接的表现就是保障国民的预测可能性。回到前文的"税某某非法制造爆炸物案"中，在当地的殡葬风俗中确实存在引爆黑火药的传统，且税某某一家世代以祖传方法制作黑火药用于殡葬服务。如果将该行为予以刑事处罚，无疑是违背了国民的预测可能性。同样的案件也发生在辽宁沈阳，2017年2月，两名男子为了支付工程款和孩子学费，将祖传的金钱豹豹皮马甲从吉林带到了沈阳，并准备以10万元价格抵押。法院最后以非法运输、出售珍贵、濒危野生动物制品罪，判处有期徒刑五年六个月，并处罚金2万元。法院认为金钱豹为国家重点一级保护野生动物，豹皮马甲经鉴定价值12万元。野生动物死后制成的制品不允许买卖、运输，两名被告人的运输行为属于犯罪既遂。[①]与"税某某非法制造爆炸物案"相同，两名被告人在形式上符合非法运输珍贵、濒危野生动物制品罪。但法院没有对该行为的刑事违法性进行实质判断，机械适用法律所得出的判决显然超出了国民的预测可能性。在行政犯案件中，行为人即使认识到自己的行为违反了行政法律，但并不能合理地认识到自己的行为被刑法所禁止。随着行政权的扩张，行政犯的犯罪圈在不断扩大，但基于刑法自身的谦抑性，在追究行政犯的刑事责任时，刑法更应该克制启用刑罚的冲动，实质判断不法行为的可罚违法性。

综上，在对行政犯刑事违法性进行判断上，首先应当区分该行政犯属于"违反程序性要素"行政犯还是"违反规范性要素"行政犯，两类行政犯的区别在于其前置规范的行政属性。对具体行政行为的违反属于"违反程序性要素"行政犯，对抽象行政行为的违反属于"违反规范性要素"行政犯。正是基于前置规范不同的行政属性，造成两类行政犯在刑事违法性判断理论上的不同（见图3-3-4）。对于"违反程序性要素"行政犯的刑事违法性判断，应当坚持违

---

① 王立军、柏楚乔：《祖传豹皮马甲没卖出吉林两名男子穿"马甲"》，载《沈阳晚报》2017年2月10日。

法相对论。具言之，应当分别从主观罪过、行政程序、证明标准、法益保护这四个方面进行刑法独立判断。对于"违反程序性要素"行政犯刑事违法性判断的逻辑是同一层面的判断。对于"违反规范性要素"行政犯的刑事违法性判断，应当坚持缓和违法一元论。具体来说，第一，通过明晰行政法规和刑法条文的规定，确定不法行为的一般违法性。第二，结合具体条文的含义、位置、构成要件等方面，分析不法行为是否符合刑法保护目的。第三，进一步分析不法行为侵害刑法保护法益的程度，分析其是否值得科处刑罚。对于"违反规范性要素"行政犯刑事违法性判断的逻辑是层层递进的位阶关系。

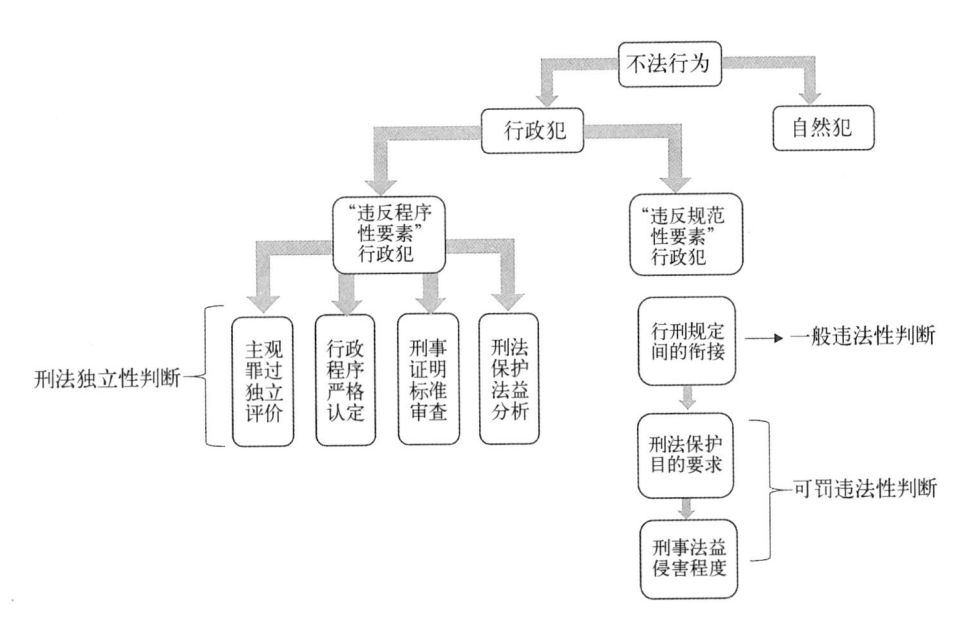

图 3-3-4 不同类型行政犯刑事违法性判断路径

"水手紧紧盯着北极星，不是为了抵达到北极星并在那里登陆，而是要根据它来掌舵前行，穿越朗朗晴空与如晦风雨。"① 行政犯刑事违法性判断的核心在于刑法的实质判断。在行政犯日益增多的当下，克制刑法处罚的冲动，寻求打

---

① ［德］施塔姆勒：《现代法学之根本趋势》，姚远译，商务印书馆 2016 年版，第 25 页。

击犯罪与保障人权之间的平衡尤为重要。本章通过对行政犯的行政行为本质的剖析，试图探索不同类型行政犯的刑事违法性判断路径，不管对于避免行政犯最终冲出罪刑法定的藩篱，还是对于进一步优化行政犯实践裁判，都具有重要的理论与实践意义。

第四章 行政犯认定过程中的出罪事由

出罪和入罪是司法活动中两种既对立又统一的裁判活动，在我国刑事法治的过程中，大量立法、司法与理论资源被投入如何入罪，导致出罪问题始终未能得到应有的关注，特别是在当前我国刑法进入到法定犯时代的背景下，盲目强调入罪而忽视出罪的理论与实践现状，严重阻碍了法治国家建设的推进。本章内容主要以行政犯[①]司法出罪事由的系统构建为研究中心，从理论层面、规范层面、实证层面三个维度探讨了行政犯刑事法治出罪事由的概念、规范特征、司法实践适用现状及困境等问题，尽力通过理论观照现实，探究当前阻碍行政犯出罪事由司法适用的障碍，从而针对行政犯认定过程中的出罪事由进行系统性的概览。

第一节 行政犯出罪的理论述评

"概念是解决法律问题所必需的和必不可少的工具。没有限定的专门概念，我们便不能清楚地和理智地思考法律问题。"[②] 当前我国刑法理论研究中，尽管

[①] 本章节内容对于行政犯与法定犯是作为同等概念对待，法定犯出罪即为行政犯出罪，不做概念内涵的区分。
[②] ［美］埃德加·博登海默：《法理学：法律哲学与法律方法》，邓正来译，中国政法大学出版社1999年版，第486页。

出罪在刑法理论和司法实践被广泛使用，其具体含义却随着具体的研究场合而迥然各异。在立法层面，出罪，即非犯罪化，将原有规定为犯罪的行为剔除犯罪圈；在司法层面，出罪，即将刑事被告人的行为认定无罪，是司法层面的规范判断；在犯罪阶层理论上，出罪即犯罪构成理论中符合构成要件该当性后，通过违法阻却事由或者责任阻却事由等涉及无罪判断的构成要素或理论。出罪概念的泛化以及不确定性导致出罪研究本身的基础存在天然的障碍，因此有学者就尖锐指出刑法概念基本内涵表述不明是理论研究用词怪异、表达吊诡等现象的重要原因。[①] 有鉴于此，在对行政犯出罪路径予以系统性研究的前提必须是建构出罪理论的本体理论，厘清出罪及其相关概念，为行政犯出罪路径的研究奠定理论基础。

一、出罪概念及相关演进

对"出罪"一词在古代律文的文本分析，中国律法中的"出罪"有其鲜明的特点，其一在于古代刑法中的出罪侧重点在于司法层面，在"官司出入人罪"中"出罪"作为司法人员渎职行为的罪名抑或司法人员在"断罪无正文"情形下决断的法律原则，都是属于司法活动，其内涵较为狭隘。其二，出罪内涵具有浓厚的司法擅断权的限制色彩。"官司出入人罪"中出罪实际上是司法官员错案追责制度体现，虽然此举是出于封建专制下，统治者通过调整官员错案责任追究力度来实现对官员的严格管控，但其在限制官员权力滥用上确属发挥了重要的作用。与前一含义类似，出罪举重以明轻原则中出罪也凸显了诸多权力管控的因子。法律本身无法穷尽社会生活的方方面面，在古代更是如此，因此在司法实践中更多地依赖于司法官员对于现实法律现象的理解和解读，在法有明文规定的情况下，司法官员固然可以按图索骥，现实情况下是诸多的行为法并不能完全穷尽，此时如果不能合理限制司法官员的裁量，会从根本上动摇统治

---

① 杨兴培：《刑法学：诸多名词概念亟待斟酌》，载《法治研究》2018年第2期。

的根基。举重以明轻原则为法无明文规定的行为处断提供了合法充足的通道，也彰显了中国古人在法律思想上的高明之处。

与封建刑法不同，现代刑法法律文本中，并没有直接地使用"出罪"这一概念，因此在现代刑法中出罪严格意义上而言并非法律术语，但"出罪"本身引起特殊含义也广为学界关注。国外刑法学研究"出罪"与犯罪化与非犯罪化密切相关。总体上而言，关于非犯罪化的研究主要集中在两个层面：其一是非犯罪化的内容，有广义犯罪化与狭义犯罪化之争[1]。其二非犯罪化的领域，有立法非犯罪化和司法非犯罪化之争。前者中广义非犯罪化是指将犯罪圈内的某种行为剔除犯罪圈，使其成为合法行为或者一般违法行为。持此观点的学者比如法国刑法学家 M. 安塞尔（Mare Ancel），他认为非犯罪化就是取消某种罪名，以此达到从刑事处罚范围内排除该行为之目的。[2] 狭义的非犯罪化，指原为刑法规制的犯罪行为，不仅不属于犯罪行为，而且成为完全合法的行为。比如法国学者米海依尔·戴尔玛斯·马蒂认为："非犯罪化的概念应当从最广泛的意义上来理解，它不仅包含了刑法制度的消失，而且意味着所有替代性的反应不复存在。"[3] 因此，不管广义还是狭义非犯罪化概念，都侧重于非犯罪化的立法层面，更关注的是刑法对某一犯罪行为排除犯罪圈后，此项行为是继续停留在违法层面还是完全合法层面，如果排除犯罪圈后此行为完全合法，则为狭义的非犯罪化；反之，如果在某行为即使排除犯罪圈，不具有刑事违法性，但仍然为其他法律规范所规制，则为广义非犯罪化。后者中非犯罪化的领域实际上是基于前者侧重于立法层面非犯罪化而展开，并在其基础上引申出司法非犯罪化的概念，比如日本学者大谷实在对非犯罪化概念进行解读时，提出了非犯罪化可以分为立

---

[1] ［日］森下忠：《刑事政策各论》，成文堂1994年版，第230页。转引自许福生：《刑事政策学》，中国民主法制出版社2006年版，第73页。

[2] ［法］马克·安塞尔：《从社会防护运动角度看西方国家刑事政策的新发展》，王立宪译，载《中国法学》1989年第2期。

[3] ［法］米海依尔·戴尔玛斯·马蒂：《刑事政策的主要体系》，卢建平译，法律出版社2000年版，第254页。

法非犯罪化和司法非犯罪化，而从内容上又分为取缔上的非犯罪化、审判上的非犯罪化和立法上的非犯罪化。① 司法非犯罪化即取缔上的非犯罪化和审判上的非犯罪化，前者针对的侦查部门和公诉机关，后者针对审判机关。从国外刑法理论界及实务界对于非犯罪化的认知，可知对于非犯罪化的理解是多维的，尽管从非犯罪化的广度和深度，有对非犯罪化的"广义""狭义"以及"立法""司法"之区分，但学界仍然未能就非犯罪化给出较为统一的回答，尽管如此，能突显"非犯罪化"这一主题的研究在西方的刑法实践和理论仍具有研究价值。统而言之，对西方非犯罪化的概念进行综合的概述，即将上述多维度界定方法予以结合，非犯罪化，是一种立法活动，即立法机关将原本为犯罪的行为予以合法化、行政违法化或民事违法化的过程。同时也是司法活动，即司法机关对刑法规定为犯罪的行为，依据自由裁量权阻止其进入刑事司法程序或做出实质上否认其犯罪性的象征性刑罚。

而我国刑法学界针对"出罪"的研究，最初是建立在法制史视角基础上，随后沿着西方现代刑法的研究逻辑而逐步展开，衍生出三条研究路径，即司法出罪、立法出罪以及刑法的出罪功能。司法层面的出罪主要围绕"从犯罪到不是犯罪"的核心概念，其针对的是在既定刑法规定下，司法裁判将"犯罪"行为归于无罪的过程，当然对于转化后的效果，除无罪之外，也有学者认为诸如"免于刑事处罚""判处缓刑"等都可视为司法层面的出罪。立法出罪，顾名思义，通过立法方式对原处于犯罪圈内的行为剔除的过程，林山田教授提出非犯罪化首先是除罪化，而除罪化强调从立法层面，对原有刑法明文规定的犯罪行为，通过立法手段将其剔除。② 马克昌教授也持这一观点，认为"非犯罪化是

---

① ［日］大谷实：《刑事政策学》，黎宏译，法律出版社 2000 年版，第 89—93 页。大谷实认为，所谓审判的非犯罪化，主要是通过审判活动，判定某些为刑法规范明文规定的行为不认为是犯罪的过程，是一种对规则解释的活动；而取缔的非犯罪化，即相关法规未作修改前，但随着司法实践的发展，此类规定并不适应社会发展，从而在事实层面否认某类行为的违法性的过程。
② 林山田：《刑法的革新》，台湾学林文化事业有限公司 2001 年版，第 127 页。

指立法者将原来由法律规定为犯罪的行为从刑法中剔除，使其正当化或者行政违法化"。[①] 刑法的出罪功能，也就是刑法具有其独特机能或者功能，能够将某类行为从犯罪中剔除，侧重于刑法本身的出罪机制，[②] 所体现的并非立法变动或者司法过程的动态的活动，刑法出罪功能是静态，是刑法本身所具有的功能属性，比如刘艳红教授就认为"罪刑法定原则"是出罪保障的基石功能。

二、出罪类型及出罪概念界定

分类是把握事物共性和区分事物个性的逻辑方法，对于法学研究具有重要意义，诚如博登海默所言："由于法律的首要目的之一是将人类行动与行为置于某些规范标准的支配之下，不对某个特定标准所旨在适用于的行为种类加以划分就无法确立规范标准。"[③] 因此对出罪以及相关概念的确定必须建立在对出罪概念分类化研究的基础上，同时基于类型化的理解，确定本书行政犯出罪机制的概念以及其研究内涵。

鉴于从历史以及比较法的角度考察，出罪概念有多重的内涵，因此在分类上学界关于出罪也是有多重分类标准，最为主流的分类即从出罪适用层面、出罪法律依据、出罪评价模式三个纬度展开。（1）从出罪的适用层面，出罪可分为立法出罪与司法出罪，如前文所述，出罪在我国古代刑法中仅指司法出罪，直至现代刑法中，我国有学者对出罪及相关概念，如无罪、入罪、定罪等考究后，提出出罪仅适用于司法层面的观点，当然随着现代刑法的发展，"良法善治"观念不断深入人心，对刑事立法关注的学者日益增多，因此对出罪的立法层面的关注逐渐展开，其中"非犯罪化"即为出罪研究在立法层面的一种重要体现，

[①] 马克昌、李希慧：《完善刑法定两个问题的思考》，载《法学》1994年第12期。
[②] 储槐植、张永红：《善待社会危害性观念——从我国刑法第13条但书说起》，载《法学研究》2002年第3期。
[③] ［美］E. 博登海默：《法理学：法律哲学与法律方法》，邓正来译，中国政法大学出版社2004年版，第465页。

甚至于在有些著作中，学者直接将出罪与非犯罪化同等使用。(2) 从出罪的法律根据，出罪可分为实体出罪与程序出罪，即通过出罪裁判的规范性质不同判断是实体出罪还是程序出罪，比如《刑法》第13条关于犯罪概念的定义中情节显著轻微、危害不大的，不认为是犯罪的规定，实际上就是理论界较为广泛认同的实体性出罪；而程序出罪则主要依据刑事诉讼法等程序法相关条文。(3) 从出罪的评价模式，可分为形式出罪和实质出罪，前者是以法定犯罪构成的模式分析为对象，以规范解读为手段实现的出罪，后者是以犯罪构成之外的犯罪本质为核心，以现实分析为依据而实现出罪。① 而对于如何实证出罪，有学者就主张应当基于实质解释论立场，将虽然形式上符合犯罪构成要件，但不具有刑罚处罚的法益侵害行为排除在犯罪圈之外，建立"有罪不一定罚"出罪机制，以此弥补中国特色的罪刑法定原则所欠缺的出罪机能。②

根据上文对于出罪概念的梳理以及所展开主题，笔者所建构的出罪理论是有一定限缩空间的，具体而言表现在以下几方面：首先，在适用范围上，笔者所强调的出罪是司法出罪，即仅指在司法适用和裁判层面的出罪，不涉及对刑事规范以及司法解释的立改过程，即"以司法出罪为核心，围绕司法出罪展开"，裁判者在裁判时遵循一定的司法逻辑、刑法规范、刑法理论甚至于内心公平正义，对行为作出不认定为犯罪的整个过程。其次，在评价对象上，出罪所指向的并非有学者所提出的"进入犯罪评价体系"或"进入犯罪圈"的行为，而是已经进入到司法审判环节犯罪行为（即进入犯罪评价圈的可能的犯罪行为）；再次，出罪所侧重的是实体出罪，即侧重于对刑事实体法的解释适用从而确立出罪的分析框架；最后，在法律效果上，笔者所指的无罪仅指人民法院通过裁判判定行为无罪，而不包括刑罚意义上的免予刑事处罚、缓刑等内容。

鉴于以上维度的分析，笔者认为的出罪，即司法机关依据现有刑法规范、刑法理论或内心朴素法感情对疑似的犯罪行为进行规范评价后，最终作出无罪

---

① 杜辉：《刑事法视野中的出罪研究》，中国政法大学出版社2012年版，第118页。
② 刘艳红：《实质出罪论》，中国人民大学出版社2020年版，第433页。

结论的司法过程和刑法解释过程。当然，司法出罪是过程也是结果，其必然遵循着某种论证思路和逻辑路径，而作为无罪判决所依据的事实和理由，通常认为是出罪事由，而关于出罪事由的界定学界也有多种表述，如方鹏博士认为所谓出罪事由即在认定犯罪过程中，司法人员将进入犯罪圈的某些行为排除，使其不被判决为有罪所依据的事实和理由。① 高诚刚博士则认为出罪事由是刑事司法活动中据以认定某种行为不是犯罪，或不予刑事处罚的某种特定事由。② 当然也有学者试图构建体系化的出罪机制，提出出罪机制是人民法院对被告人作出无罪判决的刑法根据所构成的体系性机制。③ 本书不满足于对具体出罪事由的简单梳理，试图借鉴出罪机制的研究路径，并结合行政犯的特殊性，对行政犯的出罪路径进行分析。

三、行政犯的出罪及其特殊性

行政犯出罪路径属于行政犯研究中特有的概念，其本质蕴含着刑法一般出罪路径的共性，也凸显自身的特殊性。所谓路径，指的是从起点到终点的线路，法定犯出罪路径起点是进入司法审判过程的疑似犯罪行为，其终点为宣告无罪的结果状态，而路径与具有裁判的事由密切相关，是出罪路径的前置性根据，一般而言，在司法实践中通过显性的出罪事由及其运用据以判断裁判思路，因此，本文对出罪路径与出罪事由不做过多区分。

对行政犯出罪事由展开分析，从文本意思予以解读，行政犯出罪事由包括"行政犯"和"出罪事由"，因此对行政犯内涵的解读必然是对行政犯出罪事由清晰界定的前提与基础。前文对当前我国犯罪概念的形式、实质和混合定义进行了叙述，基于此，笔者以混合概念立场，解读行政犯的内涵。当前学界通说，即法定犯与行政犯等同，一方面，从法定犯概念的本源而言，其最初的内涵是

---

① 方鹏：《出罪事由的体系理论和理论》，中国人民公安大学出版社 2011 年版，第 14 页。
② 高诚刚：《经济犯罪出罪事由研究》，武汉大学出版社 2019 年版，第 40 页。
③ 储陈城：《出罪机制保障论》，法律出版社 2018 年版，第 39 页。

以违反伦理道德与否界定罪与非罪，只是随着概念法学的发展，法定犯逐渐成为与自然犯相对应的一种犯罪分类，可以说当前所指代的法定犯与其本源概念已相差甚远；另一方面，行政犯对前置性规范的违反也是其构成犯罪的重要形式特征，因此基于两方面的考虑，对行政犯概念的理解仅仅从形式或者实质单方面展开略显不足，以混合概念切入更为妥当。在划定行政犯的概念内涵基础上，将其与出罪事由予以连接，正如前文对于出罪概念的界定，笔者认为行政犯的出罪事由是在行政犯认定的刑事司法实践中，审判机关据以判定某一疑似的行政犯罪行为不认为是犯罪并最终宣告无罪的特定事由。

作为行政犯研究的特定领域，行政犯出罪问题具有独特意义。当前，我国司法实务存在重入罪轻出罪的现实，刑法理论中也是更多侧重于入罪机制的探讨，对于行政犯的出罪机制的系统探讨较少，出罪理论及其相关机制研究较为分散，笔者针对行政犯这一特殊的犯罪类型，依据其犯罪正当化依据的不同，试图探讨行政犯出罪事由的适用上同传统自然犯在出罪事由上的特殊性。不仅如此，当前我国刑法进入法定犯时代，由此带来的司法实践中诸多的争议难题也源自法定犯，同时在我国传统司法实践中重入罪而轻出罪的司法观念的影响下，行政犯的出罪研究对于司法实践具有特殊意义。通过对规范内涵的梳理，对当前行政犯出罪事由及体系予以综合性概览，勾画其总体框架，同时以行政犯出罪事由的研究，进一步清晰界定公权和公民个人权利的边界，培育民众的守法观念，提升民众的法律素养，构建良好的社会秩序。

第二节　出罪事由的规范表达及典型特征

罪刑法定原则是刑法的铁律，出罪必定要严格遵循，因此出罪就是在刑法基本原则指导下，将某些不具有刑事处罚性的行为排除犯罪圈的过程，比如不具有实质违法性、情节显著轻微危害不大等等行为都是出罪规制的对象。从作出无罪判决的法定依据而言，出罪事由不仅存在于刑法明文规定之中，在纷繁众多的立法解释和司法解释中也是屡见不鲜。行政犯作为一类特别的犯罪类型，与传统自然犯罪相比，行政犯罪具有诸多的独特性，因此以法律文本规范的表述为依归，寻找行政犯出罪路径的独特性表达。

一、刑法规范中出罪表述梳理及评析

法律规范是法的文本，法律条文是法律规范的外在表现形式，在法理学中，法律规范的分类众多，最为主流的分类即按照刑法规范对于主体行为模式的要求的可以分为授权性、禁止性和义务性（命令性）规范。① 所谓禁止性规范就是刑法通过明确某些行为为犯罪并规定相应刑罚，从而对社会产生威吓，达到告诫人们不实施该行为的目的。同时刑法作为规定犯罪与刑罚的规范指引，对于司法人员而言，是其从事司法活动的行为指南，当有人行为触犯刑法条款需要予以制裁时，必须依据条款设定的罪刑规范予以追究，这即是刑法裁判性规范的内涵，也是罪刑法定原则的根本体现和本质要求。可以说在刑法中刑法规范绝大部分都属于此类规范，都是从正面角度规定何种行为是犯罪，这一表述特征不管从现代刑法"最后保障法"地位还是从刑法明确性的规则来看都有其必要性和合理性。

当然刑法除了"……的，是……罪"的正面规范外，还存在诸多的"……的，不……"形式的否定性规范，此类规范一方面是说明此类行为"不认为是犯罪"等之外，也是提醒司法人员，此类行为不应当追究其刑事责任，特别是在审判环节中，法官据此可以作出无罪判决，因此从某种意义上而言，此类规范可以视为存在于刑法规范中出罪事由，可以阻却犯罪的成立。

（一）刑法条文中的规范梳理及评析

在刑法表述中，"以……的，不……"为形式的条文，通过检索共涉及 16 个

---

① 以通说法理学对刑法规范分类为准。

条文，涉及总则条文分别为《刑法》第 3 条、第 7 条、第 8 条、第 12 条、第 13 条、第 16 条、第 18 条、第 20 条、第 21 条、第 87 条，共计 10 个条文。涉及分则条文分别为第 201 条、第 243 条、第 306 条、第 367 条、第 389 条、第 449 条共计 6 个条文。以具体条文在出罪作用和程度的大小，对上述条文进行分类，可以将之分为五类：(1) 完全否定类，即 "不是犯罪" "不得定罪处刑" 的表述，其表明对行为的犯罪性予以完全否认，此类型包括《刑法》第 3 条 "罪刑法定原则" 以及第 16 条 "不可抗力或意外事件"。(2) 相对否定类，即 "不认为是犯罪" "不以犯罪论处" 的表述，其表明虽然法官最终不认定为犯罪，但并未从根本上否定其行为的危害性。此类型包括《刑法》第 13 条 "但书" 以及《刑法》第 449 条关于战时缓刑的规定。(3) 推定否定类。刑法中，只要行为构成犯罪，依照刑法规范所设定的罪刑罪责对被告人处以相对应的刑事责任是其应有之义。但如果刑法规范中规定了 "不予刑事处罚" "不负刑事责任" "不追究刑事责任"，那同样可以排除其行为的犯罪性。属于此类的《刑法》第 17 条关于未成年人犯罪的规定，第 18 条关于精神病人危害行为、《刑法》第 20 条正当防卫、第 21 条紧急避险以及第 201 条逃税人及时补缴税款、滞纳金并已受行政处罚的规定。(4) 程序否定类，即 "不予追究" "不再追诉" "刑法不予处理"，一般并非因行为本身的犯罪性与否，而主要是因为刑法无法管辖或刑事诉讼程序终止等原因导致无法通过合法程序予以有罪，而导致无罪的情形。此类型包括《刑法》第 7 条属人管辖权、第 8 条保护管辖权、第 12 条刑法溯及力以及第 87 条关于追诉时效期限的相关规定。(5) 构成要件否定类，即明确提示所示情况并非属于危害行为、不属于犯罪规制的对象或对行为罪过的否定等，从对犯罪构成要件的否定对行为的犯罪性予以否定。此类型包括刑法 243 条错告和检举失实不有意诬告，刑法第 306 条不属于伪造证据，刑法 367 条不视为淫秽物品，刑法 389 条不是行贿的相关规定。

通过对相关条文进行类型化分析，实际上完全否定类和构成要件否定类从本质上都属于对犯罪构成要件要素的否定，即认为在案情不符合具体犯罪构成要件内的危害行为、对象、罪过等，从而认为不符合构成要件而无罪，当然这种对于构成要件的否定并非仅存于上述所列明的条文，实际上刑法分则条文每一个犯罪条文都是涉及对于犯罪构成的具体规定，然而司法实践中对于犯罪构成要素的判断都是直接影响到行为的罪与非罪，比如随着网络信息技术的发展，网络虚拟财产是否具有传统刑法财产的价值，能够直接决定盗窃比特币等行为是否构成盗窃罪。程序否定类，通常意义上是刑法效力、管辖权、追溯效力的问题，而不涉及对行为本身危害性的判断，因此不属于本书所探讨的范围。从而本书认为，在既定的出罪概念下，完全否定类，相对否定类、推定否定类以及构成要件否定类都是能够在司法实践中予以适用，并主要承担刑法出罪功能的条文。

（二）司法解释中的规范梳理及分析

法谚有云："法无解释，不得适用。"其根源在于法律本身是通过一般的、抽象的语言文本加以体现，而如何将这抽象出来的特定行为形式所表达出来的条文具体适用于具体的个案，需要通过解释过程对一般性规定所涵摄的范围予以明确，因此法律解释在司法实践中具有至关重要的作用。法律解释通常分为正式解释和非正式解释，正式解释又称有权解释，其具有法律拘束力，非正式解释又叫无权解释，其不具有法律约束力。正式解释一般又包括立法解释、司法解释和行政解释，刑法解释指的是对刑法规定含义的说明[1]，由于犯罪和刑罚属于法律绝对保留事项，行政机关无权对刑法作出解释，因此，刑法领域有权法律解释只有立法解释和司法解释。在目前我国的司法解释中，司法解释与法律具有同等重要的作用，是中国法院和法官每天办案的直接依据。[2] 正因如此，司法解释对于罪与非罪的认定也同样不可忽视，其中关于出罪性质的条款进行系统梳理，当前现行有效的司法解释中的相关表述往往为"不认为是犯罪""不负刑事责任""不予追究""不以犯罪论处""不追究刑事责任""不按犯罪处

---

[1] 张明楷：《刑法学》（第五版），法律出版社 2016 年版，第 28 页。
[2] 陈春龙：《中国司法解释的地位与功能》，载《中国法学》2003 年第 1 期。

理""不作犯罪处理"七类,共涉及 22 个司法解释文件 26 个相关条款。[①] 详细见下表:

表 4-2-1　对司法解释中出罪性质条款的分类

类型	文号	名称	条文
不认为是犯罪	法释〔2016〕29 号	《最高人民法院、最高人民检察院关于办理环境污染刑事案件适用法律若干问题的解释》	第六条　无危险废物经营许可证从事收集、贮存、利用、处置危险废物经营活动,严重污染环境的,按照污染环境罪定罪处罚;同时构成非法经营罪的,依照处罚较重的规定定罪处罚。实施前款规定的行为,不具有超标排放污染物、非法倾倒污染物或者其他违法造成环境污染的情形的,可以认定为非法经营情节显著轻微危害不大,不认为是犯罪……。
	法释〔2015〕11 号	《最高人民法院关于审理掩饰、隐瞒犯罪所得、犯罪所得收益刑事案件适用法律若干问题的解释》	第二条　掩饰、隐瞒犯罪所得及其产生的收益行为符合本解释第一条的规定,……行为人为自用而掩饰、隐瞒犯罪所得,财物价值刚达到本解释第一条第一款第(一)项规定的标准,认罪、悔罪并退赃、退赔的,一般可不认为是犯罪;依法追究刑事责任的,应当酌情从宽。
	法释〔2014〕14 号	《最高人民法院、最高人民检察院关于办理危害药品安全刑事案件适用法律若干问题的解释》	第十一条　……销售少量根据民间传统配方私自加工的药品,或者销售少量未经批准进口的国外、境外药品,没有造成他人伤害后果或者延误诊治,情节显著轻微危害不大的,不认为是犯罪。
	法发〔2013〕12 号	最高人民法院、最高人民检察院、公安部、司法部印发《关于依法惩治性侵害未成年人犯罪的意见》	27.已满十四周岁不满十六周岁的人偶尔与幼女发生性关系,情节轻微、未造成严重后果的,不认为是犯罪。
	法释〔2013〕10 号	《最高人民法院、最高人民检察院关于办理敲诈勒索刑事案件适用法律若干问题的解释》	第六条　敲诈勒索近亲属的财物,获得谅解的,一般不认为是犯罪;……情节显著轻微危害不大的,不认为是犯罪。

[①] 通过北大法宝搜索,是否现行有效依据北大法宝所标记确定;因出罪规范表现形式多样,本书所能检索到的参考了方鹏《出罪事由的体系和理论》、储陈城《出罪机制保障论》的相关分类,已基本穷尽司法解释中的相关规范。

续 表

类型	文号	名　称	条　　文
不认为是犯罪	法释〔2013〕8号	《最高人民法院、最高人民检察院关于办理盗窃刑事案件适用法律若干问题的解释》	第八条　偷拿家庭成员或者近亲属的财物，获得谅解的，一般可不认为是犯罪；追究刑事责任的，应当酌情从宽。
	法释〔2013〕3号	《最高人民法院关于审理拒不支付劳动报酬刑事案件适用法律若干问题的解释》	第六条　拒不支付劳动者的劳动报酬，尚未造成严重后果，在刑事立案前支付劳动者的劳动报酬，并依法承担相应赔偿责任的，可以认定为情节显著轻微危害不大，不认为是犯罪；……
	法发〔2010〕7号	最高人民法院、最高人民检察院、公安部、司法部印发《关于依法惩治拐卖妇女儿童犯罪的意见》	31.多名家庭成员或者亲友共同参与出卖亲生子女，或者"买人为妻"、"买人为子"构成收买被拐卖的妇女、儿童罪的，一般应当在综合考察犯意提起、各行为人在犯罪中所起作用等情节的基础上，依法追究其中罪责较重者的刑事责任。对于其他情节显著轻微危害不大，不认为是犯罪的，依法不追究刑事责任；必要时可以由公安机关予以行政处罚。
	法释〔2006〕1号	《最高人民法院关于审理未成年人刑事案件具体应用法律若干问题的解释》	第六条　已满十四周岁不满十六周岁的人偶尔与幼女发生性行为，情节轻微、未造成严重后果的，不认为是犯罪。
			第七条　已满十四周岁不满十六周岁的人使用轻微暴力或者威胁，强行索要其他未成年人随身携带的生活、学习用品或者钱财数量不大，且未造成被害人轻微伤以上或者不敢正常到校学习、生活等危害后果的，不认为是犯罪。已满十六周岁不满十八周岁的人具有前款规定情形的，一般也不认为是犯罪。
			第九条　已满十六周岁不满十八周岁的人实施盗窃行为未超过三次，盗窃数额虽已达到"数额较大"标准，但案发后能如实供述全部盗窃事实并积极退赃，且具有下列情形之一的，可以认定为"情节显著轻微危害不大"，不认为是犯罪：(一)系又聋又哑的人或者盲人；(二)在共同盗窃中起次要或者辅助作用，或者被胁迫；(三)具有其他轻微情节的。已满十六周岁不满十八周岁的人盗窃未遂或者中止的，可不认为是犯罪。已满十六周岁不满十八周岁的人盗窃自己家庭或者近亲属财物，或者盗窃其他亲属财物但其他亲属要求不予追究的，可不按犯罪处理。

续　表

类型	文号	名　称	条　文
不负刑事责任	法发〔2015〕4号	最高人民法院、最高人民检察院、公安部、司法部印发《关于依法办理家庭暴力犯罪案件的意见》	19.准确认定对家庭暴力的正当防卫。为了使本人或者他人的人身权利免受不法侵害，对正在进行的家庭暴力采取制止行为，只要符合刑法规定的条件，就应当依法认定为正当防卫，不负刑事责任……
不予追究	〔2003〕高检研发第13号	《最高人民检察院关于相对刑事责任年龄的人承担刑事责任范围有关问题的答复》	二、相对刑事责任年龄的人实施了刑法第二百六十九条规定的行为的，应当依照刑法第二百六十三条的规定，以抢劫罪追究刑事责任。但对情节显著轻微，危害不大的，可根据刑法第十三条的规定，不予追究刑事责任。
		《中华人民共和国反间谍法》	第二十八条　在境外受胁迫或者受诱骗参加敌对组织、间谍组织，从事危害中华人民共和国国家安全的活动，及时向中华人民共和国驻外机构如实说明情况，或者入境后直接或者通过所在单位及时向国家安全机关、公安机关如实说明情况，并有悔改表现的，可以不予追究。
		《全国人民代表大会常务委员会关于取缔邪教组织、防范和惩治邪教活动的决定》	二、坚持教育与惩罚相结合，团结、教育绝大多数被蒙骗的群众，依法严惩极少数犯罪分子。在依法处理邪教组织的工作中，要把不明真相参与邪教活动的人同组织和利用邪教组织进行非法活动、蓄意破坏社会稳定的犯罪分子区别开来。对受蒙骗的群众不予追究……
不以犯罪论处	法发〔2020〕7号	最高人民法院、最高人民检察院、公安部、司法部印发《关于依法惩治妨害新型冠状病毒感染肺炎疫情防控违法犯罪的意见》	(六)对虚假疫情信息案件，要依法、精准、恰当处置。对恶意编造虚假疫情信息，制造社会恐慌，挑动社会情绪，扰乱公共秩序，特别是恶意攻击党和政府，借机煽动颠覆国家政权、推翻社会主义制度的，要依法严惩。对于因轻信而传播虚假信息，危害不大的，不以犯罪论处。
			(八)依法严惩破坏交通设施犯罪。在疫情防控期间，破坏轨道、桥梁、隧道、公路、机场、航道、灯塔、标志或者进行其他破坏活动，足以使火车、汽车、电车、船只、航空器发生倾覆、毁坏危险的，依照刑法第一百一十七条、第一百一十九条第一款的规定，以破坏交通设施罪定罪处罚。办理破坏交通设施案件，要区分具体情况，依法审慎处理。对于为了防止疫情蔓延，未经批准擅自封路阻碍交通，未造成严重后果的，一般不以犯罪论处，由主管部门予以纠正。

续　表

类型	文号	名　称	条　文
不以犯罪论处	法释〔2019〕15号	《最高人民法院、最高人民检察院关于办理非法利用信息网络、帮助信息网络犯罪活动等刑事案件适用法律若干问题的解释》	第十五条　综合考虑社会危害程度、认罪悔罪态度等情节，认为犯罪情节轻微的，可以不起诉或者免予刑事处罚；情节显著轻微危害不大的，不以犯罪论处。
	法释〔2019〕13号	《最高人民法院、最高人民检察院关于办理组织考试作弊等刑事案件适用法律若干问题的解释》	第七条　代替他人或者让他人代替自己参加法律规定的国家考试的，应当依照刑法第二百八十四条之一第四款的规定，以代替考试罪定罪处罚。……犯罪情节轻微的，可以不起诉或者免予刑事处罚；情节显著轻微危害不大的，不以犯罪论处。
	法释〔2016〕25号	《最高人民法院、最高人民检察院关于办理非法采矿、破坏性采矿刑事案件适用法律若干问题的解释》	第十一条　对受雇佣为非法采矿、破坏性采矿犯罪提供劳务的人员，除参与利润分成或者领取高额固定工资的以外，一般不以犯罪论处，但曾因非法采矿、破坏性采矿受过处罚的除外。
	法释〔2009〕18号	最高人民法院《关于审理非法制造、买卖、运输枪支、弹药、爆炸物等刑事案件具体应用法律若干问题的解释》	第六条　非法携带枪支、弹药、爆炸物进入公共场所或者公共交通工具，危及公共安全，具有下列情形之一的，属于刑法第一百三十条规定的"情节严重"：……（三）携带炸药、发射药、黑火药五百克以上或者烟火药一千克以上、雷管二十枚以上或者导火索、导爆索二十米以上的；……。行为人非法携带本条第一款第（三）项规定的爆炸物进入公共场所或者公共交通工具，……携带的数量达到最低数量标准，能够主动、全部交出的，可不以犯罪论处。
	法发〔2005〕8号	最高人民法院印发《关于审理抢劫、抢夺刑事案件适用法律若干问题的意见》	五、关于转化抢劫的认定。行为人实施盗窃、诈骗、抢夺行为，未达到"数额较大"，为窝藏赃物、抗拒抓捕或者毁灭罪证当场使用暴力或者以暴力相威胁，情节较轻、危害不大的，一般不以犯罪论处。
不追究刑事责任	公通字〔2014〕17号	《最高人民法院、最高人民检察院、公安部关于办理利用赌博机开设赌场案件适用法律若干问题的意见》	七、关于宽严相济刑事政策的把握办理利用赌博机开设赌场的案件，应当贯彻宽严相济刑事政策，重点打击赌场的出资者、经营者。对受雇佣为赌场从事接送参赌人员、望风看场、发牌坐庄、兑换筹码等活动的人员，除参与赌博利润分成或者领取高额固定工资的以外，一般不追究刑事责任，可由公安机关依法给予治安管理处罚。对设置游戏机，单次换取少量奖品的娱乐活动，不以违法犯罪论处。

续　表

类型	文号	名　称	条　文
不追究刑事责任	法〔2002〕139号	最高人民法院、最高人民检察院、海关总署关于印发《办理走私刑事案件适用法律若干问题的意见》	对单位和个人共同走私偷逃应缴税额为5万元以上不满25万元的，应当根据其在案件中所起的作用，区分不同情况做出处理。单位起主要作用的，对单位和个人均不追究刑事责任，由海关予以行政处理；个人起主要作用的，对个人依照刑法有关规定追究刑事责任，对单位由海关予以行政处理。无法认定单位或个人起主要作用的，对个人和单位分别按个人犯罪和单位犯罪的标准处理。
不按犯罪处理	法释〔2011〕7号	《最高人民法院、最高人民检察院关于办理诈骗刑事案件具体应用法律若干问题的解释》	第四条　诈骗近亲属的财物，近亲属谅解的，一般可不按犯罪处理。
不按犯罪处理	法释〔2006〕1号	《最高人民法院关于审理未成年人刑事案件具体应用法律若干问题的解释》	第九条　已满十六周岁不满十八周岁的人实施盗窃行为未超过三次，盗窃数额虽已达到"数额较大"标准，但案发后能如实供述全部盗窃事实并积极退赃，且具有下列情形之一的，可以认定为"情节显著轻微危害不大"，不认为是犯罪：（一）系又聋又哑的人或者盲人；（二）在共同盗窃中起次要或者辅助作用，或者被胁迫；（三）具有其他轻微情节的。已满十六周岁不满十八周岁的人盗窃未遂或者中止的，可不认为是犯罪。已满十六周岁不满十八周岁的人盗窃自己家庭或者近亲属财物，或者盗窃其他亲属财物但其他亲属要求不予追究的，可不按犯罪处理。
不按犯罪处理	法〔1999〕217号	最高人民法院关于印发《全国法院维护农村稳定刑事审判工作座谈会纪要》	（五）关于村民群体械斗案件。要查清事实，分清责任，正确适用刑罚。处理的重点应是械斗的组织者、策划者和实施犯罪的骨干分子。……对被煽动、欺骗、裹挟而参与械斗，情节较轻，经教育确有悔改表现的，可不按犯罪处理。
不作犯罪处理	法〔2001〕8号	最高人民法院关于印发《全国法院审理金融犯罪案件工作座谈会纪要》	（二）关于破坏金融管理秩序罪 1.非金融机构非法从事金融活动案件的处理……上述非法从事金融活动的机构和组织只要在实施方案规定期限之前停止非法金融业务活动的，对有关单位和责任人员，不应以擅自设立金融机构罪处理；对其以前从事的非法金融活动，一般也不作犯罪处理；这些机构和组织的人员利用职务实施的个人犯罪，如贪污罪、职务侵占罪、挪用公款罪、挪用资金罪等，应当根据具体案情分别依法定罪处罚。

借助类型化的思维，以条款中出罪的范围及程度对司法解释中的相关条款予以分类。法理学通说认为，法律规范按照涉及的实质内容的不同可以分为授权性规范、义务性规范，其中义务性规范又包括禁止性规范和命令性规范。[①] 以此为思路，可以分为约束型出罪以及裁量型出罪。

约束型出罪，即只要行为满足了司法解释规定的特定情形，对于司法裁判者而言，不应当给予有罪的认定。比如"两高"《关于办理环境污染刑事案件适用法律若干问题的解释》，对于无危险废物经营许可证而从事相关业务，只要行为人具有"不具有超标排放污染物、非法倾倒污染物或者其他违法造成环境污染的情形的"，即符合不认定有罪的情节条件。此类型的条款对于司法人员的裁量权限制较大，再比如"两高"《关于办理盗窃刑事案件适用法律若干问题的解释》中关于诈骗近亲属财务的规定，获得被害人谅解对于不认定犯罪的影响也至关重要，所体现的是从立法（司法解释制定）层面提醒司法人员适用法律时要人性化，不能陷入机械性司法的尴尬境地，倾向于对人文关怀的侧重。

裁量型出罪，即司法解释表述一般为"情节显著轻微危害不大"的，而具体何种为情节显著轻微危害不大，司法解释本身并未给定标准，而是要求司法人员根据具体案情，综合认定，此类出罪条款给予司法人员更多的自由裁量权，其出罪出路倾向于提醒性质，意味着"可以"，同时也意味"可以不"，比如疫情期间"两高两部"联合下发《关于依法惩治妨害新型冠状病毒感染肺炎疫情防控违法犯罪的意见》，传播虚假信息的处置上，要求司法人员对"危害不大"进行综合认定，对于危害不大的不以犯罪论处，但其倾向性是对此类行为依法严惩，体现的是通过法律的威严实现对危害行为的惩处，达到社会保护的作用。

二、刑法规范中行政犯出罪表达与内质

如前所述，法定犯和自然犯是刑法学中一种很重要的犯罪分类，在我国刑

[①] 周赟：《"可以"在立法中的误用与勘正》，载《厦门大学法律评论》2008 年第 6 期。

法学界，对法定犯和自然犯的犯罪区分方法几近毫无争议，但针对我国刑法分则具体罪名而言，却很少有学者对罪名的分类，即哪些罪名为法定犯、哪些罪名为自然犯作出过明确界定，但刑法分则第三章"破坏社会主义市场经济秩序罪"是典型的法定犯，在学界毫无争议，因此本书重点以刑法分则第三章"破坏社会主义市场经济秩序罪"罪名为分析样本，试图探寻行政犯在出罪路径的内在规律。

(一) 行政犯出罪理论的基本类型

在前文分析不同犯罪论体系中出罪的体系定位时已有所提及，本文立足的视角是从大陆法系犯罪成立条件的三阶层理论展开分析，而探讨行政犯出罪，必须理清三阶层体系下犯罪成立要件的内在逻辑及顺序。付立庆教授就以"三原则—三危险—三阶层"对大陆法系犯罪论体系"构成要件该当性—违法性—有责性"的内涵及根源予以考证，他认为三阶层犯罪论体系的逻辑顺序实际来源于刑法三个基本原则，即罪刑法定原则、法益保护原则以及无责任即无刑罚原则，而这三个基本原则实际上都是为预防刑法适用中出现的三类危险而设计，以充分保障刑法最后法的地位，保障打击犯罪和社会保护机能的充分实现。依据三阶层判断逻辑，在每一个阶段进行判断是否成立犯罪过程中，实际上同时起着出罪化的作用，并且随着阶层判断不断推进，构建了一个相对严密的犯罪筛选机制，在第一道关卡中，构成要件该当性判断将对犯罪行为、主体、对象等犯罪构成要件要素进行判断，对于不符合构成要件该当性的行为直接从源头排除其犯罪性质。最典型的即为身份犯，如贪污罪的主体只能是国家工作人员或受委托管理、经营国有财产的人员，不具备这一身份特征的行为人就绝对不会成立此罪，当然在共同犯罪视域下另当别论，这就是因行为人不符合本罪的主体条件，而排除其成立本罪的可能。在行为满足构成要件的形式判断后，对行为是否具有对法益的侵害进行判断，这种判断是相对于前一判断而言，是一种实质的判断。因此李斯特曾指出："只有当其违反规定共同生活目的之法秩序时，破坏或危害法益才在实体上违法；对受法律保护的利益的侵害是实体上的违法，如果此等利益是与法秩序目的和人类共同生活目的相适应的。"①

基于"三阶层"判断体系，其出罪事由一般被称为阻却事由，因此有学者认为相应的在刑法中出罪事由一般应称为构成要件该当性阻却事由、违法性阻却事由。②而张明楷教授提出刑法上所有的犯罪阻却事由，要么是违法阻却事由，即从阻却违法性的角度否定犯罪成立，要么是责任阻却事由，即从责任阶层否定犯罪成立。③与张明楷教授观点相似，陈兴良教授以罪体—罪责对应违法性—有责性，提出罪体排除事由与罪责排除事由的理论。④可以说在出罪路径（阻却事由）的分类上，普遍是从违法性阻却事由以及有责性阻却事由而展开，另外由于法定犯产生的根源来自违法与犯罪的社会治安二元规制模式，在刑法规范中大量存在以"量"对行为违法与犯罪的区分，比如"数额（数量）较大""情节严重""造成严重后果"等表述，因为仅从量的改变而导致行为违法性的不同，学界称为客观处罚条件，当然刑法学理论关于客观处罚条件的性质地位之争从未停歇，尚无定论，本书将阻却客观处罚条件作为单独一类出罪事由，即处罚阻却事由。⑤因此本书借助此分类，将行政犯的出罪事由区分为以下三类，即违法性阻却事由、责任性阻却事由以及处罚条件阻却事由。

违法性阻却事由包括：罪刑法定原则、法定的排除社会危害性的行为等。其

---

① ［德］冯·李斯特：《德国刑法教科书》，徐久生译，法律出版社2006年版，第200页。
② 高诚刚：《经济犯罪出罪事由研究》，武汉大学出版社2019年版，第87—89页。
③ 张明楷：《以违法与责任为支柱构建犯罪论体系》，载《现代法学》2009年第6期。
④ 陈兴良：《刑法教义学的发展脉络——纪念1997年刑法颁布二十周年》，载《政治与法律》2017年第3期。
⑤ 当然传统三阶层犯罪构成体系中，客观处罚条件并不足以单独成为犯罪成立的独立要件，其性质只是阻却刑罚发动，而并不对犯罪是否成立有所影响，是刑罚论的内容而非犯罪论的内容。参见王强：《罪量因素：构成要素抑或处罚条件？》，载《法学家》2012年第5期。因第三章中情节犯、数额犯区分行政违法主要依据，本书将之作为独立、排除犯罪的一类事由予以考虑，本书无意讨论客观处罚条件的定位分歧问题。

中张明楷教授根据违法阻却的根据，将违法阻却事由进一步划分为：基于法益性阙如原理的违法阻却事由与基于优越的利益原理的违法阻却事由。①

有责性阻却事由包括：相对出罪事由、刑法中规定的两种程序终止事由、超法规的排除社会危害性的行为、刑法解释中规定的出罪事由、刑事政策中规定的出罪事由等。

处罚阻却事由主要包括：阻却刑事责任追究事由、阻却刑法处罚事由。

（二）刑法规范中不同出罪类型体现

以上述行政犯出罪事由分类为基础，结合第三章"破坏社会主义市场经济秩序罪"，对规范中出罪事由予以系统分类阐述。

1. 违法性阻却事由

刑法是规定犯罪和刑罚的法律规范，一般而言，刑法规范只是从正面规定什么"是犯罪"，而不规定什么"不是犯罪"，对于刑法规范而言，法无明文规定即自由，因此从这个意义上，刑法规范既是禁止规范也是容许规范，而违法阻却事由即为容许规范。②此类事由的存在目的在于将符合构成要件的行为合法化，同时存在特定情形其具有排除刑法的禁止而形成的例外，具有对构成要件的抵消功能发挥出罪作用，因此台湾学者称之为消极的不法要件，又称容许构成要件或合法化构成要件③。从刑法分则的罪状来看，行政犯中最为典型的违法性确认即"非法"或者"违反法律规定"之类的规定，从刑法分则相关规定来看，此处的"法"并非刑法，而是指其他法律，分则条文中或明确或笼统对其予以规定。在刑法分则第三章中对此类违法要素予以列举：

第159条，虚假出资、抽逃出资罪中关于公司发起人、股东"违反公司法的规定"，即明确列明此罪前置性违法要素必须参考公司法的相关规定。特别对于

---

① 张明楷：《刑法学（第5版）》，法律出版社2016年版，第196页。
② 刘艳红：《论大陆法系违法性判断理论的缺陷及其弥补》，载《法商研究》2001年第4期。
③ 赵微：《俄罗斯联邦刑法》，法律出版社2003年版，第129页。

2013年《公司法》实行完全的资本认缴制,以代替原有验资登记实缴资本制度,从而导致"将出资款项转入公司账户验资后又转出"典型抽逃出资的行为"除罪化",要求司法实践中,对于该行为的认定必须考虑前置违法性,当行为在前置法中予以合法化,依据法秩序统一原理,刑法也不应当对此行为予以介入。

第176条非法吸收公众存款罪中关于"非法"的规定,条文表述为"非法吸收公众存款或者变相吸收公众存款",而对于其中"法"的范围并未明确指出,因此在2019年1月30日"两高一部"印发《关于办理非法集资刑事案件若干问题的意见》对于"非法性"予以专门的规定,司法机关在对非法集资的"非法性"进行认定时,应当依据国家金融管理相关的法律法规。如国家金融管理法律法规只进行了原则性规定,可以根据法律规定的精神并参考具体行政主管部门依照国家金融管理法律法规制定的部门规章或者国家有关金融管理的规定、办法、实施细则等规范性文件的规定予以认定。[1] 表明司法机关对于此类案件"非法性"的认定实际上相对于刑法第96条的"国家规定"的内容更为宽泛,亦即前置的国家金融管理法律法规作为前置的违法性认定的主要依据,在入罪的同时实际上也是出罪有力通道。

第225条非法经营罪中关于"违反国家规定"表述,违反国家规定是非法经营罪的规范要素,也是非法经营罪的前置性要件。[2]《刑法》第96条对"违反国家规定"的范围予以了具体限定,随后,最高人民法院印发《关于准确理解和适用刑法中"国家规定"的有关问题的通知》,对条文中"国家规定"的具体内涵给予了充分解释,同时司法实践中各级法院对"违反国家规定"的认定提出明确要求,这一规定对于认定非法经营罪的违反国家规定具有重要的指导意义。因此只有在具备了违反国家规定这一裁量性要件的情况下,才能将某一行为认定为非法经营行为。

---

[1] 最高人民法院、最高人民检察院、公安部:《关于办理非法集资刑事案件若干问题的意见》的通知(高检会〔2019〕2号)。

[2] 陈兴良:《规范刑法学(第四版)》,中国人民大学出版社2017年版,第759页。

第 228 条非法转让、倒卖土地使用权罪中关于"违反土地管理法规"的表述，内在表明构成非法转让、倒卖土地使用权罪的前提条件是违反土地管理法规，并且在 2001 年 8 月 31 日发布相关立法解释，对《刑法》228 条中"违反土地管理法规"进行明确，亦即将土地管理法规的范围明确为土地管理法、森林法、草原法等法律以及有关的与土地管理相关的行政法律规定。例如《土地管理法》第 63 条明确规定，农民集体所有的土地使用权不得出让、转让或者出租于非农业建设，如果能证明行为人转让土地是用于农业建设，则在违法性上构成对本罪的阻却。

第 230 条逃避商检罪中"违反进出口商品检验法"的规定，刑法虽未明确其前置法是《中华人民共和国进出口商品检验法》还是我国进出口商品检验法方面的相关规定，如 2005 年 12 月施行的《中华人民共和国进出口商品检验法实施条例》，一般理论上认为应当对进出口商品检验法作扩大解释，即包括《商检法》在内进出口商品检验相关规定。在此解释立场上，前置法的调整和修改会导致本罪法律前提发生变化，即只要行为违反进出口商品检验法律法规，就为逃避商检罪的构成要件，反正，随着前置法的调整和修改，对原来本罪的适用空间和范围也会有所影响，此时根据刑法"从旧兼从轻原则"对行为予以出罪。

除了上述列举的在刑法条文中明确或半明确提及本罪构成必须前置违法性外，破坏社会主义市场经济秩序罪中还有一类较为特殊的规定，即在刑法条文中明确对犯罪对象予以规定的情形，最为典型的即第 141 条生产销售假药罪和第 142 条生产销售劣药罪中条文明确对假药、劣药的认定规定了具体认定标准，即依照《中华人民共和国药品管理法》对假药、劣药的认定标准。对于犯罪对象范围的规定实际上就限制了本罪的入罪条件，如 2019 年 8 月 26 日发布的新的《中华人民共和国药品管理法》将"依照本法必须批准而未经批准生产、进口，或者依照本法必须检验而未经检验即销售的"剔除假药认定范围，从而在实质上限缩了本罪入罪范围，为出罪扩开了更为广泛的空间。与此类似规定比如第 180 条内幕交易、泄露内幕信息罪中对于内幕信息、知情人的范围的规定；第

186条对关系人依照《中华人民共和国商业银行法》和有关金融法规确定的实际上对具体犯罪构成要件要素的限制性规定，其所带来的法律效果是，刑法犯罪成立的基础是行为必须满足前置法相关规定，否则行为必然不构成本罪，换句话说，行政犯前置行为合法化是行政犯行为出罪的重要特征。

2. 有责性阻却事由

传统的刑法理论认为"违法是客观的、责任是主观的"，其中责任是主观即在责任问题上占据主导地位的是心理责任论，基于这一认识，罪责是作为所有主观方面的犯罪因素的总和而出现。[①] 随着目的行为论的提出及发展，犯罪论体系发生了重要的变化，即故意和过失作为传统责任要素逐渐向构成要件要素转移，其结果是在罪责层面所讨论只是纯粹的责任要素，因此本书所指向的有责性阻却事由等同于陈兴良教授所提出的"罪责排除事由"，所谓罪责排除事由，即虽然具备过失等罪责构成要素，但由于不可归责性，因此在罪责认定过程中予以排除的情形[②]，其主要包括违法性认识错误、期待可能性和责任能力，以下结合规范条文予以具体阐述：

(1) 违法性认识错误

所谓违法性认识错误，即一个人实施了刑法禁止的行为，却没有认识到自己行为的违法性。[③] 违法性认识错误之所以能成为罪责阻却事由其根源在于作为主观责任要素的故意和过失等心理事实本身不具有可归责性，归责必须建立在行为人对自身的行为的违法性具有认识或者认识可能性，只有行为人认识到自己行为的违法性或者具有认识的可能性并实施该行为，才表明行为人主观上的恶性，这是对行为人从心理上予以归责的根据，因而当行为人发生违法性认识错误的场景下，其欠缺违法性认识，主观上无法将罪责归属于行为人，这是主

---

① ［德］克劳斯·罗克辛：《德国刑法学总论（第一卷）》，王世洲译，法律出版社 2005 年版，第 121 页。
② 陈兴良：《规范刑法学（第四版）》，中国人民大学出版社 2017 年版，第 175 页。
③ 车浩：《法定犯时代的违法性认识错误》，载《清华法学》2015 年第 4 期。

观与客观相统一的本质要求。当然当前对于刑事责任的承担是否应当具备违法性认识，在刑法学界存在违法性认识必要说和违法性认识不要说的争论，特别是在法定犯时代的到来，大幅高频的法定犯立法，加剧"不知法不免责"的传统观念与责任主义的冲突，在违法性认识的问题上呈现前所未有的复杂性，[①] 由此形成了违法性认识的两分说，即在自然犯中不要求违法性认识，而在法定犯中必须具有违法性认识。[②] 在司法实践中也能看到在法定犯中违法认识错误的见解，比如在廖某某等非法吸收公众存款罪中[③]，法官认为主观故意是行为人对于犯罪构成要件的明确认识，即对于事实的认识，而这与违法性认识有明显差别。被告人以不知道向社会公众吸收资金行为是违法，属于违法性认识错误，但此违法性认识错误并非具有避免不可能，亦即行为人具有违法性认识可能性的前提下仍实施相关行为，不能阻却犯罪的成立，因此对于被告人及辩护人相关辩护事由不予采纳。此案中法官认为本案存在违法性认识可能性，因此不能阻却犯罪，从反面实际也说明了，如果实际上存在违法性认识错误并且不具备违法性认识的可能，违法性认识足以阻却责任。[④]

(2) 期待不可能

期待不可能即不具有期待可能性，何为期待可能性，日本学者山口厚认为，即行为人实施了具有构成要件该当性且违法的行为，如果没有其他的责任阻却事由，但是在行为人实施行为的当下，综合考虑，并不能对行为人不实施该行为产生过分的期待和要求。[⑤] 换句话说，只要在对行为人在特定情形下具有期待其实施适法行为的场合下，才能对其作出刑法上的非难，也才具有刑法的谴责

[①] 车浩：《法定犯时代的违法性认识错误》，载《清华法学》2015年第4期。
[②] 陈兴良：《规范刑法学（第四版）》，中国人民大学出版社2017年版，第175页。
[③] 湖南省永州市零陵区（芝山区）人民法院，（2017）湘1102刑初306号刑事判决书。
[④] 周树超：《违法性认识的司法现状与路径选择——基于615份案例的实证研究》，载《四川警察学院学报》2020年第4期。
[⑤] ［日］山口厚：《刑法总论（第2版）》，付立庆译，中国人民大学出版社2011年版，第252页。

可能性，此时作为一种归责要素，是对行为人意志自由进行的规范评价，这是"法不强人所难"的重要要求。当然刑法理论上对于期待可能性的判断标准有诸多分歧，主要存在行为人标准说、一般人标准说以及国家规范标准说三类标准，分别从行为人标准说即具体行为人为标准、一般人标准说即抽象平均人为标准、国家规范标准说即国家规范要求为标准，从而对期待可能性予以评价，本书倾向去采取具体行为人标准，设身处地考虑行为人在具体情境下的意志选择，更为合情合理地对行为人予以归责。实际上，司法实践中同样对于期待不可能给予了充分的关注。比如陆勇销售假药罪一案，案件备受争议的点除对于社会评价与法律评价的"假药"规定的争议外，也透露出期待不可能的身影。在案件决定不起诉的释法说理书中，检察机关从社会危害性、犯罪主客观方面等多方面全面阐述了行为人销售假药行为并不符合相关的犯罪构成要件，实现了社会和法律效果的统一。从另一面去考虑，对于陆勇及其病友而言，身患重疾，是选择国内法律许可、药价昂贵的"正规药"还是选择价格低廉、药效相似，但是属于"假药"的仿制药是艰难的选择。"法律应对人性的脆弱表示相当的尊重，而不能强人于不能，背离人类崇高的怜悯之心。正所谓法者缘人情而制，非设罪以陷人也。"[①] 如案件中的当事人面对此种生死抉择，法律无法期待其会放弃铤而走险、购买低价而违法的药品，而选择购买高价药品从而倾家荡产的所谓适法行为。

（3）责任无能力

责任无能力即行为人欠缺辨认能力与控制能力，责任能力和控制能力是责任能力的根据。所谓辨认能力，即对于事物性质的认知和辨别能力，体现行为人认识方面的能力；所谓控制能力，即行为人对自己的行为所具有的支配能力，体现行为人意志因素方面的能力。只有行为人能够对事物的性质、法律后果有正确的认知，并且有能力控制自己的行为，才能要求其作出适法的行为。否则，就丧失了可谴责的根据。我国刑法中欠缺责任能力主要包括未成年人和精神病

---

① 杨建广、杜宇：《期待可能性的理论根基》，载《学术研究》2000年第12期。

人两种，均规定在总则中，责任无能力一般更多发生于自然犯中的出罪事由，法定犯未成年和精神病人较少见，因此本书不过多赘述。

3. 处罚阻却事由

所谓处罚阻却事由，是建立在客观处罚条件基础上的，客观处罚条件最早出于德国刑法。在我国台湾地区，学界通说认为，客观处罚条件并非是犯罪成立的条件要素，并且对于行为是否违法、有责等规范也不具任何影响，客观处罚条件只是出于刑事政策而考虑的影响刑罚发动的条件要素。① 林山田教授也提到大陆法系刑法理论所谓的客观条件的一般内涵，就是尽管与行为具有直接关系，其内在并不归属于不法层面，同时也与责任层面彼此割裂，其定位只是在构成要件体系之外的一种衡量行为是否可罚的要件。② 而我国刑法理论中对于客观处罚条件的定位有所争议，主要区分为处罚阻却事由说和犯罪成立条件说，前者认为将客观处罚条件划定在刑罚体系中，认为客观处罚条件是实体上的刑罚要件，与犯罪论体系相互区别。③ 后者则恰恰相反，将客观处罚条件划定于超刑罚体系，并认为客观处罚条件不仅影响到量刑，同时对于犯罪成立也具有重要决定作用。④ 一般而言，后者更为国内学者认可，只是国内学者会结合具体的概念要素说明何种为客观处罚条件，比如陈兴良教授在提出罪体和罪量概念时，就认为罪量实际上就是属于一种客观处罚条件；张明楷教授实际上并不承认客观处罚条件的合理性，但是其在提出客观超过要素概念时，也提到在承认客观超过要素的犯罪论体系定位前提下，客观超过要素就是客观处罚条件。⑤ 陈兴良教授明确表示："罪量要素作为客观处罚条件来看待是妥当的。"本书倾向于从

---

① 黄仲夫：《刑法精义》，元照出版有限公司2006年版，第45页。转引自吴倩树：《两岸刑法中客观处罚条件规定的评析》，载《海峡法学》2012年第4期。
② 林山田：《刑法通论（上册）》，北京大学出版社2012年版，第265页。
③ ［日］大谷实：《刑法总论》，黎宏译，法律出版社2003年版，第373页。
④ ［德］克劳斯·罗克辛：《德国刑法学总论（第一卷）》，王世洲译，法律出版社2005年版，第689—705页。
⑤ 张明楷：《刑法学（第五版）》，法律出版社2011年版，第242页。

犯罪成立的角度理解客观处罚条件，以刑法分则第 201 条逃税罪条款规范而言，如果行为人有该条款第一款的行为，在相关机关下达追缴通知后，行为人能够及时补救，接受了行政处罚，司法机关可以不追究刑事责任；此条款的意在内涵为虽然行为人触犯了刑事条款留有法规范的一般的违法性内容，但是基于刑事政策原因，并不会追究，此条款实际上积极发挥了其出罪的功能，阻止国家刑罚权及时发动。当然也存在例外的情形，即时间限制和次数限制，前者即五年内因此事项有过刑事处罚，后者即在此时间内有过两次以上行政处罚。作为刑法明确规定的出罪条款，实际效果本身就是无罪，否则不会使用"不追究刑事责任"此种表述。这与"免于刑事处罚"的表述在犯罪内涵和法律效果上存在根本差异。

如上所述，我国治安和刑事治理二元模式，造就了刑事立法"定性＋定量"的立法特色，由此形成了域外"立法定性，司法定量"的定罪模式较大的区别。因此，在我国法规范视角下，罪量要素即是可罚违法性依据，即价值判断标准，也是事实该当性依据，即符合性判断标准。可以说，罪量作为特殊的构成要件要素对于出罪具有独特内涵。在行政犯中，存在为数众多的罪量要素，如数量类，列明"数额（数量）较大（巨大）"；如情节类，列明"情节较轻""情节严重"的；如结合类，列明"数额＋情节"；还有损失类，即列明"重大损失的""造成严重后果的"等，这些典型的罪量要素通过司法解释进一步在司法实践中对追诉标准予以明确，从反面观之，无法达到所谓的罪量标准，实际上也能构成对行为的出罪效果，当然从前提上看，此类行为一般不会作为犯罪进入公诉阶段。

（三）作为出罪事由的企业合规计划

企业合规计划是公司制度长期发展的产物，是基于风险刑法下刑罚积极一般预防的理念，其目的在于通过企业自我管理，以避免各类运营风险。而刑事合规，就是国家基于刑事政策的考虑，通过设置相关的激励和惩罚机制，推动企业以刑事法律的高标准建立相关举措和机制，以提前识别和预防公司所可能面临的因为企业自身或者员工的行为所产生的给企业带来的刑事责任风险。① 刑事合规与行政犯中单位犯罪密切相关,并且也是在现代经济管理与公司治理中风险规避策略。刑事合规作为出罪事由出现,其根据在于当企业已经对风险发生尽了合理的注意义务,即使在生产经营过程中,因各方面因素导致的生产经营活动涉嫌犯罪,刑事合规计划可以佐证企业本身对于结果不具有可谴责性。正如有学者提到的:"如果经营者合理制定和实施了合规计划因而尽到了监督义务的场合,承认对其免责的可能性,即便经营者因存在过错而不能免责,也应当考虑其实施了合规计划的事实,减少制裁额度,从而对其给予激励。"② 在国外也确属存在将刑事合规作为出罪事由予以明文规定,如英国在2010年颁布了《反贿赂罪法》,其中第7条第2款明确规定,如果组织本身可以提供相关证据以证实组织已经建立了防止相关个人实施贿赂行为的预防机制的证据,可以作为合法辩护事由,以免于承担刑事责任。③

当前我国对于刑事合规并无明确的法律规定,但司法机关正在逐步探索企业合规的中国实践,如最高检自2020年3月开始,在全国6家基层检察院开展合规不起诉改革的试点工作,并会同相关部门联合发布《关于建立涉案企业合规第三方监督评估机制指导意见》,建立对企业合规第三方监管评估机制。合规不起诉,即检察机关对于企业涉嫌相关犯罪审查时,按照依法能不捕的不捕、能不诉的不诉、能不判实刑的提出适用缓刑量刑建议,要求相关企业针对自身开展合规整改,并经第三方机构评估审核后,检察机关作出不起诉决定。尽管不起诉制度本身并非本文"出罪"界定的范围,企业合规这一重要制度对于构建行政犯出罪通道而言具有重要的价值。特别是企业犯罪多数涉及的是行政犯,

---

① 孙国祥:《刑事合规的理念、机能和中国的构建》,载《中国刑事法杂志》2019年第2期。
② [日]佐伯仁志:《制裁论》,丁胜明译,北京大学出版社2018年版,第47页。
③ 周振杰:《英国〈2010年贿赂罪法〉评介》,载赵秉志主编:《刑法评论(2012年第2卷)》,法律出版社2013年版,第312页。

制度设计的初衷是,"通过企业合规,让企业能够'活下来''留得住''经营得好',保障'六稳''六保'重大决策部署切实落地,具有鲜明的刑事政策的考量,企业合规作为重要的单位犯罪的免责事由必然会成为行政犯出罪的重要事由,从而获得充足发展"。

三、行政犯出罪条款的规范特征

经过上述梳理与论证,行政犯作为刑法中客观存在的一类犯罪类型,其在出罪路径的构建上,既有一般犯罪出罪所具有普遍性特征,同时行政犯出罪事由作为出罪事由中较为特殊的一类,其本身因行政犯的独特性而具有鲜明的形式特征和实质特征。具体而言。行政犯出罪事由在体系上具有一般出罪事由的普遍性,即出罪事由总体上的多样性、分布的零散性以及功能的开放性;而行政犯出罪事由鲜明的独特性体现在形式上,行政犯所具有的行政违法性和刑事违法性的双重违法性,并且行政违法性具有前置性判断的功能,具有行政从属性特征,因此其出罪事由的形式特征在于前置违法性。与之相对应,行政犯出罪具有鲜明的实质意义,即行政犯作为对前置法规范的违背而产生的刑事违法性,以下,结合具体的特征作出详细分析。

(一)形式特征:多样、零散、开放

如前所述行政犯作为较为特殊的犯罪类型,其出罪事由的规范特征具有一般犯罪出罪事由的基本特征,前文通过对刑法规范中刑法条文和司法解释的出罪条款进行了系统的梳理,可以发现出罪事由(或者路径)在我国立法上并未受到应有重视,在司法实践中自然就形成了重入罪而轻出罪的社会现象,这一点从多位学者关于我国无罪判决率的统计结论可见一斑。但理性观之,尽管司法实践所映射刑事出罪路径的欠缺,但从规范层面上出罪事由确属丰富。不管从前述的研究中,从犯罪构成该当性—违法性—有责性的阶层判断,每一步即是在入罪过程,同时也反映着出罪的通道,除此之外,大量的超法规出罪事由也广泛在实践中体现,这一点不管对于普遍性的出罪抑或是行政犯特殊出罪而

言都是显而易见。其次，我国刑法的立法技术决定了刑法规范倾向于从正面规定犯罪，因此，入罪机制确立得较为完善，但缺乏对于出罪机制化的构建。因此从法体系的角度，出罪事由在立法上呈现出分散凌乱的姿态，同时反映到理论研究中，鲜有对出罪事由理论研究的成果出现，关于出罪事由的理论体系相对于入罪而言极为不成熟，此种分散不系统的现状直接导致实践中肆意出罪和不敢轻易出罪的现实。多样性和零散性决定了出罪事由的开放性，一方面，行政犯概念外延本身会随着社会经济发展不断变动，从立法上不断有新的犯罪进入犯罪圈，也必然会有旧的犯罪在除罪化，这其中不仅反映着立法的除罪化，也是罪刑法定原则在司法层面上的出罪功能的体现。另一方面，是出罪事由本身的发展。随着社会经济发展，新的行政犯出罪事由会不断显现，尤其是刑事政策作为刑法不可逾越的一道鸿沟，在司法实践中刑事政策的变动性会导致出罪事由不断更新，再比如上文提到的企业合规，随着营商环境法治保护的不断加强，在司法上给予民营经济更多的保护，企业合规会不断发挥其出罪的积极功能。

（二）实质特征：前置规范适法性

考究行政犯出罪的特殊性，必须以行政犯自身性质为根本予以考虑。从行政犯的理论源头出发，自然犯是自体恶（mala inse）的行为，其刑事可罚性的根据不必等待刑法的规定，行为本身具有伦理道德上的"自体恶"，因此自然犯不管在哪个时代、哪个国家其成为犯罪是毋庸置疑。与自然犯相对，法定犯（行政犯）是禁止恶（mala prohibita）的行为，其违法性根据源于行政规范对行为的禁止规定。例如，税收犯罪首先源于《税收征管法》的禁止性规定，其次才是刑法的禁止性规定，比如《刑法》第207条、第208条规定，行为因法律的禁止性规定而并非行为天生的"恶性"而形成的犯罪就是法定犯（行政犯）。但需要明确，并非任何违反行政法规的行为都是行政犯，只有其中那些具有严重社会危害性或者说"较高程度损害性和社会危险性"[①] 的行政不法行为才被刑法规定

---

① 林山田：《刑事法论丛（二）》，台大法学院图书馆部1997年版，第43页。

为犯罪。从这一角度出发，行政犯天然具有双重违法特征，即行政违法性和刑事违法性，并且行政违法属性在前，刑事违法属性在后，离开行政违法性这一前提而徒有刑事违法性，行政犯将与自然犯没有任何差别，也不再是行政犯。[①]前置违法性的准确判断和认定不仅是把握法定犯性质本身的关键，同时在出罪功能上，前置违法性也具有重要意义。例如于润龙非法经营案，前置性的行政法规有效与否直接影响行为人的定罪，前文已有介绍，具体案情为：

于润龙在未获得黄金经营许可证的情况下，收购贩卖黄金，涉嫌非法经营罪；案件办理过程中，国务院发文取消了黄金收购许可证制度，公安机关向央行咨询意见，复函认为取消黄金收购许可的规定不适用于个人。据此，一审判决认定了被告人的非法经营罪；二审判决认为，国务院发文取消了黄金收购许可制度，按照现行规定，被告人的经营对象不属于未经许可经营法律、行政法规规定的专营、专卖物品或其他限制买卖的物品的行为，不构成非法经营罪。

如前所述，行政犯的违法性根据源于形式的违法性和实质违法性判断，所谓形式违法性就是其违反国家法规、违反法制的要求或禁止性规定，其只有具备违反行政法规范才能成立行政犯。而行政违法性不同于刑事违法、民事违法对单一统一成文法典规范的违反，而是对各种规范中行政权力行使和行政职责履行的一般原则的违反。[②] 鉴于行政规范性质复杂、变化频繁并且形式广泛数量众多，刑法条文不可能一一完整在条文中予以完整记述[③]，因此在行政犯条文表述中，往往通过"违反……法""违反国家规定""非法"等形式，在理论上称之为空白刑法规范，因此有学者认为"行政刑法规范都是空白刑法规范"。[④] 通过空白刑法规范，行政犯在犯罪认定时，必须参考前置性行政法的相关规定，

---

① 刘艳红、周佑勇：《行政刑法的一般理论（第二版）》，北京大学出版社 2020 年版，第 163 页。
② 姜明安：《行政法与行政诉讼法（第七版）》，北京大学出版社、高等教育出版社 2019 年版，第 17 页。
③ 张明楷：《犯罪构成体系与构成要件要素》，北京大学出版社 2010 年版，第 137 页。
④ 张明楷：《刑法的基础观》，中国检察出版社 1995 年版，第 321 页。

不管是在构成要件还是违法性认定方面，都是行政犯定罪重要依据。入罪和出罪作为定罪的一体两面，在入罪的判断时同时也在进行着出罪的判断，因此把握前置性行政规范违法性在入罪过程中重要作用下，即肯定了前置性违法性判断在出罪功能上的重要机制及特点。自然犯在入罪时仅需参考刑法规范本身判断其刑事违法性，其入罪和出罪仅限于"刑法之内"予以具体讨论，而行政犯鉴于其在已经超出传统"刑法之内"，而必须在"刑法之外"对其刑事违法性予以探讨，决定了其在出罪机制上相对于传统自然犯的独特特征，即只有当行为具有前置违法性时，才能将行为纳入下一步刑事违法性判断中，亦即当前置违法性不具备，即前置规范适法性满足时，对行为的判断无法再进一步展开，这是行政犯出罪机制上的应有之义。当然此处并非特指必须是前置规范合法性，根据"法无禁止即自由"，只要行为不具有前置规范谴责的情形，即可阻却刑事责任。

第三节　行政犯出罪事由的实证样态

"社会生活本质上是实践，凡是把理论导致到神秘主义方面去的神秘东西，都能在人的实践中以及对这个实践的理解中得到合理的解决。"[1] 一切思想、理论、意识等主观上的彰显最终必然需要也必定能在现实的社会关系和社会生活实践中找寻到踪迹。如前所述，本书所确定的出罪司法裁判机关依据现有刑法规范、刑法理论或内心朴素法感情对疑似犯罪行为进行评价，并最终作出无罪结论的司法过程和刑法解释过程，是司法出罪。其不仅侧重于司法过程中将可能有罪归为无罪的裁判过程，更强调最终的结果是无罪的终局形态。因此规范上的出罪以及出罪事由必然能在司法实践中寻找到其本源所在——司法实践中

---

[1] 中共中央马克思恩格斯列宁斯大林著作编译局：《马克思恩格斯选集：第 1 卷》，人民出版社 1972 年版，第 18 页。

的无罪判决，所谓无罪判决，即"Acquittal"或者是"Exoneration"，在外国学者看来，是指对宣布被告人并未实施被控诉的罪行的一种官方宣告行为。[1] 国内学界实际上对无罪判决界定基本毫无争议，即审判机关对于由公诉案件或自诉案件，因存在某些特定情形，比如证据不足，而根据法律规定作出宣告无罪的裁判。无罪判决作为最能体现刑法出罪功能现状的表征一直备受理论界和实务界关注。自20世纪80年代以来，宣告无罪人数作为重要的参考数据，一直在《最高人民法院工作报告》主要列明，以接受全国人大的审议监督，历年来公开宣告无罪人数已成为一种司法常态。特别是2004年我国《宪法》正式纳入"尊重和保障人权"基本原则，打击犯罪与保障人权的法治价值理念在刑事司法上已基本得到确立，无罪判决作为司法实践中人权保障原则的彰显近年来逐渐受到关注。

行政犯罪作为一类特殊的犯罪类型，在无罪判决做出时是否有别于自然犯罪，在司法实践中行政犯罪的无罪判决遵循何种法律逻辑和发展路径，不仅对于考察无罪判决在中国的图景有重大意义，同时对于破解"法定犯时代"行政犯合理出罪路径的梳理也具有重要价值。鉴于行政犯的内涵和范围在学界尚处于争议状态，笔者选取第三章"破坏社会主义市场经济秩序罪"作为行政犯无罪判决案例选取的案由条件，裁判结果为"无罪"，裁判文书为"判决书"，案例时间截止日为2021年12月31日，共计检索出文书为545份，删除重复的文书7份，判决书无内容的2份，裁判结果为"撤销无罪"但系统错误筛选的判决书12份，判决文书错误1份，最终得到523件有效案例，被撤销的12份判决书作为对照组进行对比分析。[2] 此处需要说明的

---

[1] [美]萨缪尔·格罗斯等：《美国的无罪判决：从1989到2003年》，刘静坤译，载《中国刑事法杂志》2006年第6期。

[2] 本文的数据皆来自聚法网（https://www.jufaanli.com/），同时为寻求案例数据准确性，同步采集裁判文书网、北大法宝网相关案例。样本分为两次检索，第一次检索时间为2020年7月6日，案例截止日期为2019年12月31日。第二次检索时间为2022年11月20日，补充了2020年、2021年间行政犯无罪判决的数据。

是，在样本案例中，可能存在一人触犯数个罪名，且数个罪名跨章节的情形，此时采取检察机关提起公诉的主要罪名作为案由依据；同时，共同犯罪中，可能存在部分被告人有罪，但部分行为人无罪的情形，此时也同样认为此案件为无罪判决，即只要判决书中涉及被告人被宣告为无罪，即认为此案件为无罪判决。

一、无罪判决案例总体分析

从时间分布上（如图4-3-1），无罪判决的案例的数量发展趋势与我国法院推行裁判文书上网政策力度直接相关。2000年6月15日《最高人民法院裁判文书公布管理办法》发布并实施开启了裁判文书公开的大幕，然而真正实现裁判文书实质性公开的则是2013年11月28日，最高人民法院发布《关于人民法院在互联网公布裁判文书的规定》的司法解释，该解释明确要求各级法院，认真秉持"公开是原则，不公开是例外"，全面推动裁判文书公开上网工作。随着党十八届四中全会后全面推进依法治国工作，裁判文书公开作为其中重要的内容，全国各级法院加大重视力度，上网工作进一步落实落地。早在2015年，全国所有高级、中级人民法院全部实现了生效裁判文书上网公布，28个省市（自治区、直辖市）的三级法院全部实现生效裁判文书上网公布。与裁判文书公开趋势相类似，从检索的数据显示，2000年至2013年无罪判决案例基本上为个位数，这与裁判文书公开的总体数量有直接关系，其数量较少并不能反映此阶段的无罪判决的司法倾向，因此2000年至2013年的数据不能作为直接参考。从2013年开始，无罪判决裁判文书数量大幅增长。如果排除裁判文书上网不完全等问题，一方面可能是源于科技的进步，各类高科技应用于刑侦技术以便更准确地确定犯罪嫌疑人，从而提高无罪判决数量。另一方面与司法机关对于无罪判决的绩效考核有密切关系，最高检2005年制定《检察机关办理公诉案件考评办法（试行）》，对绩效考核指标作了具体规定，明确要求将0.2%作为无罪判决率的边界线。不仅如此，无罪判决率也被纳入最高法院案件质量评估体系。

"连续多年保证无罪率为零"屡屡出现在各级法院工作报告上。直至2014年12月，最高人民法院决定，取消对全国各高级法院考核排名。正是由于从上至下的努力，无罪判决不再作为考核标准，司法实践中法官更有底气作出无罪判决，同时这一举措也是我国"以审判为中心"的刑事诉讼制度改革在向深层次推动最为明显的表征。

图 4-3-1 无罪判决案例数量趋势

从做出无罪判决的法院级别来看，由基层人民法院做出无罪判决数为271件，占比51.8%；中级人民法院做出的无罪判决数为202件，占比38.6%；高级人民法院做出的无罪判决数为50件，占比9.6%。基层法院管辖第一审普通刑事案件，大部分无罪判决基本上在基层法院一审即可认定，与案件总数审判法院类似，通过一审程序做出无罪判决的案件占比最多，总数为297件，占比56.79%，通过二审做出无罪判决的案件总数为158件，占比30.21%，通过再审程序做出的无罪判决的案件总数为68件，占比13%。第一审程序是法院对刑事案件进行的第一次审判，因此在第一审程序中无罪判决相比二审程序和审判监督程序数量上更多，毋庸置疑。将法院层级和审判程序进行交叉分析，得出的结果可能会更直观。如表4-3-1所示：

表 4-3-1　无罪判决法院层级及审判程序交叉汇总

程序	法院层级	改判类型 改判无罪	改判类型 两者都有	改判类型 维持无罪	仅一审	总计
二审		142	2	14		158
	高级人民法院	28		4		32
	中级人民法院	114	2	10		126
一审					297	297
	基层人民法院				241	241
	中级人民法院				56	56
再审		65		3		68
	高级人民法院	18				18
	基层人民法院	30				30
	中级人民法院	17		3		20
总计		207	2	17	297	523

从交叉汇总表中可见，第一审程序中，由基层人民法院审理作出的无罪判决为241件，占一审作出无罪判决案件总数81.15%，根据《刑事诉讼法》第20条规定："中级人民法院管辖下列第一审刑事案件：（一）危害国家安全、恐怖活动案件；（二）可能判处无期徒刑、死刑的案件。"在破坏社会主义市场经济罪中，存在严重的极端现象，即可能存在近20%的概率公诉机关认为该案件可能会判处无期徒刑、死刑，但法院认为无罪的现象，反映了在行政犯的社会危害性的认定和刑罚理解适用上依然存在较大差异。此外，从二审中无罪判决类型来看，158份二审做出的无罪判决书中，142份为改判无罪（高级人民法院28份、中级人民法院114份）、14份为维持无罪（高级人民法院4份、中级人民法院10份）、2份判决书中两者皆有。[①] 二审改判无罪率高达89.9%，说明更高级

---

① 所谓"改判无罪"即一审人民法院作出对被告人有罪的判决，而二审法院予以明确撤销，同时宣告被告人无罪。维持无罪即一审人民法院对被告人宣告无罪，而二审法院予以维持。"两者皆有"，即一审法院在认定时对某被告认定有罪，对另一被告认定无罪，二审法院对一审无罪判决予以维持，对一审有罪判决予以改判。

别的法院对于一审法院的认定某种程度上的否认，法院内部对相同案件的考量存在明显差别。与之相同，在再审程序中共计 68 份判决书，对原终审判决予以改判无罪的共计 65 份，占比高达 95.6%，最有影响力的内蒙古王力军非法经营玉米案即在其中。

二、无罪判决案例案由分析

表 4-3-2　无罪判决案例样本具体案由汇总[①]

案　由	数量	案　由	数量
合同诈骗罪	188	国有公司、企业、事业单位人员失职罪	3
非法经营罪	76	违法发放贷款罪	3
非法吸收公众存款罪	47	串通投标罪	2
信用卡诈骗罪	35	对非国家工作人员行贿罪	2
骗取贷款、票据承兑、金融票证罪	24	票据诈骗罪	2
虚开增值税专用发票、用于骗取出口退税、抵扣税款发票罪	18	强迫交易罪	2
非法转让、倒卖土地使用权罪	13	生产、销售伪劣农药、兽药、化肥、种子罪	2
生产、销售伪劣产品罪	13	虚报注册资本罪	2
销售假冒注册商标的商品罪	11	隐匿、故意销毁会计凭证、会计账簿、财务会计报告罪	2
贷款诈骗罪	10	走私珍贵动物、珍贵动物制品罪	2
假冒注册商标罪	10	走私罪	2
生产、销售假药罪	8	组织、领导传销活动罪	2
走私普通货物、物品罪	7	出具证明文件重大失实罪	1

[①] 此案由系统自动导出，为检察院提起公诉时主要的罪名，并非法院最后认定案由。

续 表

案 由	数量	案 由	数量
集资诈骗罪	5	非法经营同类营业罪	1
虚假出资、抽逃出资罪	5	高利转贷罪	1
非国家工作人员受贿罪	4	内幕交易、泄露内幕信息罪	1
骗取贷款罪	4	骗取出口退税罪	1
侵犯商业秘密罪	4	逃税罪	1
生产、销售有毒、有害食品罪	4	销售假冒注册商标罪	1
保险诈骗罪	3	虚开发票罪	1
总　计			523

　　从案由来看，无罪判决样本共涉及第三章 38 个罪名，从数据可以看出尽管样本总数为 523 份判决书，但是无罪判决数量排在前 4 的案由为，合同诈骗罪 188 份、非法经营罪 76 份、非法吸收公众存款罪 47 份、信用卡诈骗罪 35 份，累计 345 份，共占无罪判决样本总数的 66.16%，数据结论基本符合帕累托原则，"重要的少数与琐碎的多数"，即在破坏社会主义市场经济秩序罪中无罪判决的案由基本上为合同诈骗罪、非法经营罪、非法吸收公众存款罪以及信用卡诈骗罪，说明此 4 案由在司法实践中认定存在一定的难点和争议点，检法无法就案件认定上达成一致意见；从与无罪判决做出的审理程序交叉分析同样可以得出类似结论，在无罪判决做出的二审、再审程序共计 226 份判决书中，合同诈骗罪共计 76 份（二审 69 份、再审 7 份）、非法经营罪 41 份（二审 16 份、再审 25 份）、信用卡诈骗罪 17 份（二审 16 份、再审 1 份），非法吸收公众存款罪在二审、再审程序中做出无罪判决的共计只有 10 份，并且其中 5 份为维持一审的无罪判决，4 份为对原有罪判决予以改判，1 份两种情况皆有，表明不管从检法之间的博弈还是法院之间的同案异判，在行政犯无罪判决的认定中，存在很大的内涵差异性。

三、无罪判决案例法条依据

裁判文书作为一类重要的法律文书，本身就是法官就案件裁断作出的符合内在逻辑的，具有一般规范格式的解释说明书，其内在体现了法官对于案件中案件事实的梳理归纳，对法律争议定纷止争的逻辑标准和价值判断，并且也是将案件事实和法律规范相连接的重要桥梁，是法院裁决正当化的重要彰显。[①] 这主要是通过裁判文书中引用法条、引用方式加以体现。从政策上，最高人民法院 2009 年就曾关于裁判文书引用法律法规颁布《关于裁判文书引用法律、法规等规范性法律文件的规定》，规定人民法院裁判文书不仅应当依法引用相关法律、法规等规范性法律文件作为裁判依据，而且对于具体引用的方法予以明确，极大地推动了我国裁判文书规范性法律文件的引用规范。对于无罪判决书而言，裁判文书中所引用的法条及引用方式能够充分展现法官做出无罪判决的原因，而且无罪判决作为一类特殊的裁判结果，其引用法条的内容、方式以及充分的释法说理过程尤显其特殊性。本书拟对无罪判决样本的裁判文书中引用的法条展开分析，基于无罪判决的做出必然要回归到法条本身的出罪的内涵，因此在梳理引用的法条时，将本质上并不具有出罪机能的法条去除，直接对无罪判决的做出产生关键影响的条文予以分析，透视法定犯罪司法实践中出罪根据的根本。

从实体法角度，法院作出无罪判决的理由主要是分为两类：一类是本质无罪，即由于不该当刑法规定的构成要件而根本不可能构成犯罪，此时判断的依据主要是根据法官对于分则具体条文的理解。另一类是评价无罪，即从评价意义上认为案件不具有实质当罚性（违法性）或不具有非难可能性（有责性）而不作为犯罪处理的案件，此时法官作出无罪判决的依据主要是根据刑法总则的条文作出，比如《刑法》第 3 条"罪刑法定原则"以及《刑法》第 13 条"但书"等相关规定。在检索的案例中，同样在实体法中（主要是刑法），根据总则条文

---

① 胡建萍、代正伟：《裁判文书引用法条的实务与思考》，https://www.chinacourt.org/article/detail/2004/04/id/112839.shtml，2020 年 9 月 20 日访问。

以及分则条文引用的情况对其展开分析。从 523 份无罪判决书中，共有 144 份无罪判决的裁判文书明确引用总则条文，共计 579 次，涉及 31 个条文，但涉及作出无罪判决依据的有第 3 条、第 13 条以及第 30 条，① 具体如下表。其中前两者分别对应理论上较为典型出罪路径即罪刑法定原则和"但书"，最后，第 30 条主要针对单位犯罪，在无罪判决文书中，法院认为公诉机关起诉的责任主体"不构成单位犯罪的单位主体"，因此对其予以宣告无罪，这是在法定犯范围内较为特殊的一类出罪事由。

表 4-3-3　总则出罪事由条文引用分析

引用条文	案　　号
第三条 （17 份）	（2017）冀 0108 刑初 300 号、（2019）鄂 1224 刑初 38 号、（2015）科刑初字第 642 号、（2011）攸法刑初字第 245 号、（2016）闽刑再 3 号、（2014）榕刑终字第 741 号、（2017）鄂 96 刑终 34 号、（2017）粤 0104 刑再 2 号、（2017）粤 0104 刑再 3 号、（2017）粤 0104 刑再 1 号、（2015）穗越法审监刑再字第 7 号、（2014）株中法刑再终字第 5 号、（2015）穗越法审监刑再字第 4 号、（2015）穗越法审监刑再字第 3 号、（2015）穗越法审监刑再字第 1 号、（2015）穗越法审监刑再字第 6 号、（2017）粤 1971 刑初 2759 号
第十三条 （12 份）	（2004）晋中刑初字第 36 号、（2015）湘 0302 刑初 461 号、（2019）新 2201 刑初 680 号、（2018）川 0522 刑初 119 号、（2017）云 0521 刑初 119 号、（2018）冀 1182 刑初 434 号、（2016）川 15 刑终 211 号、（2017）粤 17 刑终 145 号、（2016）粤 06 刑终 31 号、（2018）宁 05 刑终 135 号、（2016）冀刑再 5 号、（2018）苏 05 刑再 2 号
第三十条 （16 份）	（2004）晋中刑初字第 36 号、（2013）丰刑初字第 430 号、（2014）九刑重字第 1 号、（2016）川 11 刑初 22 号、（2016）浙 0602 刑初 575 号、（2018）湘 0923 刑初 302 号、（2017）湘 0527 刑初 123 号、（2013）穗中法刑二初字第 42 号、（2016）甘 0122 刑初 17 号、（2017）鄂 0323 刑初 76 号、（2014）辉刑初字第 47 号、（2005）穗中法刑二初字第 40 号、（2018）川 11 刑再 2 号、（2018）湘 02 刑终 291 号、（2015）泰中刑二终字第 00150 号、（2013）浙嘉刑终字第 274 号

对上述三类较为典型的出罪事由的适用做进一步分析发现，裁判文书中所引用的刑法"第三条"出罪事由，在二审程序中出现 2 次，在一审文书中出现 5 次，在审判监督程序中出现 10 次，说明罪刑法定原则作为出罪事由并不会轻

---

① 其他引用的分则条文因与宣告无罪判决结果无关，因此本文不予分析。

易被作为依据。裁判文书中所引用的刑法"第十三条"出罪事由，在二审程序中出现4次，在一审程序中出现6次，在审判监督程序中出现2次，说明"但书"作为出罪事由越来越被法院所接受，并且适用于裁判文书中。较为有特点的是裁判文书中所引用的刑法"第三十条"出罪事由，一审程序出现12次，二审程序3次，再审程序为1次，说明单位犯罪在司法实践中较为容易被公诉机关认定有误，同时法院对于单位犯罪主体的认定也逐渐清晰，这也是行政犯罪出罪事由在犯罪主体上一大独特之处。

除以上分析的总则性条文作为出罪事由在裁判文书中被引用外，实际上裁判文书中也存在大量的分则性条文，与总则性条文一同构成对行为定罪体系的构建，并且法官作出无罪判决的结论一般也并非仅仅就依赖于某一条文，如上述关于单位犯罪的出罪，除了根据《刑法》第30条对单位犯罪主体性资格本身加以排除外[1]，法官往往会结合具体犯罪构成要件加以判断。[2] 对于分则条文的分析，关乎本质意义上的无罪即因不该当刑法规定的构成要件而判处无罪的类型，其判断维度过于宽泛，同时裁判文书中关于条文的引用都是在裁判文书尾部统一列出，并未针对无罪判决的被告人予以援引，因此在判断是否该分则条文构成要件该当性判断影响无罪判决时较为困难，本书对此并不展开分析。

第四节　行政犯出罪事由现实问题和功能实现

古今中外一切重大的政治、经济改革无不有先进的理论作为先导、依据以

---

[1] 如某法院（2017）湘0527刑初123号刑事判决书中，因村民委员会是村民自我管理、教育、服务的基层群众自治性组织，不具备单位犯罪的主体资格，其不构成非法转让土地使用权罪，法院宣告无罪。
[2] 如某法院（2016）浙0602刑初575号刑事判决书中，无法证明绍兴塔山市场开发有限公司等行贿是为了谋取不正当利益，因缺乏对非国家工作人员行贿罪的主观要件，法院宣告无罪。

及参照,同样地,先进的理论也必然是根植于社会现实,通过对社会实践的概括、总结、完善,最后抽象出普遍适用的规律和理论。回归到行政犯司法实践中所总结的出罪事由适用的特征,才能真正反映出行政犯司法实践内在的机理,才能真正反过来指导法治中国的实践。上文从行政犯无罪判决的总体概览、案由分布、法条依据等三个维度展现了行政犯出罪事由在行政犯出罪应用方面的现实情况。法学实证分析的要义是以数据为基础,透过数据折射出问题的根源,从而为发现问题、解决问题提供切实的支撑。从当前行政犯单维度数据中,抽象出行政犯出罪事由适用的总体特点,从而形成对总体出罪事由在司法实践中适用困境的宏观图谱,是打通本书司法现实与理论研究的中枢关键之所在。下文以此展开论述。

一、行政犯出罪事由适用特征

(一)总体数量少,无罪率相对较低

无罪判决数据历来为学术界和实务界所关注,无论关于无罪判决的相关数据研究角度如何,我国司法实践的现实数据所得出的结论相同:我国人民法院无罪判决案件数量在逐年减少,无罪判决率逐年降低。如由最高人民法院研究室编《宣告无罪:实务指南与案例精析》通过对 2008 年至 2012 年全国法院宣告无罪案件审理情况分析后得出结论,无罪判决率总体较低,宣告无罪案件呈下降趋势,2008 年至 2012 年 5 年间无罪判决人数平均下降 14.70%,其中公诉案件宣告无罪人数年均下降 15.26%,自诉案件年均下降 14.17%。[①] 相对于整体无罪判决极低总体趋势下,行政犯的无罪判决更是捉襟见肘。尽管前文行政犯案件判决数总体上呈现增加的趋势,但是如果对判决无罪的人数与总体案件判决数量予以二次运算,参考案均无罪判决,其结果不言自明。

根据数据显示,2007 年全国法院判决宣告无罪人数为 1 417 人,其中第三章

---

① 胡云腾:《宣告无罪:实务指南与案例精析》,法律出版社 2014 年版,第 10 页。

破坏社会主义市场经济秩序罪中所宣告无罪的人数为 2 人，相对应的总体裁判案件数量前者为 2 579 份，后者为 99 份。① 2016 年全国法院判决宣告无罪人数为 1 076 人，其中第三章破坏社会主义市场经济秩序罪所宣告无罪人数为 74 人，当年裁判文书所显示的生效裁判文书数量为 909 496 份和 48 210 份，根据宣告无罪人数与案件总数的比率所计算得出案均无罪判决比率，可见全年刑事犯罪以及破坏社会主义市场经济罪的案均无罪判决数都是呈现降低之态势，并且总体刑事案均无罪率降低更为明显。

(二) 无罪案由相对集中，超法规出罪适用频繁

前文对行政犯无罪案例在案由维度进行了宏观的展示，实际上，从案由分布来看，行政犯无罪案例中，无罪案由相对集中，并且在此类犯罪中超法规出罪事由适用更为频繁。样本数据中共计 523 份无罪判决，而合同诈骗罪与非法经营罪两类案由共计 264 份，两类案由占总体样本数据超过 50%，表明行政犯出罪实际上并不具有普遍的适用性，在对相关犯罪予以出罪的过程中某些事由的适用可能仅限于或者裁判者倾向性适用于的特定犯罪，这一特征与行政犯的法定出罪事由相对而言较少有密切关系。传统意义上，我国法定的出罪事由为正当防卫和紧急避险，诚然此两类出罪事由在自然犯中适用较为广泛，对于行政犯而言，其更多依赖超法规事由。尽管在裁判文书释法说理中较少对超法规事由予以具体严明，但在司法实践中已较为明显。

以近年来最为典型的案例，王力军非法经营玉米案为例，被告人未按照规定办理粮食收购证，也没有经过相关工商管理部门办理营业执照，但是却在私自从事玉米收购行为，因此一审法院在此基础上认定其非法经营数额为 21 万余元，数额较大，构成非法经营罪。该案经再审法院再审后认为，被告人的无证经营行为虽然从形式上是违反了粮食流通管理有关规定，但从实质上其行为并没达到严重扰乱市场秩序的危害程度，因此不具备与非法经营罪相当的社会危

---

① 前后运算中案件数量皆取自裁判文书网，因此一定程度上能消减数据误差所带来的影响。

害性和刑事处罚的必要性，不构成非法经营罪。实际上该案中法院在对被告人的违反事实认定较为清楚的基础上，如何通过合适、合理、合法的理由对行为出罪至关重要，再审法院援引"社会危害性"与"刑事处罚必要性"对行为定性并据以判定被告人无罪，从法益侵害的角度认定被告人的行为属于法益侵害轻微行为，即缺乏可罚的违法性。但是法益侵害虽然是犯罪成立的前提和基础，但并非具有法益侵害性就必定构成犯罪，刑法在严格遵循宪法价值选择的基础上，也仅仅是将危害性达到极其严重作为刑罚规制的标准。因此法益侵害并不足以直接构成犯罪，还需其他条件，综合考虑才会构成犯罪成立全部条件。① 从刑法保障法的角度来看，被告人的行为通过前置行政法足以规制，就无须动用锋利的刑法之剑，这是刑法谦抑性的本质要求，同时也是宪法禁止超过必要限度原则在刑事政策上的根本彰显。② 尽管从理论上有充足论证行为具有的非罪性，但法院却无法于刑法中找寻到足够充分的理由对此予以论证，这从侧面反映了行政犯出罪事由于规范层面供给的不足。

（三）单位犯罪较为明显，主体出罪相对显著

传统刑法中，犯罪行为的处罚是基于行为人具有社会伦理性，而具有社会伦理判断仅限于具备自由意志的自然人，单位犯罪在传统刑法视角下合理性难以证成。但在行政犯视域下，鉴于行政犯违法性的差异，为单位犯罪以及法人责任创制了解释基础，在实践中，行政犯大量犯罪化蕴含着对单位行为规制的不断深化，为法人犯罪的设定奠定了实定的法律依据。③ 就像有学者提出的"法人可以而且只能构成行政犯罪的主体"④，从侧面反映出行政犯理论对于单位犯罪主体责任以及犯罪化根据的合理性。在样本数据中，涉及单位犯罪的为 103

---

① ［德］乌尔斯·金德霍伊泽尔：《刑法总论教科书（第六版）》，蔡桂生译，北京大学出版社 2015 年版，第 24 页。
② ［德］克劳斯·罗克辛：《刑法总论（第 1 卷）》，王世洲译，法律出版社 2005 年版，第 25 页。
③ 孙万怀：《法定犯拓展与刑法理论取代》，载《政治与法律》2008 年第 12 期。
④ 黄河：《行政刑法比较研究》，中国方正出版社 2001 年版，第 122 页。

件，占据总体案件数 19.7%，多数为检察机关在提起公诉中将涉嫌的单位一并提起，实际上也凸显了单位有罪论在实践中的广为受用，因此有学者认为当前我国《刑法》第 30 条关于单位犯罪的规定形同虚设，司法实践中，司法机关基本不会纠结"法律是否规定为单位犯罪"，实务机关更多采用的是便利性的做法，即对刑法有明文规定的单位犯罪按照刑法规定适用双罚制追究单位责任，而对于刑法尚无明确规定的，根据《单位犯罪立法解释》，采用单罚制追究个人刑事责任。[1] 随着单位有罪论倾向的盛行，行政犯中单位犯罪的入罪与出罪成为刑法教义学关注的热点。

既定的无罪判决中，审判机关对于单位犯罪的认定较为理性，多数以相关单位不具有单位犯罪的主体条件、以主体不适格作为对被告单位的出罪定性，主要有两种类型：一类是认为所诉单位并不具有单位犯罪的主体条件，即主体不适格。如唐山市丰润区某钢管厂、李某某等非法吸收公众存款一案中，法院认定唐山市丰润区某钢管厂为个人独资企业，不具有法人资格，不符合单位犯罪的主体要件，故不构成非法吸收公众存款罪，公诉机关指控不能成立。[2] 此类主体不适格的出罪事由在单位犯罪中更为主要。第二类是虽然主体符合单位犯罪的条件，但是犯罪行为在客观上不符合单位犯罪的要求，即行为不适格。如北京某建筑装饰设计工程有限公司辽宁分公司、李某某合同诈骗罪一案中，法院认为该案中合同签订主体并非起诉机关起诉的某公司辽宁分公司，并且也无法表明被告人实施的合同诈骗行为是某公司辽宁分公司集体研究决定或主要领导指示所为，不满足单位犯罪客观行为的要求，因此认定某公司辽宁分公司无罪。

二、行政犯出罪事由现实困境

根据刑事诉讼法相关规定，进入审判阶段的刑事案件，最终无非两种结果，一种事实清楚、证据确实充分，判有罪；另一种证据不足，指控的犯罪不能成

---

[1] 刘艳红：《实质出罪论》，中国人民大学出版社 2020 年版，第 243 页。
[2] 唐山市丰润区人民法院（2013）丰刑初字第 430 号刑事判决书。

立或者是依法应认定被告人无罪,而无论最终作出何种判决都是法院在对案情等综合事实予以充分认定后作出的结果,各方对此都应泰然处之。然而现实问题在于权威的司法机关作出的有罪判决往往都会引起社会公众的质疑,而对于社会公众而言,到底是应该基于法感情质疑判决还是基于法的权威认同判决成为重要的价值论争,尤其是进入法定犯时代,因行政犯一般并不直接关涉人命而在舆论中尤为引起关注。考究价值论证的根本原因在于行政犯的出罪路径不畅通所致,其具体表现为三个层次困境:在规范论层面,现行行政犯法定出罪事由稀缺,超法规出罪事由的适用带来实践中出罪路径有失协调;在认识论层面,司法潜见的不妥当影响,导致出罪相比入罪门槛更高;在方法论层面,行政犯本身所具有的前置违法性,导致前置行政要素在司法认定中机械性适用,脱离了刑法独立性判断。

(一) 规范论层面:法定出罪事由供给不足

"如果所有执法者和司法者全是天使,那么所有的法律都将是多余的。正因执法者和司法者不是天使,所以必须由法律规则进行规范和约束。"[1] 其意在表明司法人员必须将宪法与法律规范作为安身立命的至上之物,法律规范必须是司法工作的首要遵循。从我国现行法律规范而言,大多侧重于对入罪门槛的设计,而忽视了出罪规范的重视,我国刑法文本中法定的出罪事由一般认为只有"正当防卫"和"紧急避险",而以正当防卫与紧急避险的适用场景而言,二者基本只适用于人身、财产犯罪等自然犯罪的场域下,在行政犯的场域很难具有适用场景,从前文所列数据可见一斑。有学者认为,入罪应注重合法性,而出罪侧重于其合理性。[2] 笔者认为基于当前司法裁判的惯性,与其寄希望于法官在无规范依据下遵循所谓内心公平正义作出裁判,何不在有限条件下适当增加法定的出罪事由,通过立法减轻法官作出无罪裁判的心理压力。曾经广为舆论关注的陆勇代购假药案,虽然在各方力量协力努力下,检察院最终以不起诉决定

---

[1] 江必新:《公正司法与法律文本》,载《人民司法》2009年第17期。
[2] 储槐植:《出罪应注重合理性》,载《检察日报》2013年9月24日第3版。

收尾，但留待刑法思考的过程并未就此收尾，其中最引人关注的即对于陆勇代购假药的行为应当如何处理，在法律的形式逻辑与实质判断之间出现冲突时，司法者应该何去何从？[1] 此案备受关注不仅仅反映了司法实践所陷入的深刻矛盾，更反映了当前我国刑法规范中对于行政犯出罪路径的相关规定极度缺乏之现实，在诸如此类的同类案件中，法官难以在法律文本中寻找合适的出罪条款，只能转而寻求超法规事由以实现个案的正义。

正如有学者所言，经济刑法的适用中，由于法定的出罪事由难觅，出罪只能更多依赖于超规范的事由。[2] 所谓超法规出罪事由，即超法规排除犯罪性事由，是指刑法无明文规定，从法秩序的精神引申出来的正当化事由。[3] 或超法规的正当化行为，即刑法虽未予明文规定，但从法秩序整体精神出发，应当为法律所宽容的正当化行为。[4] 学者从不同角度对超法规事由进行界定，其共识在于超法规事由是刑法并未明确规定，当法未明确之时又如何要求所有裁判者作出同样的规定，又何以渴求裁判者能统合多方的意见作出满意的裁判？陆勇案良善的结局可能仅是舆论合力以及聚光灯效应综合的结果，而其内在所反映的是法定出罪事由在制度上供给的不足。

（二）认识论层面：司法潜见不妥当影响

司法的过程本就是解释并适用法律的过程，而任何法律适用都无法脱离具体的人对于法律的解释和理解，因此在法律解释领域，天然就形成了客观解释和主观解释相对立的局面，而不管理论的交锋多么激烈，实践中任何一种立场都无法完全脱离彼此而独立存在，法律文本是法律解释前提和基础，而法律文本的天然缺陷导致其必然无法脱离人的主观价值判断，法官主观判断又对案件

---

[1] 劳东燕：《价值判断与刑法解释：对陆勇案的刑法困境与出路的思考》，载《清华法律评论》2016 年第 1 期。
[2] 孙国祥：《经济刑法适用中超规范出罪事由研究》，载《南大法学》2020 年第 1 期。
[3] 陈兴良：《正当化事由研究》，载《法商研究》2000 年第 3 期。
[4] 田宏杰：《刑法中正当化行为》，中国检察出版社 2004 年版，第 85 页。

的结果极为重要。因此，对法律解释进行系统考证研究后，法律现实主义学派代表人物弗兰克在其代表作《法与现代精神》中，深入批判所谓的客观规范论，而将主观论推向顶峰，他认为，在实际的审判过程中，决定判决内容的既不是法律规范也不是逻辑更不是概念，而是"跟着感觉走"！换言之，要先根据感觉大胆得出结论，然后到法律和学说中小心求证。[①] 这种大胆假设，有学者将之称之为司法潜见，并认为法官对某个案件事实是否符合实体定罪条件的判断，很可能与案件处理过程中的某种思维过程有关。[②] 因此司法潜见对于司法裁判影响至关重要。

在司法实践中无罪判决以及出罪事由的适用上，司法人员司法潜见对于案件裁判无罪以及出罪事由的适用具有先见的负面影响，具体表现在有罪推定理念已积重难返、政治绩效的深入影响以及现实立法的导向驱动。首先，我国历史上崇尚重刑治国，在司法人员观念中"有罪推定"颇有市场，刑法所扮演的角色一向是打击犯罪，保障人权功能也时常偏安一隅；其次，政治绩效深入影响也是形成有罪潜见的重要原因，一方面基于法官、检察官的绩效考核对于无罪判决率有严格要求，这一明面规定虽因近年最高院政策修改而有所松动，但无罪判决在实际上在法院中依然较为复杂，正如有学者所说，各级法院普遍都倾向于对有罪判决网开一面，而对无罪判决的出炉几乎达到严格控制、层层审批的地步，令法官视宣告无罪为畏途。[③] 除此之外，现实法治导向实际上也在向裁判者传达广入罪而慎出罪的理念，如前文所述关于单位犯罪的相关规定，《刑法》第30条规定，法律规定为单位犯罪的，应当负刑事责任。言内有意表明，法律没有规定的不为犯罪，也不得处罚，但随着《单位犯罪立法解释》颁布，

---

① 季卫东：《法律解释的真谛（上）——探索实用法学的第三道路》，载《中外法学》1998年第6期。
② 白建军：《司法潜见对定罪过程的影响》，载《中国社会科学》2013年版第1期。
③ 陈瑞华：《留有余地的判决——一种值得反思的司法裁判方式》，载《法学论坛》2010年第4期。

单位实施非单位犯罪一律有罪化，刑罚处罚范围一再扩张，刘艳红教授将此现象视为迄今为止刑法领域"规范隐退"的最典型体现，[①] 严重动摇了形式法治现实根基。如此种种，在现实中造成了司法人员固有的有罪潜见，在传统自然犯界域中囿于"人命关天"的理念和舆论的压力，司法人员裁判会更为谨慎，而在行政犯罪中，司法潜见不妥当影响更为明显，因此可见近年来但凡是引起广泛关注与社会不解的案件多数是行政犯罪。

（三）方法论层面：前置行政要素机械性适用

如前文所提到，法定犯（又称行政犯）与自然犯（又称刑事犯）相对应，自然犯无须等待刑法规定，本身对道德伦理的违背致其无论何时、无论何地都是犯罪；行政犯不同，其为刑事法谴责的主要原因在于对前置行政法规的违反，并且刑法本身也并不会对行政法所规定的内容予以具体详述，由此造就了行政犯重要的形式特点，即"法定犯（行政刑法）规范都是空白刑法规范"[②]。所谓空白刑法规范即刑法分则参照其他法律、法规对具体犯罪的构成要件行为的类型化表述。[③] 空白刑法规范决定了司法实践中相关构成要件的认定必须遵循行政法的相关规定。现代法治国家行政职能不断扩张，追求法治国理念下行政法规不断增多也愈加细化，专业度要求也愈加提高，由此逐渐形成了司法机关进行行政违法判断时一味依赖行政机关行政认定，甚至形成了以行政违法认定代替刑法认定的趋势。实践中此类案件屡见不鲜，最引人关注的是天津大妈赵某非法持有枪支案。

赵某是在公安机关巡查中发现并被抓获的，现场共发现涉案的 9 支枪支及相关配件，经过相关部门司法鉴定后，认定其中 6 支涉案枪支为以压缩气体为动力，具备正常发射功能。随后，检方以非法持有枪支罪提起公诉，一审法院以司法鉴定为依据，认定赵某违反了国家对枪支管理制度，非法持有枪支，

[①] 刘艳红：《实质出罪论》，中国人民大学出版社 2020 年版，第 241 页。
[②] 张明楷：《刑法的基础观念》，中国检察出版社 1995 年版，第 321 页。
[③] 陈兴良：《规范刑法学（第四版）》，中国人民大学出版社 2017 年版，第 28 页。

情节严重，非法持有枪支罪成立。鉴于辩护人提出的被告具有坦白情节，认罪态度良好，并且初犯，最终判处被告非法持有枪支罪，判处3年6个月。①

"对于法条中概念的理解、法条整体上的含义以及立法者的政策考量都具有重要的指引功能。"② 因此基于体系性解释，对刑法中的术语概念和行政法相关术语概念进行不同含义的解释是妥当的，比如刑法交通肇事罪中关于"逃逸"的解释，与交通运输管理法中使用"逃逸"的内涵和外延就具有明显的不同。与之类似的，即交通肇事罪中对于事故责任认定的方法和标准也与道路交通法规中事故责任认定方法和标准具有明显不同。③ 而本案法院的认定逻辑恰恰相反，既然行政认定为行政法的枪支，那就满足了非法持有枪支罪的前置的犯罪构成要件，貌似符合形式要件的判决却让人无法感受到法治的根本公信力。陈忠林教授曾提出现代法治是人性之治，而现代法治的灵魂就是"三常"，即常识、常理、常情。④ 而本案的判决中机械性地行政法的认定作为刑法违法性的直接依据，不仅与"常识、常理、常情"相违背，更表明在行政犯认定中前置行政要素机械认定对于罪与非罪的影响，从侧面反映在司法实践中，行政犯出罪之困难。

三、行政犯出罪事由功能实现

（一）拓宽刑事法治出罪事由路径

习近平总书记在党十九大报告中明确提出，"我国社会主要矛盾已经转化为人民日益增长的美好生活需要和不平衡不充分的发展之间的矛盾"，并提出为应对当前经济结构性分化问题，推动供给侧结构性改革。但供给侧结构性矛盾并非仅体现在经济领域，在法治国的宏观视域下，法治供给侧改革也日渐紧迫，

---

① 天津市河北区人民法院（2016）津0105刑初442号刑事判决书。
② 李波：《刑法中注意规范保护目的的理论研究》，载《刑事法评论（第3卷）》，北京大学出版社2013年版，第1—63页。
③ 劳东燕：《交通肇事逃逸中相关问题研究》，载《法学》2013年第6期。
④ 陈忠林：《"常识、常理、常情"：一种法治观与法学教育观》，载《太平洋学报》2007年第6期。

只有良法善治才能实现改革的最终目的。在行政犯出罪事由上，所面临的最突出问题在于制度层面上，法定出罪事由供给乏力，出罪事由制度供给侧不足以满足行政犯数量日益增加以及出罪需求日益增高的现实需要，因此为适应现实的法治需求，必须正视问题，着力于改善供给侧环境、优化供给侧机制，通过源头治理完善行政犯刑事法治出罪事由体系，激活司法出罪的根本活力。

从出罪事由的规范而言，我国现行刑法明文规定了"正当防卫""紧急避险"两种法定出罪事由，然而无论理论研究抑或司法适用，二者几乎都适用于自然犯场景之下，相形之下，行政犯出罪路径在刑法条文中难觅踪迹。因此有学者做出"经济刑法出罪只能依赖超法规事由"的论断，也是对现实情境的深入总结。诚然，超法规事由能够在很大程度上弥补现行法规范缺失的情况下不足以实现"出罪合理"的刑法漏洞，但是超法规出罪事由本身具有的独特功能备受诸多学者偏爱，也有诸多学者对超法规事由的适用表现出担忧，如陈庆安研究员就提出应当逐步增加超排除犯罪性事由的行为类型，使超法规排除犯罪性事由最终成为法律上规定的排除犯罪性事由。[1] 再如孙国祥教授也认为超规范的阻却事由有存在之必要，但因其受判断的个体化差异较为明显，可能会削弱刑法的严肃性、稳定性和规制力，因此需要设定客观标准以限制超规范出罪事由的适用。[2] 笔者深以为然，超法规事由确实能够为实现个案正义起到灵活适用的作用，然而法律不仅是行为规范，更是裁判规范，要求有法可依，以其明确性实现司法适用中的准确性。在王力军案中最终以无罪结尾，然而法院的裁判文书中"危害性不大""不具备处罚必要性"的出罪理由却十分牵强，理论界对于此案出罪理由的研究也是多姿多彩，然而个案的正义是否能实现普遍正义？可能下一个王力军不会这么幸运，因为裁判者对于超法规出罪事由的把握因人而异，可能政策的导向发生了变化抑或舆论对此问题关注并非如此之重视，要解决此问题，前提必须适时通过合法形式对各类超法规出罪事由予以确认，

---

[1] 陈庆安：《超法规排除犯罪性事由研究》，吉林大学，2006年博士学位论文。
[2] 孙国祥：《经济刑法适用中超规范出罪事由研究》，载《南大法学》2020年第1期。

尤其在行政犯中，更是如此，行政犯的争议案件日益频发的现实下，也渐显其紧迫性。

除此之外，随着 2020 年 7 月 26 日最高人民法院印发《关于统一法律适用加强类案检索的指导意见（试行）》，形成相关案件的判例也变成可行性路径。诚然，正当防卫制度作为最早纳入刑法的法定出罪事由尚且在实践中出现适用困难，需要通过判例予以进一步明晰，行政犯出罪事由在面临法规范并未明文规定的现实情况下，通过案例指导的方式能够很大程度上弥补行政犯出罪在规范上的缺陷。实际上在德日大陆刑法理论中，诸多的出罪事由都是源于刑法判例而产生，以确定可罚的违法性理论而闻名的"一厘金案"、确立了期待可能性理论的德国"癖马案"，还有引出可出罪标准的"安乐死案"等，在推动个案正义的同时，也极大丰富了刑法出罪的可能性。在我国现实国情下，尽管最高法每年发布指导性案例，正如有学者所言，目前最高法公布的参考案例极少为出罪事由预留空间。① 而针对行政犯的更是寥寥无几。如最高法第 97 号指导案例王力军非法经营再审改判无罪案，在司法实践具有极重要的影响，对明确非法经营罪界限、防止非法经营罪扩张滥用具有极为重要的意义，但是从整体上来说，关于行政犯领域相关案例指导还是需要在供给侧持续发力。诚如最高人民法院副院长苏泽林所言，案例指导制度是中国特色社会主义司法制度的丰富和完善，是由中国特色社会主义现实国情所决定的，但中国司法制度向来以开放、平等的姿态积极借鉴域外优秀经验，案例指导制度的完善和发展同样需要借鉴成功的做法和经验。② 因此今后的指导案例中，通过公报案例或指导案例丰富行政犯出罪事由，或许更能体现司法在"法定犯时代"积极性和能动性。

（二）贯彻刑法谦抑主义下出罪的实质解释

刑法谦抑性是现代刑法的极为重要的基本理念，谦抑性始于启蒙主义思想

---

① 方鹏：《出罪事由的体系和理论》，中国人民公安大学出版社 2011 年版，第 157 页。
② 苏泽林：《充分发挥中国特色案例指导制度作用积极履行人民法院历史使命》，载《法律适用》2011 年第 7 期。

家对封建刑法恣意、残酷的抗争，经由刑事法学者发展，逐渐形成以罪刑法定、罪刑均衡、人道主义为基础的刑法谦抑思想。近年来"风险刑法"的风靡，刑事立法日益进入活性化时代，特别是经济刑法、环境刑法、食品安全领域，刑法保护法益抽象化、普遍化与早期化倾向日益愈演愈烈，如此种种"向谦抑主义提出了挑战，被视为当前刑法学的新的重要的课题"[①]。立法和司法属于贯彻刑法谦抑性重要的两个过程，刑事立法处罚的冒进是应对风险社会的必然之举，同时在严重侵蚀刑法谦抑性的法理根基，因此更应在司法上深入贯彻谦抑理念。近年来党中央大力倡导"宽严相济"的刑事政策，着力在严惩犯罪的同时，对情节轻微、主观恶性不大的涉嫌犯罪人员予以宽大处罚，采取"该严则严、该宽则宽、宽严适度"原则，实际上与刑法司法谦抑主义不谋而合，特别对行政犯而言，本身人身危险性和社会危险性就低，道德谴责性也往往也不够充分，减少刑罚的直接适用而代之以其他非刑罚手段，可能会取得更好的社会治理效果。司法谦抑主义更要求司法人员严格坚守司法良知，如果说抽象的原则仅是一种口号，那司法良知则是更为深入影响到具体个案的司法正义的实现。所谓司法良知，即司法人员作出司法判断应以老百姓所共同认可的常识、常理、常情为依据，"司法人员只能为维护法律所保护的价值而维护法律的权威，绝不能仅仅为了维护法律的权威而维护法律的权威"。[②] 违背"三常"的司法良知正是近年来各类大跌眼镜的事件层出不穷的根本原因，也正是司法人员仅着眼于法律条文，而看不到法律背后的真善，让老百姓看得到判决，而看不到司法的正义。因此，践行司法谦抑主义，坚守司法良知，不仅是为弥补当前立法活性时代对人权保障功能的忽视，更是着眼于"让人民从每一个判决中感受到公平正义"的重要路径。

众所周知，行政犯与传统犯罪不同，如前所述，前置规范违反性是其独特

---

① 陈兴良：《但书规定的法理考察》，载《法学家》2014年第4期。
② 陈忠林：《"常识、常理、常情"：一种法治观与法学教育观》，载《太平洋学报》2007年第6期。

特征，因此在侵害法益上也有别于传统犯罪，行政犯所侵犯的大多属于集体法益，给行政犯出罪的判断标准上带来一定模糊性，因此在法益日益抽象化突破法益原本核心功能的背景下，寻求合目的性的实质解释在行政犯出罪中至关重要。刑法理论将构成要件要素分为记述性构成要件要素和规范性构成要件要素，前者指只需要进行事实判断即可认定的要素，比如说年龄等；而后者则需要借助于法官通过社会规范和法律规范才能确定其具体含义，比如"淫秽物品""公文"等。① 对于规范的构成要件的理解差异，可能直接导致行为在司法实践中罪与非罪的结果。对于行政犯而言，为了适应现代行政国家和法治国家的相衔接，我国刑法分则在条文设置上设定了大量的空白罪状，可以说行政犯的罪状设定中不仅含有大量的规范的构成要件要素，而且包括大多数需要借助前置的行政法律法规才能做出综合判断的规范构成要件要素。规范构成要素作为刑罚规范中典型的开放结构，决定了司法人员在认定中具有极大的自由裁量权，② 也正是此类自由裁量权的存在为行政犯的合理出罪提供了畅通的渠道。具体而言，对于行政犯空白罪状中描述性的要素，如对前置"违反国家规定""违反规定"等判断，应当严格依据《刑法》第 96 条关于国家规定的规定予以具体判定，杜绝随意将前置国家规定扩大化，如呼伦贝尔市中级人民法院将《原油市场管理办法》认作为"国家规定"据以认定行为人构成非法经营罪。③ 是一个很好的范例，实践中应当给予警醒。对于行政犯罪状中规范性构成要件要素，必须严格秉持限缩的合目的性解释，坚守刑法独立性判断，将原本不具备犯罪本质、不值得刑罚处罚的行为予以非罪化，防止前置违法属性对刑事违法属性认定的过渡化，防范行政犯的口袋化倾向。如前述赵某华非法持有枪支罪中，关于枪支认定是直接决定行为入罪和出罪的关键，行为根据常情、常理、常识的判断并

---

① ［德］金德霍伊泽尔：《德国刑法总论教科书（第 6 版）》，蔡桂生译，北京大学出版社 2015 年版，第 73 页。
② 张建军：《论规范的构成要件要素的明确性》，载《当代法学》2012 年第 5 期。
③ 内蒙古自治区呼伦贝尔市中级人民法院（2015）呼刑终字第 181 号。

无任何具有刑法非难的可能,然而司法者将行政违法的判断直接替代了刑事违法判断,实际上是机械司法的表现,特别在行政犯中,唯有司法者秉持司法良知,据以对构成要素进行合目的性解释,"不是要求单纯逻辑性地适用概念,而是要求一种考虑到利益评价……一种考虑到'法律之精神与意义'的判决"[①],才能真正实现刑事法治的核心要义。

(三)完善"刑事一体化"下行刑衔接机制

刑事一体化作为一种观念,旨在论述建造一种结构合理和机制顺畅(即刑法和刑法运作内外协调)的实践刑法形态。[②] 其强调的是与犯罪相关的诸类事项应该视为一个整体予以看待,在着重刑事各学科独立的基础上,推动各学科之间相互照应、整体性融合。同时任何实体法的适用也唯有建立在程序正当、公正的前提下才有其实践意义。基于刑事一体化的视角,对于法定出罪事由的完善,程序和整体机制的行政执法和刑事司法的衔接具有重要意义,尽管本书所界定行政犯出罪事由仅指实体出罪,但鉴于程序以及整体机制的衔接于行政犯出罪之重要,甚至在前文实证分析中,无罪裁判文书中,程序出罪的比例更是较实体出罪更为突出,可见司法实务中程序出罪在效率、有效性及适用性上具有更重要意义,并且行政犯的认定中前置的违法性认定往往对于刑事违法性认定具有关键作用,而这一点恰恰是传统自然犯所不具有的一大特征。因此,笔者认为"刑事一体化"下行刑衔接机制以及配套的整体机制,对于行政犯出罪的完善重要性不言而喻,在后续部分对于行刑衔接机制有具体论述,此处不做过多展开。

---

① 吴从周:《概念法学、利益与价值法学》,中国法制出版社 2011 年版,第 274—275 页。
② 储槐植:《再说刑事一体化》,载《法学》2004 年第 3 期。

第五章　新时代行刑衔接机制的完善

在我国地方法治的实践中行刑衔接①是必然会遇到的问题。我国行政机关的权力具有双重的属性，行政机关既拥有行政权也拥有执法权，对于妨害社会管理秩序的或者破坏社会主义市场经济秩序的行为，首先由行政机关进行介入，给予行政处罚，如果行为的情节严重构成犯罪的，由行政机关将线索或者案件移交给公安机关，由公安机关进行侦查，侦查终结后，移送人民检察院，人民检察院经过审查后认为需要依法追究刑事责任的，代表国家向人民法院提起公诉。《中共中央关于全面推进依法治国若干重大问题的决定》在党的十八届四中全会发布，明确提出，将"健全行政执法和刑事司法衔接机制"作为全面推进依法治国的重要举措，开创了"行刑衔接"工作的新局面。党的十九届四中全会提出：建设中国特色社会主义法治体系、建设社会主义法治国家是坚持和发展中国特色社会主义的内在要求，必须全面推进依法治国，坚持依法治国、依法执政、依法行政共同推进，坚持依法治国、依法执政、依法行政一体建设，加快形成完备的法律规范体系、高效的法治实施体系、严密的法治监督体系、有力的法治保障体系。② 同时明确提出"加大对严重违法行为处罚力度，严格刑事

---

① 行政执法与刑事司法的衔接，在理论表述中有"两法衔接"，也有"行刑衔接"，虽二者内涵各有侧重，但本文不做概念上的区分，统称"行刑衔接"。
② 《中国共产党第十九届中央委员会第四次全体会议公报》，载中国共产党新闻网，http://cpc.people.com.cn/n1/2019/1031/c64094-31431615.html，访问日期：2021年10月5日。

责任追究",将行刑衔接工作推向新的高度。随着"行刑衔接"工作的深入推进,行刑衔接机制日益成为近年来行政执法部门、司法机关乃至社会各界共同关注的一项工作,中央及各地行政执法机关、公安机关、检察机关等在行刑衔接工作方面做了大量积极的探索。

从具体执行落实层面上,国务院于 2001 年 7 月颁布《行政执法机关移送涉嫌犯罪案件的规定》,开启了行刑衔接的良好局面,随后最高人民检察院于 2001 年 12 月颁布《人民检察院办理行政执法机关移送涉嫌犯罪案件的规定》,加快了行刑衔接工作在检察系统的推进进度;与此同时,根据不同的行政执法领域各部门也纷纷出台相应的规范文件,比如在生态环境保护领域,国家环境保护总局(现环境保护部)、公安部、最高人民检察院于 2007 年 5 月联合发布《关于环境保护行政主管部门移送涉嫌环境犯罪案件的若干规定》(已失效),在食品药品监管领域,最高人民检察院与公安部、最高人民法院、食药监总局联合于 2015 年会签《食品药品行政执法与刑事司法衔接工作办法》;而在地方立法上各地更是纷纷积极探索,如广东省珠海市人大常委会在 2014 年 11 月通过《珠海经济特区行政执法与刑事司法衔接工作条例》,是全国首部"行刑衔接"工作地方性法规。该条例对移送案件所需材料、公安机关审查期限、涉案物品与材料的交接、证据保全与鉴定问题作了规定,强化了检察机关对衔接工作的监督权,完善了信息平台运行和管理制度,明确了相关法律责任。可以说通过中央文件的重视要求、行政法规的宏观架构、政府规章的微观落实,我国关于行刑衔接已经基本建立了相对完善的工作机制。近年来随着行刑衔接机制的重要性凸显,相关规定在不断完善,如 2020 年 8 月 7 日国务院公布修改的《行政执法机关移送涉嫌犯罪案件的规定》,完善了知识产权案件、贪污贿赂案件等移送程序和机制;2021 年 9 月 6 日,最高人民检察院发布了《关于推进行政执法与刑事司法衔接工作的规定》,凸显当前司法实践完善行刑衔接机制的重要性及必要性。但由于行刑衔接涉及面广、参与主体众多、程序设计较为复杂等多方面原因,现有行刑衔接机制在实际运行中存在部门协作相互掣肘、案件移送机制不畅通等诸多问题，最终难以形成打击违法犯罪的合力，更难以对违法犯罪行为进行有效甄别从而体现司法公正的本质精神，使得行刑衔接机制虽已建构其形，却难以见其神。

对此，理论界关于行刑衔接机制给予了充分关注并形成了诸多丰富的理论成果，主要从实体和程序两个层面，对现有行刑衔接相关的法规和制度展开分析，在程序层面上主要集中在行政执法与刑事司法证据标准、移送程序及方式上，如有学者就认为"行刑衔接"程序机制不应是单向的"流水线式"作业模式，而应是包含监督、制约、救济在内的"网状式"作业模式；① 在实体层面主要集中在行政执法与刑事司法的概念界定、违法犯罪行为界限等，如有学者认为，两法在客体、对象、主体以及法律后果方面仍然存在衔接缺位的地方，需要通过调整食品安全犯罪在刑法分则中的位置、适度扩展刑法的处罚范围和调整食品安全犯罪刑罚的规定对实体性衔接进行建构。② 除此之外也有学者从监管角度，认为当前要加强检察机关的实质监督权，并构建检察监督与人大监督的联结机制。③ 可以说理论界对行刑衔接已经较为全面地覆盖了行刑衔接工作各方面，但既有研究主要集中在法律规范和制度层面的应然要求，对具体行政执法和刑事司法实践未能给予充分重视，同时既有研究过于偏重规范层面适应性，而缺乏对整体制度机制运行的深入考察。特别是新时代全面依法治国深度推进的背景下，行刑衔接机制的构建和完善，更具有突出的现实意义。

行刑衔接的本质是在处理行政违法和刑事犯罪时确立明确的区分原则，同时建立起双向的衔接机制，让二法在实践操作中不留中间地带与无法逾越的鸿沟。但在现行的立法与司法实践中，仍然存在一些较为明显的问题，这些问题

---

① 金昌伟：《食品安全案件"行刑衔接"程序机制的审视与重构》，载《法律适用》2017年第9期。
② 舒洪水：《论我国食品安全犯罪行刑衔接制度之构建》，载《华东政法大学学报》2016年第3期。
③ 赵旭光：《"两法衔接"中的有效监督机制——从环境犯罪行政执法与刑事司法切入》，载《政法论坛》2015年第6期。

在一定程度上阻碍了司法的进程。因此，笔者对司法实践中存在的程序与实体问题，在下文作出探讨：

第一节 新时代行刑衔接机制的现实困境

行刑衔接机制的构建和完善，从某种意义上是一场非常深刻的制度变革，本身涉及了诸多主体及新旧机制更替的冲突，因此本书试图引入新的分析框架——机制设计理论，从行刑衔接机制运行的实然情况着手，对行刑衔接的内在机制及相互作用进行探讨。

机制设计理论最早源于国际经济学界关于社会主义经济制度的经济效率等问题激烈辩论，在长期争论无果的情形下使经济学家们意识到传统的经济分析框架无法满足对现实问题的解决，机制设计理论由此诞生。机制理论是指对于任意给定的一个经济与社会目标，在个体理性、信息不完全、自由选择与分散决策的条件下，设计出一套机制，使得经济活动参与者的个人利益和机制设计者目标一致。[①] 该理论由美国明尼苏达大学经济学教授里奥尼德·赫维克兹（Leonid Hurwicz）等提出，经过新泽西普林斯顿高等研究院教授艾瑞克·马斯金（Eric S. Maskin）和芝加哥大学经济学教授罗杰·迈尔森（Roger B. Myerson）逐步完善，三位教授也因共同奠定了机制设计理论的基础而获得2007年诺贝尔经济学奖。[②] 机制设计理论不同于传统经济学将机制作为已知条件进而研究机制所导致的资源配置的研究方法，其将社会目标作为已知条件和目标，通过探求

[①] [美]利奥尼德·赫维茨、斯坦利·瑞特：《经济机制设计》，田国强等译，上海人民出版社2009年版，第4页。

[②] The Sveriges Riksbank Prize in Economic Sciences in Memory of Alfred Nobel 2007. Nobelprize.org.Nobel Media AB 2013.Web.15 Mar 2014，http://www.nobelprize.org/nobel_prizes/economic-sciences/laureates/2007/.转引自李文俊：《机制设计理论的产生与理论现实意义》，载《学术界》2017年第7期。

合理的机制,使人们的自利行为与既定的社会目标一致。在机制设计理论下,机制设计涉及信息效率和激励相容这两个核心要素,赫维克兹在 1960 年发表的《资源配置中的最优化与信息效率》中提出信息效率(Informational efficiency),认为经济人之间需要相互沟通并获取足够可信信息才能实现资源的有效配置。[1]所谓信息效率,是指关于机制、规则和制度实现既定目标所要求信息量多少的问题,即机制运行的成本,要求所设计的机制只需要较少的关于参与者的信息或者较低的信息成本。激励相融(Incentive compatibility)则是赫维克兹 1972 年针对萨缪尔森有效配置机制在公共物品失灵论断做出的理论概念,其主要内涵是,理性的每一个经济人在追求个人利益的最大化时,设计者所期望的目标也恰好能够实现。换言之,经济人所追求的个人目标与所要达到的社会目标在本质上是一致的,原有的机制设计中经济互动参与者的激励问题因为机制相融概念的引入得到了合理解决,从而基本确立了机制设计理论的分析框架。机制设计理论的基本思想和框架对于公共经济学在内的现代经济学产生了深远的影响,同时其广泛应用,对于解决行政管理、制度设计、社会学方面的问题提供了新的思路。行刑衔接机制构建和完善是新时代国家治理现代化的重要方面,国家治理现代化其本质上就契合机制设计理论信息效率与激励相容的精要,因此将机制设计理论运用于行刑衔接机制完善是推进国家治理现代化题中应有之义。从机制设计理论的观点来看,设计一套好的机制有三个关键词,帕累托最优、信息效率、激励相容。[2]围绕帕累托最优、信息效率、激励相容实现机制设计,需要满足三项条件,即资源的有效配置、信息的有效利用、激励的相容,从而在信息成本最小和激励相容的情况下实现帕累托最优。

---

[1] L. Hurwicz, "Optimality and Informational Efficiency in Resource Allocation", in K. Arrow, S. Karlinand P. Suppes, editors, *Mathematical Methods in Social Sciences*, Stanford University Press, 1960.
[2] [美]利奥尼德·赫维茨、斯坦利·瑞特:《经济机制设计》,田国强等译,上海人民出版社 2009 年版,第 4 页。

一、帕累托改进与行刑衔接制度整体设计

传统的行刑衔接机制运行不畅通造成了违法犯罪行为得不到有效打击，危害社会稳定，同时衔接机制运行阻梗往往又伴随着政治腐败的现象，在讨论分析行刑衔接机制与帕累托改进关系时，权力资源配置备受关注，在整体衔接机制中，行政资源以及司法资源集中在哪个环节将严重影响到衔接机制的运转和推进。因此，进行行刑衔接机制架构时，就要力图实现权力资源配置帕累托改进的路径，也即"在某种经济境况下，如果可以通过适当的制度安排或交换，在没有任何人情况变坏的前提下，使得至少一个人变得更好；亦即在使至少一人变好的情况下，不会导致其他人的情况变坏"。[①] 因此，行刑衔接机制设计路径选择可以将帕累托改进作为指导的标准。在实际的情况下，行刑衔接机制某些设计难以形成机制运行的最优效益，其表现主要在三个方面：一是衔接工作单向性，即行政执法机关将行政执法活动中发现的涉嫌刑事犯罪案件移送刑事司法机关的单向移送方式，而对于刑事司法机关向行政执法机关移送需要进行行政处罚的案件没有涉及，反向的信息沟通、案件移送缺乏重视。二是案件移送标准不明晰。行政法规范常用"情节严重""影响恶劣"等词汇区分一般违法行为与刑事犯罪，有时定量不准，导致罪与非罪界限模糊。例如刑法关于逃税罪规定中的逃税数额、应纳税额及其比例、"二次行政处罚"是否有时间限制等问题，有关部门常常产生认识上的分歧，影响对犯罪行为的及时查处。三是证据标准不一致。行政执法机关由于取证手段受限、证据意识不强等问题，往往更注重收集行政处罚所需证据，对于其他该收集的证据未能及时收集，等司法机关介入时已经时过境迁，由此也导致一些涉嫌犯罪的案件在移送时，因为证据收集、固定达不到刑事证据的要求，案件移送司法机关后难以处理，影响了行政机关移送犯罪案件的积极性，最终导致在行刑衔接中行政执法机关缺乏移送的主动性，而司法机关也面临案件线索侦查难的困境。究其原因，除了制度设

---

① 袁柏顺：《论机制设计理论与腐败风险防控的关系》，载《福建行政学院学报》2010年第6期。

计不科学缺乏实用性、制度设计滞后等因素外，重要的原因是制度设计对帕累托改进的规律违反，使得制度在现实的运作中遭受阻挠、架空。

虽行政证据获得了向刑事证据转化的可能性基础，但是，《刑事诉讼法》第 54 条第 2 款的规定并不能从根本上解决行政证据向刑事证据转化时所面临的问题。

在行政证据向刑事证据转化时存在诸多障碍，其中最为突出的问题是由于对相关证据的收集主体和程序在二法与证据法上的规定存在差异，表现为刑事法对证据的来源、合法性等问题的要求更为严格，标准更高，造成行政执法过程中获得的证据材料其证明的效力与刑事司法活动中所获得证据材料的证明力相比处于劣势地位。在行政执法过程中，其证据材料的搜集往往有赖于调查、询问、鉴定、检测等方式，但是如果将基于此搜集到的证据材料转化为刑事证据材料时，由于行政机关缺乏相关证据材料的主体资格和程序不严格的因素，在刑事司法中常常不予采信。这一问题集中表现在对于行政执法过程中获得的一些言词类证据，缺乏证据转化的正当性基础。

缺乏正当性基础的言词类证据又集中在一些案件的调查笔录、行政相对人的陈述、询问笔录中。这些证据材料具有一手性、时效性、主观性的特征，行政执法过程相较于刑事司法而言较为松散，由其获得的证据材料向刑事转化时无法达到对应的标准，因此，对该类证据的使用常常需要重新调查取证。但正是由于该类证据的一手性、时效性、主观性等特征，刑事司法机关重新调查未必会达到良好的效果。实践中常常出现以下问题：首先，司法是讲求诉讼效率的。行政执法机关的先期调查已经耗时一个流程，再由司法机关介入重复一遍，势必造成司法资源的浪费，与节约诉讼资源注重诉讼效率的原则是相违背的。其次，从实质上来说，司法机关与行政执法机关相比是不具备相关的专业性的，而在行刑衔接的案件中更多的涉及对行为性质的界定问题，该界定又必然有赖于相关的专业知识，例如，污水排放是否超标等。这些行为的界定由于需要较强的专业知识和技术手段，单靠刑事司法机关一己之力是无法很好的完成的，此时又需要行政执法机关的介入，这样的循环式取证并未带来根本性的差异。最后，由于证据材料的搜集往往是具有时效性的，若在行政执法机关已经在第一时间介入并取证完毕以后，由于程序上严格性的缺乏，需要刑事司法机关再次介入，那么是否会存在无法取证、相关人员对证据的毁损、篡改和灭失呢？我国现行立法《刑事诉讼法》对这一问题持回避的态度。在《刑事诉讼法》第54条中有如下规定："行政机关在行政执法和查办案件过程中收集的物证、书证、视听资料、电子数据等证据材料，在刑事诉讼中可以作为证据使用。"该规定其实是肯定了在行政执法过程中具备客观性基础的实物证据可以转化为刑事证据使用，却回避了具有一手性、时效性、主观性特征的言词类证据转化使用的问题。

言词证据缺乏作为刑事证据的正当性基础仅仅是立法层面表象的问题，由于言词类证据在证据构成中占比重大，即使立法回避了行政执法过程中言词证据的直接适用，也不能忽视言辞证据在证明行为人主观方面的作用。因此，应当积极探索相应的证据转化方式。

我国现行《刑事诉讼法》中并未对该类证据转化的主体作出规定，仅是简明扼要地规定了哪类证据可以使用，哪类证据不可以使用。那么在现实的司法实践中，两机关证据的转化制度是一片空白的领域。首先是转化主体的问题。对于行政主体向行政相对人所作的询问笔录、证人证言、相对人的陈述等证据形式，如果将行政机关列为证据转化的主体，那么缺乏《刑事诉讼法》的合法支撑，但如果将刑事司法机关列为证据转化的主体，在客观特殊情况发生时，例如相对人死亡或者丧失行为能力时，则无法将该类证据有效转化为刑事司法中可适用的证据。再者，体现在证据转化的形式上。我国现行法律中并未规定对行政机关搜集到的需要转化适用的证据需要进行何种形式的审查，如若仅仅对该证据进行形式审查，则无法判断该证据在搜集的过程中是否存在不法情形，容易将证据审查流于表面，进而赋予一些失实的证据、非法的证据以合法的效力。但如果要求刑事司法机关对该类证据进行实质性的审查，一是与保障诉讼效率的原则相背离，二是重复性的证据审查模式可能无法在实质上得出差异性的结果。最后，行政证据向刑事证据转化所面临的问题可能是证据标准的问题。在刑事诉讼法中对一个证据是否可以作为定案依据的标准规定为"事实清楚、证据确实充分"，这表明了刑事诉讼法对证明待证事实的材料的态度是较为严苛的，但我国的相关立法并未对行政执法证据转化为刑事证据的使用时需要达到的标准作出明确的表态，这需要立法和司法进一步明确。

二、信息效率与行刑衔接信息沟通痼疾

信息不管对于谁来说都是一种重要的社会资源。行刑衔接机制不畅重要原因在于，行政执法机关与司法机关之间的信息不对称。从行为的违法性程度入手，某一行为需要公权力予以规制时，更多地会先通过行政执法机关予以行政规制，仅当其违法程度需要通过刑法评价时，才会动用刑事司法力量对其进行惩处，因此在现实生活中由前置的行政机关所能获取到的信息相对于司法机关而言会更多，在行刑衔接机制中，信息对于发挥行刑衔接机制具有独特作用。在机制设计的理论框架之下，信息效率层面强调，要最大程度减少机制在运行过程中所需要的重要的信息成本，在机制的运行中提高信息利用程度和效率，因此，在机制的设计中要将减少机制运作所消耗的信息成本这一理念贯穿始终。

从信息效率维度出发，其首先要求信息必须是可得到的，但行刑衔接中信息的获取恰恰正是阻碍机制运行的首要因素。比如实践中，由于执法认识、入罪标准等存在分歧等原因，行政执法机关不及时向公安机关移送涉嫌犯罪案件，甚至只做行政处罚，导致有案不移、以罚代刑；抑或是某些特殊的刑事犯罪，如逃税罪等，刑法规定了行政处罚前置的条件，在行政执法案件跨地区情况下，难以掌握涉案对象受过行政处罚的情况，造成犯罪行为无法得到处理。案件线索发现困境根源在于不同部门之间信息共享沟通存在极大问题。在信息沟通顺畅的基础上，保证信息沟通效率是其应有之义，现代信息技术高度发达，信息的科技化，中央和地方也纷纷探索构建"行刑衔接"信息平台，但从平台运作

的现实来看，同样存在诸多弊病，以上海市"行刑衔接"平台运行为例，存在四个方面问题：一是接入单位不明确。当前"行刑衔接"信息工作平台设置端口的单位22家，海关、金融监管部门等行政执法机关尚未纳入平台，并且平台未能及时根据行政执法机关机构改革后调整作出相应调整。二是信息录入不全面。"行刑衔接"有关制度仅规定将移送涉嫌犯罪案件录入平台，对行政处罚终结案件的录入没有要求，既不利于行政执法机关和司法机关共享信息，也使部分可能涉嫌犯罪而被行政处罚的案件脱离监督视野。三是信息互通共享进展不大。由于行政执法机关的办案系统与信息共享平台没有对接，案件信息采用人工录入方式，一方面影响了工作积极性，另一方面选择性录入，信息录入不及时、不全面、不准确的问题比较突出，严重制约了"行刑衔接"工作开展。四是平台功能尚不完善，"行刑衔接"目前主要是案件移送、侦查、检察、判决情况的程序性流转，尚不具备案件线索分析、筛选等功能，无法满足行政执法信息实现全面互通共享后对海量执法信息数据进行分析梳理，筛选重点监督线索的发展要求。可以说虽然推进信息化本意是提高行刑衔接的效率、避免不必要的重复劳动，但因为根本上的机制设计缺陷导致非但不能助力信息共享和传递，反而极大增加了行政执法部门和司法部门的工作负担。

具体考究行刑衔接案件的立案标准可窥一二。由于行政违法与刑事犯罪是两类性质完全不同的行为，但是其差异又可以通过"量"的递进达到统一。之所以存在行刑衔接的案件，就在于一个行为的违法性达到了一定程度，可以转化为刑事法所惩治的犯罪对象。因此，要准确衔接行刑案件，应当着重关注由"量"的不同建立起来的分界线。一类较为典型的行刑衔接案件即非法种植毒品原植物的行为。该行为是在区分不同量的基础上来判别何种情形构成行政违法，何种行为构成刑事犯罪。其中，行政违法行为由《治安管理处罚法》进行规制，刑事犯罪行为由《中华人民共和国刑法》来规制，在这当中就出现了以非法种植500株罂粟为量的分界线的情形。《中华人民共和国刑法》第351条便对此进行了详细的规定。也为此类案件的过渡与衔接提供了操作基础和行为准则。

但综观整个刑事法典和相应行为对应的行政规定，会发现在某些情形下依旧会存在立案标准重合这样的矛盾现象。较为典型的是嫖娼行为与容留卖淫罪之间存在立案标准的重合。曾有相关案例表明，同是酒店老板在自家酒店为他人提供卖淫嫖娼，且情节基本一致的情形下，会发生不同的法律后果，公安机关介入后可能会将其认定为容留卖淫罪而移送检察机关审查起诉，也有可能将其作为违反《治安管理处罚法》第67条的规定对其处以10日的行政拘留。究其原因，就在于对于容留卖淫这一行为来说，《治安管理处罚法》和《刑法》对该行为的性质认定和立案标准是存在重合的，两者仅仅在处罚结果上存在差异。这样趋同性的规定，极易造成行政处罚与刑事惩治之间的矛盾和冲突。这样的例子还存在于破坏计算机信息系统罪、干扰无线电通信行为等方面。大多都是由于两法对这些行为的特征描述具有一致性，无法做到有效区分。并且由于行刑衔接案件中行政权力的介入总是优先于刑事司法权力的介入，再加上行政权本质上不仅具有管理权，还具备判断权，导致实践中很多案件仅停留在行政处罚的层面，内部消化，而造成一些本应该被刑事法律惩处的犯罪行为逃离法网，这在本质上是不利于社会进步和稳定的。

与此同时，我国现行法律法规缺乏部分行刑衔接案件的立案标准的指向性。虽然大部分的行为类型都相继有法律、法规和司法解释对其"性质"和"量"做出了明确的规定，但是正如上文所述，不可否认的是我国现行法律制度中还存在大量以"情节严重""情节恶劣""数额较大""造成严重后果"这样的具有模糊性的词语作为该行为到底符合行政处罚还是刑事惩治的标准，这样缺乏指向性的描述，给执行机关造成了极大的困扰，甚至在某种程度上还存在违反罪刑法定原则、采用类推适用的嫌疑。

笔者就非法种植毒品原植物这一行为，检索到以下两个案例：一是在2001年10月，湖北省宜昌市伍家岗区人民法院作出一审判决，被告人岳某（农夫）非法种植了1 830株冰岛罂粟花，因犯有非法种植毒品原植物罪，被判处有期徒刑6年，并处罚金2 000元，岳某在被司法判决有罪后没有提出上诉、随后服刑。与此相关，不同法院针对相类似的案情作出了不同的判决，在 2002 年 5 月，江西省高级人民法院作出终审判决，认定冰岛罂粟花不被划归到毒品的范围，而是将其认定为观赏性的园林植物，可以作为花卉进行种植。依据我国《刑法》第 351 条规定：非法种植罂粟、大麻等毒品原植物，一律强制铲除，如种植罂粟 500 株以上、不满 3 000 株或者其他毒品原植物数量较大的处 5 年以下徒刑；非法种植罂粟 3 000 株以上或者其他毒品原植物数量巨大的，处 5 年以上有期徒刑，并处罚金或者没收财产。在这两个类似的案件中，争议焦点在于冰岛罂粟是不是刑法所禁止种植的毒品原植物。如果种植的不是毒品原植物，行为人当然不能构成犯罪。两个案例分别对非法种植冰岛罂粟花的行为作出了罪与非罪的判决。对于冰岛罂粟花是不是毒品，华南师范大学植物学教授李韶山先生认为，罂粟科花约有 100 种，在这些种类中，并不是所有罂粟都能提取出毒品。冰岛罂粟与鸦片罂粟虽为同科，但本质上是不同的，冰岛罂粟无法提取出毒品，是园林观赏植物。出现这样截然不同的判决的原因就在于这些案件缺乏明确的裁判指向，立案标准空白。容易造成未进行实质性审查的情况下草率地仅从形式上就做出认定为犯罪的决定。要解决此类存在立案标准空白的问题，司法机关不得不采取相应的措施，例如设定裁判类案的对比。但类案对比最大的一个问题就在于，对该行为寻求最相类似的解法本质上与类推解释无异。这与罪刑法定原则的一贯主张相背离。

三、激励相容与行刑衔接的主体责任

机制设计理论的另一核心问题是激励相容，即在给定的机制下，如实报告自己的私人信息是参与者占优策略均衡，[1] 意味着每个参与者按照自利原则追求个人目标，机制实施的客观效果也能达到制度设计者所要求实现的目标，即此机制是激励相容的。当前行刑衔接机制运作中激励策略选定的首要问题在于行

---

[1] Leonid Hurwicz, "On informationally decentralized systems", in Radner and McGuire, *Decision and Organization*, North-Holland, Amsterdam, 1972.

刑衔接参与部门职责尚未完全厘清，导致部门参与行刑衔接中出现了消极懈怠，难以充分对此项工作给予高度积极性，主要体现在：其一主管部门未明确导致执行落实困难，从全国来看，各省市"行刑衔接"工作牵头部门五花八门，商委、政法委、检察院、政府法制部门、政府等都有作为牵头的。以上海行刑衔接牵头部门而言，先后由各级整规办、商务委、市委政法委等部门牵头，上级主管部门的反复更改使得这项跨系统、跨部门、涉及面广泛的工作长久无法得到有效落实，严重制约和影响了行刑衔接工作推进。其二行刑衔接机制运行参与主体缺位。法院处于刑事诉讼终端，其"行刑衔接"的主体地位、工作责任有待明确和落实。从"行刑衔接"中央信息平台的录入要求看，录入信息包括了审判情况，而相关录入信息的主体设置为检察机关，信息录入传递容易出现不及时、不全面的问题。不仅如此，为推进行刑衔接有效落实，中央多次明确，对于发现犯罪线索的相关行政执法人员有违法违规行为，情节严重的，严格按照刑法予以追究，这就要求进一步明确监察委在行刑衔接机制中的作用。除此之外，检察机关功能定位也有待明确。检察机关对于推进"行刑衔接"工作积极性很高，并在实践中发挥了重要作用，但是作为法律监督机关，无法替代党委、政府承担推动这项工作的主体地位和作用。行刑衔接主体责任落实的不明确导致在机制运行中缺乏推进工作的积极性，单纯依靠相关的法律文件对各主体职责进行原则性规定，缺乏进一步法律规制予以保障，导致主体参与的外部激励严重不足。

以刑事司法机关受理案件阶段为例，根据《行政执法机关移送涉嫌犯罪案件的规定》第8条："公安机关应当自接受行政执法机关移送的涉嫌犯罪案件之日起3日内，依照刑法、刑事诉讼法以及最高人民法院、最高人民检察院关于立案标准和公安部关于公安机关办理刑事案件程序的规定，对所移送的案件进行审查，认为有犯罪事实，需要追究刑事责任，依法决定立案的，应当书面通知移送案件的行政执法机关；认为没有犯罪事实，或者犯罪事实显著轻微，不需要追究刑事责任，依法不予立案的，应当说明理由，并书面通知移送案件的行政执法机关，相应退回案件材料。"上述是行政机关在对行政执法活动中发现的可能涉嫌犯罪行为向司法机关即公安机关移送时，公安机关应当及时向行政机关作出反馈并采取行动。在该法条规定的背景下，在实操中同样存在一些显著的问题。

如前文所述，行政执法机关发现违法犯罪行为向刑事司法机关移送该案件的模式主要集中于直接向同级公安机关移送。而对于该被移送的案件，是否能够立案受理，则取决于相应的法制部门。对于受移送案件是否符合立案受理的条件，法制部门通常会将以下因素纳入考量的范围：

首先，是在证据的移送问题上，后文将对证据移送存在的问题展开详细的论述，故此处为大体概括。在行刑衔接案件中，案件的移送能否被司法机关受理，则很大程度上取决于所移送的证据材料是否符合刑事追诉标准。较为典型的例子体现在逃税罪中，逃税罪是典型的在逃税数额和行为性质（是否遵循行政处罚、行政处罚的次数等）两方面决定其属于行政违法还是刑事犯罪的一种情形。通常情况下，公安机关会根据行政机关所移送的案件材料判断其犯罪构成要件是否符合、证据三性是否达到、追缴措施的执行情况是否良好，作为是否需要立案追诉的标准。

其次是站在实际情况下进行考量，中国的行政执法资源和刑事司法资源长期处于稀缺状态。这样的情形其实在行政执法中更为显著。现阶段，行政违法案件的数量与刑事司法案件数量相比存在大幅上涨的情形，这就要求具备充足的办案资源。但实际情况并非如此，巨大的行政处罚数量带来的必然是相应比例的行刑衔接案件数量的飙升，在无法扩充司法办案资源，比如刑事司法人员数量有限的情况下，客观上为行刑衔接案件的移送受理制造了巨大的阻碍。

再者，现行司法制度有着明显的怪圈。我国司法过于注重和要求司法人员提高司法办案效率，这在本质上有助于司法进步。但是，要求办案效率往往会走向另一个逻辑谬误，上级往往给下级下达相应的办案指标，并将办案指标纳入司法人员的业务考核范围，这样的制度背景必然催生了不必要的甚至是阻碍法制发展的行为。实践中，办案人员为了规避所谓的结案率、破案率、移送起诉率，造成司法机关不愿意受理被移送的行刑衔接案件的不良后果。但是值得提出的是，我国部分省份已经明确禁止将结案率、破案率、移送起诉率作为司法工作人员的考核标准，这一举措是司法的进步，值得面向全国推广。

最后，司法机关是否会对行政执法机关移送的可能涉嫌犯罪的案件立案受理还取决于其他的因素，例如，如果对该案作出立案受理的决定、其社会影响力的大小如何，涉案人员性质如何，涉案金额多寡，能否在处理该案后带来实质性的比如立功的可能，等等。

第二节 行刑衔接机制的实体原则坚守

当一些社会热点刑事案件的判罚结果，远远超出一般人对法律的朴素认知，甚至伤及一些人朴素的法感情的时候，人们便会产生疑惑甚至焦虑：这样的判决结果合理吗？为什么会出现这样的判罚结果？是刑法规定自身出现的问题，还是执法者对于法律的认识出现了偏差？这个时候，人们对刑法的关注尤为强烈。更有甚者，在非理性情绪的引导下，试图冲破罪刑法定原则、突破刑法的构成要件、超越刑事立法的规定、建议修改刑法加重或者减轻犯罪的刑事处罚力度等现象，就层出不穷。

近些年来，我国司法实践中许多的刑事案件得到了社会的广泛关注，许多的案件都与行政犯认定有关，"陆勇代购药品案""内蒙古收购玉米案""天津大妈气枪案"等一系列的案件，司法机关的裁判结果都超出了社会公众对法律的朴素认知，对社会公众的基本的法感情造成了严重的伤害。深究产生这种现象的根源，是因为执法者在处理行刑衔接的司法案件时，未能坚持罪刑法定原则，忽视了法秩序具有一致性，没能将罪刑法定原则与法律运用所产生的社会实效结合起来，没有在每一个司法案件的判罚中做好释法说理的作用。因此，在处理行刑衔接的案件时，需要把握对以下实体原则的坚守：

一、坚守罪刑法定原则

罪刑法定原则是我国刑法的基本原则之一，也是现代刑事法治国家的基石。其思想基础是民主主义与尊重人权主义，核心在于国民对刑法规定的行为具有预测可能性。

为了坚守对公民人权与自由的捍卫，权力必须装进制度的笼子，罪刑法定原则就是约束国家刑罚权的制度笼子。罪刑法定原则的思想渊源是民主主义与尊重人权主义，作为现代刑法的灵魂与铁则，其本质就是通过对国家公权力进行限制，特别是对国家以制刑权与施刑权为内容的刑罚权的限制来保障公民的人权与自由。对于罪刑法定原则的基本内涵，费尔巴哈曾进行过经典的描述："法无明文规定不为罪，法无明文规定不处罚。"由于罪刑法定原则的本质是对国家刑罚权的限制，故"法律没有明文规定为犯罪行为的，不得定罪处罚"才是罪刑法定原则的内容；"法律明文规定为犯罪行为的，依照法律定罪处罚"是对国家刑罚权的确定，不能将其理解为罪刑法定原则的内容。罪刑法定原则的内容可以概括为四个方面，分别是：成文的罪刑法定、事前的罪刑法定、严格的罪刑法定和确定的罪刑法定四个方面。其中，确定的罪刑法定就是要求，对犯罪与刑罚必须由法律事先采用明确的规定，以使得国民了解，进而准确预测自己的行为是否构成犯罪。[①]

我国自 1997 年修订刑法之后，所有行政法律中规定罪名和法定刑的条款都统一到刑法典之中。所有的行政犯罪都是由刑法规定的，我国立法机关也从未授权行政部门制定行政犯罪方面的法规。就行政犯本身而言，行政违法性可以说是行政犯的原始属性，那么自然而然就需要通过行政管理法进行相应的补充适应，行政犯与行政管理法有着密切的联系。但是，为了不让行政犯的司法适

---

① ［日］野村稔：《刑法总论》，全理其、何力译，法律出版社 2001 年版，第 44、47 页。

用突破刑法的边界,行政犯的认定中坚持罪刑法定原则,就成为十分重要的问题。

二、坚守法秩序一致性原则

在行刑交叉的案件中,要坚持罪刑法定原则,就必须坚持法秩序的统一性原理。在一个国家的法律体系中,根据调整对象的不同,法律体系被分成不同的部门法。法秩序的一致性原理就是,这些不同的部门法之间应该尽可能地避免矛盾和冲突,在适用上有先后顺序之分,维系法秩序的统一性。

在我们国家的法律体系中,宪法是国家的根本大法,拥有至高无上的地位,所有的法律都不能与宪法相冲突。刑法作为所有部门法的保障法,是社会治理的最后一道防线,因此刑法的顺位应该在宪法之下,同时在其他部门法之上。在宪法和刑法的顺位之后,就是其他各个部门法之间的并列。由此,形成了一种类似金字塔的阶层构造规范:宪法至上,刑法次之,其他部门法再次之。

基于法秩序的统一性原理,"在刑法学中,存在违法性的概念是在所有的法领域或者犯罪中统一进行理解,还是要根据各个法领域或者犯罪,个别地加以理解的问题"。[1] 也就是说,对于既具有行政违法性也具有刑事违法性的行政犯认定,是遵循从行政违法再到刑事犯罪的认定路径,还是抛开行政违法性的认定、单纯从刑事法中作出独立判断?这是一个需要首先明确的问题。

例如,《刑法》第189条规定,要构成对违法票据承兑、付款、保证罪,首先是银行或者其他金融机构的工作人员在票据业务中,对违反票据法规定的票据予以承兑、付款或者保证,此外还必须造成"重大损失的",才构成犯罪。由此可以看出,行政犯的认定需要先根据前置法的内容,进行构成要件该当性的判断,再判断刑事违法性的问题。

以内涵、特质、理论基础、法律依据等学理层面对行刑衔接的相关机制进

---

[1] [日]曾根威彦:《刑法学基础》,黎宏译,法律出版社2005年版,第213页。

行解构，可以进一步把握行刑衔接中机制基础规范的宏观内涵与意蕴。但是需要注意的是，行刑衔接机制作为一个具有极强现实意义的体制机制，具有可操作性强的特征，更加需要以理论观照现实，以现实检验理论。因此，加强关于现实原则的理论分析，对推动行刑衔接机制的良性发展具有重要意义。自近代以来人权保障观念勃兴，成为现代法治的重要原则之一，在加强人权保障促进司法公平正义的现实背景下，实现行刑衔接机制的良好运行，坚守人权保障与公平正义当然应作为贯穿始终的一条鲜明的主线。实然中，在责任并和原则的指引下，可以最大限度地避免对行为处罚不一致不协调的现实困境，在程序原则上，突出效率优先的理念，以促进行刑衔接机制的高效、高质、高速发展，在现实的机制运作中真正实现"无缝隙衔接"。

三、人权保障原则

2004年人权保障原则"入宪"，成为宪法性原则，《宪法》作为母法明文确立了人权保障原则，子法必然遵循母法所确立的原则。《刑事诉讼法》作为子法，在严禁司法工作人员刑讯逼供、非法证据排除、司法程序的规范化运行等方面作出了详细可操作的规定，遵循了人权保障原则这一宪法性原则。在行刑衔接领域，同样需要遵循人权保障原则，并以此为指导进行打击犯罪、实现法治的正当的司法程序，这有助于实现"深化行政执法体制改革，确保依法独立公正行使审判权检察权，健全司法权力运行机制，完善人权司法保障制度"。

行刑衔接是一种既与传统刑法具有刑事违法性的共性也存在个性的机制，其个性主要体现在行为的双重违法性，在行政犯的领域中行为不仅是触犯了传统刑法中行为所具有刑事违法性，在行政法上也具有行政违法性，从而发生刑事责任与行政责任的双重竞合。从处罚的手段上来看，行政法领域的行政罚款、拘留与刑法中刑罚手段的有期徒刑、无期徒刑、罚金、拘役等，虽然在根本的性质上来讲具有很大的不同，但是对公民的权利限制目的这一点上确实具有共同之处，不论是行政处罚还是刑罚都是对公民的人身权利、自由以及个人财产权的限制与剥夺。基于对人身权利与自由以及个人财产干预的强烈性，在行刑衔接的过程中，应当尽最大可能、最大程度、最大力度坚守人权保障原则，尽量避免对国民的合法正当的权利造成二次损害。根据《行政处罚法》第28条规定，对违法者给予的罚款或者拘留应当折抵后期的刑事处罚的罚金、拘役或有期徒刑，这是人权保障原则在行刑衔接中的直接体现。《行政处罚法》第7条第2款规定："违法行为构成犯罪的，应当依法追究刑事责任，不得以行政处罚代替刑事处罚。"也就是说，如果是出于某种特别的因素或者考量，行政机关对于构成犯罪依法应当追究刑事责任的违法犯罪行为，没有移送司法机关，而是通过实施行政处罚来代替刑事处罚，这明显是对罪刑相适应原则的背叛，不利于对于犯罪行为的打击。更为重要的是，难以对因行为人行为而受到损害的被害人的正当权益进行保护，这是对人权保障原则的违背。另外，行政违法的调查取证与刑事犯罪的调查取证、对于证据的证明力要求、程序性事项等都有很大的不同，行政执法人员对于刑事证据的相关标准、规定可能并未达到熟悉的程度，在此情形下直接由行政机关的工作人员对案件的证据进行采集、收取、分析、笔录制作，明显是不利于对证据的提取与保全，证据有可能因为违反法定的程序而失去证明力，也有可能因为提取证据对于犯罪嫌疑人的人身自由进行不正当的限制，这些情况将对于行刑衔接机制的良好运行产生负面影响，也不利于在行刑衔接的案件中对涉案人员的合法权益进行保障。所以，在行刑衔接运行的全过程全流程中，人权保障的思想与原则必须一以贯之，从而推动行政法与刑法的顺畅衔接与良性互动。

四、双重责任承担原则

在行刑衔接中，涉及的案件的一大特点就是行政责任与刑事责任的双重竞合，不可回避的问题是，应该怎么进行责任的选择来进行问责。学理上，对于此问题进行了深刻的探讨，有观点认为，在责任的选择上，刑事责任完全可以对行政责任进行取代，两者之间不能同时进行适用。客观事实上，刑事责任与行政责任在权力性质上、制裁的方式上有很大的不同，在行为本身所体现的社会危害性、行为带来的法效果、对涉案行为进行处理所遵循的程序、行为所属的类别上均体现出很大的不同。在行刑衔接机制中，行政法领域下行政责任存在行政处罚以及行政处分，在实然中，与社会大众的普遍观念比较相符，行政处罚是比较常见的，但是往往忽视了行政处分的存在与应有的价值与作用。行政处罚是为了惩治在社会生活中出现的一般违法行为，行政处罚的手段具有多样性，主要是因为社会生活千变万化，历史的车轮在不断向前发展，行政处罚的手段也必须多元才能有效应对，从而稳定社会秩序。行政处罚的手段主要有罚款、暂扣或吊销许可证或执照、没收非法所得、行政拘留等，行政处分的主要对象是国家公务员，对其的行政处分也应当纳入行政责任的范畴之中，行政处分主要包括，警告、记过、记大过、降级、撤职、开除等。刑事处罚的分类以刑法的明文规定为限，依据我国刑法总则的相关规定分为主刑与附加刑，主要包括管制、拘役、有期徒刑、无期徒刑、死刑、罚金、剥夺政治权利和没收财产等。通过以上的表述可以看出，行政处罚与刑事处罚在责任的承担方式、处罚的对象等方面有很大的差异性，能够进行折抵的主要是性质相同的部分，其他的部分则是没有办法进行相互折抵取代的。

在行刑衔接中责任（行政责任与刑事责任）的双重承担，是由所涉案件本身的特点所决定的，也符合责任竞合情形下责任承担的基本要求。从比较的视野中来看，行政处罚相对于刑事处罚适用程序更加简化，符合对违法犯罪活动进行快速准确处置的需求，有利于防止行为的社会危害性进一步扩大化。同时，在特定的领域中，比如食品、药品等领域，直接涉及公民人身生命健康安全的案件，仅是通过刑法的威慑处罚不足以消除危害或者威胁，难以对公民的安全形成周全的保护，比如对于生产假药的厂家，不仅要对相关直接责任人员的刑事责任进行追究，同时在行政法层面，应当根据相关规定吊销营业执照，杜绝这一类违法犯罪活动的后患。而对于国家公务人员的职务犯罪案件，对行为人进行相应的刑事处罚的同时，还应当根据公务员法及其相关规定作出职务、政务等行政处分，如撤职、开除等。行政责任与刑事责任的双重责任承担，对于行政权与司法权的相互制约具有重要的意义，有利于对违法者作出与行为相适应的制裁，对违法犯罪活动进行有力打击。

五、效率优先原则

在行刑衔接的实际运行过程中，最基础的问题总是争论最激烈的问题之一，在行刑衔接的案件中到底是行政具有优先地位（行政优先论）还是应当坚持刑事具有优先地位（刑事优先论），存在着巨大的分歧。虽然相关法律规范并没有明确，但刑事优先属于传统法律文化观念，并且基于刑事违法性比行政违法性更严重、刑事责任更严厉、刑事案件对证据的要求更高的认识[1]，刑事责任优先行政责任的原则，一直是作为行刑衔接实现的程序性原则，这也在传统理论与现实的司法实践中有所体现。随着对行刑衔接机制研究的加深，有学者开始提出行政优先的程序主张，认为行政权相较于司法权更具主动性，刑事司法程序启动的正当性是以行政秩序的恢复和保障、刑事司法程序运行以行政违法本质的认定为前提，刑事证据规则的审查则以行政专业知识的运用为保障[2]。但是，不可忽视的情形是，现实的司法实践中案件呈现多元化倾向，实际的情况往往要复杂得多，将行刑衔接的良好运行寄希望于一种原则是不现实的，也会对违法犯罪行为的责任追究产生负面的效应。

因此，对于复杂多变的案件情形，应当坚持犯罪行为的责任追究这一基本主线，在行刑衔接的机制运行过程中，将效率优先原则作为基本的原则。第一，在行政机关的现场执法中，对于所查获案件中的违法数额或者案件情节已经达到追究刑事责任进行刑事处罚的程度，那就不再将其纳入行政处罚程序的范围内，此时应当及时做好记录，将案件以及线索移送到有管辖权的公安机关进行

---

[1] 刘艳红、周佑勇：《行政刑法的一般理论》，北京大学出版社2008年版，第160—165页。
[2] 田宏杰：《行政优于刑事：行刑衔接的机制构建》，载《人民司法》2020年第1期。

立案侦查。第二，如果案件已经进入行政处罚的程序，行政执法人员如果发现存在涉嫌犯罪的情节或者按照刑法的规定符合追诉的标准，应当及时根据案件的紧急与否、社会危害性大小进行处理，判断案件是否需要进行行政处罚后再移送公安机关。如果案情具有特别紧急的特殊情况或者存在严重的社会危害性，根据具体的案件情形应当直接进入刑事程序。第三，在案件的处理中司法机关已经先行立案，若行为本身涉及行政违法，并且根据案件的情况必须给予相应的行政处罚，应当在法院的裁判发生效力之后，行政机关再后续给予与行为造成的后果与违法程度相适应的行政处罚。此外根据效率优先原则，在刑事司法中已经确证的所涉案件的违法事实，行政机关可以直接进行采纳适用作为行政处罚的依据，因为正如上所述，刑事证据的取证程序，证明力要求是高于行政证据的，不必再另外进行调查取证。

第三节 行刑衔接机制的审查与重构

一、域外破解"行刑衔接"困境经验

行政执法与刑事司法的衔接是世界各国共同重视的法律问题，尤其是美国和欧盟等西方发达国家在行刑衔接机制构建上积累了不少成功经验。尽管在行政执法与刑事司法程序和主体设计上我国与之存在很大的差异，但在结合我国实际情况的基础上，对这些国家的丰富经验进行归纳总结，可以为我国行政执法和刑事司法的衔接机制完善提供有益借鉴。

在美国，由于其独特的联邦政体，各州都有自己的宪法，并且各州对行政执法权的授权都有一定的保留，在这一背景下，各州的行政执法与刑事司法在衔接上表现各异。在中央层面，美国联邦宪法也并非是由全国性的立法组织，而是由各州选举的授权代表所制定，在案件侦查权授予上，联邦宪法将侦查权授予不同的行政主体分散行使，其中警察机关和检察机关是主要力量。也存在

不同的行政执法机关行使侦查权，如司法部、国土安全部、交通部等行政执法机关，其都在行使侦查权，都称为联邦警察。侦查权的主要行使主体为警察，其在案件的侦查过程中享有绝对的权威性，而检察机关遵循被动消极式的侦查模式，仅仅是起到辅助的作用，通常的情况下只有在公民申请介入的情形下，检察机关才会依职权进行主动的侦查。美国存在行政督察制度，在行政机关开展行政督察时，如果发现有涉嫌犯罪的情形并且案件事实清楚，则将其进行移交司法部或者检察官办公室对案件进行处理。如果案件证据不足，事实不清，将案件交由联邦调查局进行补充调查。在内部的架构上，美国的行政机关在内部设有刑事侦查部门，在发现犯罪线索后，一般工作人员直接移送给刑事侦查部门即可。内部的刑事侦查部门基于获取到的事实以及证据，主要对案件进行初步的判断，部门如果认为需要追究刑事责任，则将案件移交给专业性联邦探员进行办理。这些机关内部设置的侦查机构，在对刑事案件进行处理时，为了调查案件的便利可以对各种的人财物进行调用。尤其在刑事案件中，由于检察部门本身所具有的自由裁量权，一般而言在违法案件与犯罪案件的衔接中具有较大的主动权。针对行政部门不进行移送的案件，美国检察部门具有行政监督权和调查权。特殊情况下，还可以通过对案件材料调阅、对当事人进行传唤等多种方式对案件移送的情况进行综合调查。如果发现案件移送中存在应当移送而没有移送的情形，则直接追究相关责任人员的责任。同时可要求相应行政机关对案件进行移送。为了保障整体案件处理衔接机制的稳定运行，美国从联邦政府层面进行统筹，打破不同行政部门之间信息流通的阻隔，将交通、国土、税务、住房等重要信息予以融合，构建全国性质的信息共享平台。

英国和法国是欧洲国家中行刑衔接工作实践较为完善的。在英国，检察制度历史悠久，鉴于英国政治体系设计，皇家检察院是检察系统最高机构，垂直领导国内的检察部门。作为单独法律部门，英国检察部门独立于地方政府存在，受上级检察院任命，财政费用由上级检察机构负责，因此对上级检察部门负责，而脱离于地方政府管辖和制约，具有相当的独立性。检察部门其主要职能为代表国家进行刑事公诉，同时在特定情形下会扮演法律顾问的角色，为政府机关提供相关法律建议。换言之，英国的检察系统并不享有对于法律的监督职能，因此在案件办理过程中出现的不妥当、不合法之处，其并没有直接启动调查的权力。但这并不意味着英国执法司法部门缺乏监督的职能部门设计，它是通过由行政裁判所、行政监察专员、专门法院三部分组成的法律监督体系对权力运行进行约束的。当然英国的法律制裁体系与我国采用的是行政处罚与刑罚二元区分体系有所不同，英国的行政处罚实际属于轻罪，归属治安法院进行审理。治安法院同时负责刑罚执行。因此本质上说来，英国并没有所谓的行刑衔接的空间。当然对于案件办理过程中的争议或其他问题，依托特定的法律监督体系，由行政机关内部设置的监察专员负责相关申诉及处理，监察专员仅对议会负责，从而保证了其高度的独立性。如对监察专员处理有异议，行政裁判所以及专门法院会进一步负责后续的诉讼处理，从而有效保证案件整体审理的公平公正。

与英国不同，法国是大陆法系国家，其刑事侦查权由司法警察、检察官和预审法官共同行使[①]，当然在行政机关内部设置的行政监察也会参与具体案件的侦查、取证等工作。在对案件进行侦查后，如果认为犯罪事实清楚并且证据较为充分，案件将移交至法院进行预审。预审程序主要功能在于提前对案件的性质类别进行确定从而移送至对应的法庭处理，因此预审法官在决定案件的走向上具有高度裁量权。为确保执法司法工作的公开透明，便于公众监督，行政机关和检察部门办案必须全程公开。为稳步落实案件办理的公开透明，通过全国性质的案件一体化信息平台，为公众实时了解、查询、监督案件办理情况提供基础保障。当然平台的设计初衷也是为了服务于检察官以及预审法官开展执法监督工作。通过制度设计、基础设施保障等工作，法国构建了相对完善的对行政机关的制约和监督体系，从而为推动行政执法和刑事司法衔接

[①] 瞿丰：《法国侦查制度简论》，载《政法学刊》2001年第2期。

奠定了基础。

二、域外"行刑衔接"机制构建经验启示

从欧美发达国家的经验来看,行政执法和刑事司法有效衔接的重要性不言而喻,各个国家都给予了充分的重视,并且都在注重本国国情的基础上设计了优化的执法路径与司法衔接机制。美国通过建立在行政执法机关内部设立刑侦部门,来实现对违法行为和犯罪行为的甄别,并且赋予了内设刑侦部门充分的调查权限,如在食品安全监管领域,美国专门成立FDA下属犯罪调查署(OCI)对食品安全领域的犯罪以及药品医疗器材领域的犯罪行为进行专门的查处,对于该机构的探员赋予其调查取证和检控权,探员根据案件的实际需要,可以申请并执行强制措施,如逮捕、拘留等;另外,从对物证技术的支持上来看,在行政执法到犯罪惩罚的衔接这块,美国已经比较完善,可以说是"无缝衔接"。[1]正如前所述,在英国的法律体系制裁体系中,没有对行政处罚的相关规定,行政处罚是被定义为轻罪,通过专门的治安法院进行审理,所以一个行为如果违反了行政法律法规的相关规定,那么行为人的行为会被认定为轻罪进行看待,由治安法院统一进行裁判执行,在这种意义上英国不存在行政违法以及行政处罚等行为。[2]欧美发达国家之所以在行刑衔接问题上并不存在像我国现阶段所面临复杂问题,其根源在于特殊的法律制度设计,虽然这种制度设计与我国当前的法律制度存在诸多不适配之处,但具体机制设计的做法还是有一定借鉴价值。从制度设计上来讲,高度信息共享化和职权划分专业化是保障体制运转重要条件,职权划分专业化主要体现在"运动员"与"裁判"相分离的模式,即并非由执法机关来给案件定性。如法国具体案件的办理必须接受检察部门与预审法官的双重监督,前者主导把关案件侦查,后者对案件性质进行判断从而决定案

---

[1] 戴强:《美国的食品安全管理体系》,载《时代经贸》2007年第5期。
[2] 蒋绚:《集权还是分权:美国食品安全监管纵向权力分配研究与启示》,《华中师范大学学报(人文社会科学版)》2015年第1期。

件分流，整个过程中行政机关尽管会参与案件部分侦查，但无法决定案件的后续走向，起到的是辅助作用。① 高度信息化主要体现在通过不同制度设计，能够推动案件信息在不同部门流转的有效性、真实性和及时性，避免因信息获取问题导致案件侦查障碍。如欧美相关国家都通过信息网络技术建立较为全面的案件信息共享平台，同时由于执法部门本身内嵌犯罪调查署，其侦查的证据标准的统一性也很大程度避免了因证据问题产生行刑衔接障碍；为保证信息在不同机构之间传递的有效性和及时性，通过网络信息平台实现对信息高度的统一和标准化是共性的做法，如法国就要求案件从立案侦查就需要网络公开，以供检察部门以及民众能实时了解案件办理进展，检察部门自身也借此平台以更新案件侦办相关信息，更好发挥法律监督职能，可以说全面推动案件信息网络共享是未来两法衔接的工作方向。

三、我国行刑衔接机制的重构与完善

基于上述分析，结合欧美发达国家有益探索，机制设计理论视角下我国行刑衔接工作机制完善应该形成制度联动效应，逐步完善行政执法与刑事司法相互衔接机制的立体建构，具体而言，未来我国行刑衔接机制完善的主要措施包括：

（一）通过目标责任制破解"反公地困局"

"行刑衔接"工作是一项系统复杂的工程，涉及部门多，牵涉各方面的利益，而在具有紧密组织合作关系的部门之间，衔接工作容易达成，而相互对立、关系疏远的部门之间，行刑衔接则往往难以实现，② 因此需要协调相关部门解决思想认识、职责分工、利益分歧等问题，推动部门之间紧密的合作关系。这项工作必须坚持党委领导、政府主导、相关部门分工负责，齐抓共管。从近年"行刑衔接"实践情况看，由检察院或政府职能部门牵头完成难度很大，也很难

---

① 方立新：《西方五国司法通论》，人民法院出版社 2000 年版，第 266 页。
② 刘杨：《行政执法与刑事司法衔接的二元格局及其法治后果——以食品药品监管领域的经验为例》，载《华中科技大学学报（社会科学版）》2020 年第 1 期。

有效推进。目前，根据中央依法治国委员会的架构，各地各级党委设立了依法治市办，组织协调辖区法治建设工作。"行刑衔接"作为全面推进依法治国的重要措施，建议由市依法治市办牵头，统一领导全市"行刑衔接"工作。市委政法委作为司法机关的领导机关，协助市依法治市办，指导协调公安、检察、法院开展"行刑衔接"工作。同时，需要明确"行刑衔接"中相关的部门的职责和分工，做到各司其职，各尽其职，协同推进"行刑衔接"工作。其具体责任流程简析流程如下：

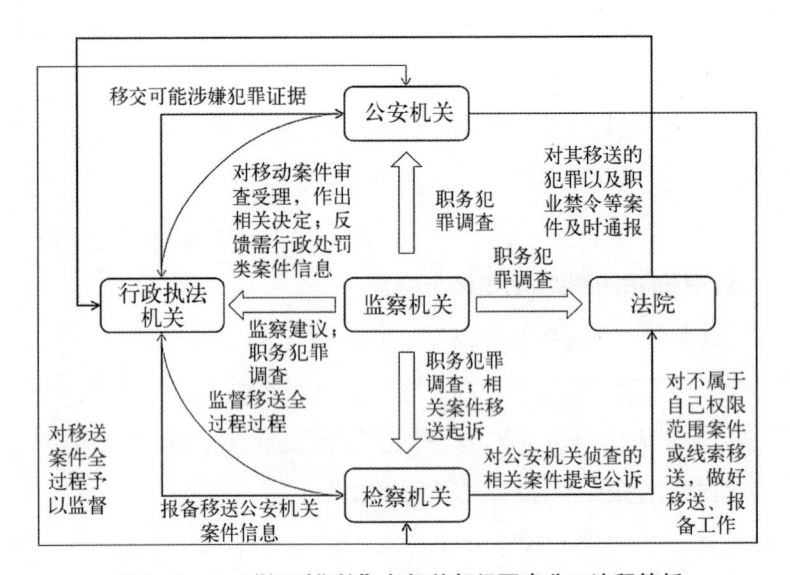

图 5-3-1 "行刑衔接"各相关部门职责分工流程简析

当然根据目前实际情况，在难以形成有效的机制情况下，推进部门联合执法是较为妥当的方式，近些年来，随着我国对于食品卫生领域、药品安全领域的重视不断得到提高，通过跨部门打击相关违法犯罪日益成为普遍做法，由行政机关协同、公安部门和检察机关共同制定的《食品药品安全专项整治工作联合检查、联合执法制度》为典型，其明确规定对相关执法的资源进行整合，通过统一的监管平台，从根本上解决长期以来信息沟通不畅、执法力量协调不力等监管难题，为建立统一的、长效的执法机制注入了极大动力。通过联合执法，行政机关对违法事实能做出准确的判断，从而为行政处罚准确做出提供便利。实际上，这种制度也有利于行刑衔接机制的良好运行，在行政法与刑法具体的衔接过程中，行政执法因素占据了重要的地位。准确开展行政执法，对于精准识别涉及行政犯认定的案件是两法衔接中重要的基础和根本的保障。实践证明，部门机构之间的良性互动、联合执法，能够使得行政机关与司法机关在各自的领域内充分发挥实力，各展其长，协同互动，从而有利于推动整个执法过程更加公开、透明、公正，进一步限制权力滥用的空间以及降低权力寻租的风险。

（二）通过技术更新畅通信息共享

行刑衔接机制的有效运转离不开执法信息的传递和共享，因此，信息共享和流转是衔接机制实现其运作效果的首要环节，也是建立检察机关对行政执法机关监督体系的前提和基础。[1] 当前两法衔接工作进行不顺利所暴露出的问题中，根源性的因素在于，执法案件的处理是评价业务能力、衡量政绩以及提升收益等重要因素，行政机关往往倾向于将案件把控在自己手上，从而出现诸多有案不移、有案难移，甚至以罚代刑的乱象。因此根除案件移送前的障碍是破解问题的关键，而最有效的方法则是通过将权力纳入规范化轨道，以权力制约权力，从而限制行政机关过度的自由裁量权。实际上，在我国现有的制度中已经存在相关的制约机制，比如对于行政机关的执法全过程检察机关有权予以监督，司法机关同样也赋予了制约权以及监督权。但是现实境况中，司法机关的监督权以及相应的制约权并没有发挥其应有的作用，权力质效存在提升的空间，这很大一部分的原因在于信息来源不足，信息获取不及时以及信息不准确、不翔实。上述存在的问题，说明在行政执法以及刑事司法的实践过程中，加入信息共享机制以及信息传递机制并加以相关的配套的必要性和重要性。这种做法推广到行刑衔接的实际工作中后，不仅得到理论界的充分认可，也获得

---

[1] 杨永华：《行政执法与刑事司法衔接的理论与实践》，中国检察出版社2013年版，第151页。

了实务界的广泛肯定，在我国有的地区已经逐步进行构建以及完善相关的制度框架和理论。

以我国的经济中心上海为例，改革开放以来，破坏社会主义市场经济秩序的违法行为就不断呈现陡峭的上升趋势，其中许多的违法行为其实已经达到了刑事追诉的标准，这些违法行为总量大、涉及的产业领域多元，给行政执法与刑事司法衔接工作带来了巨大挑战，导致在市场经济中经济违法行为频发而经济犯罪行为又得不到有效遏制，严重动摇了行政执法、刑事司法的权威性，甚至对社会主义法治建设都产生了不良影响。

为加强检察机关立案监督，防止和纠正"以罚代刑"，自2005年上海市开始推广行政执法与刑事司法信息共享平台（以下简称"信息共享平台"），在各个市级行政执法机关与刑事司法机关相衔接的工作中得到广泛的运用。据统计，自"信息共享平台运作以来"，在检察机关的具体参与和建议监督下，行政机关向公安机关移送相关的行政违法案件逐渐呈现出上升趋势。根据2009年的统计，全年检察机关建议和监督下，行政机关向公安机关移送涉嫌犯罪案件共计102件，涉案犯罪嫌疑人共计157人，其中公安机关立案侦查案件97件，总计涉案人员152人。其中较为典型的行政执法与刑事司法相衔接的案件为季某销售假烟案。案件发生在2008年年底，在某仓储公司例行检查时，上海市烟草专卖局宝山分局发现伪造的"中华"牌卷烟1万余条，该局工作人员立即通过信息共享平台发布信息线索，传达至宝山区人民检察院。该院认为，行为人季某某销售假烟，且在仓库的假烟待售金额达到600余万元，符合销售伪劣产品罪的构成要件，应当依法追究刑事责任，即将案件线索通过信息共享平台传达至公安机关立案侦查，最终法院以销售伪劣产品罪对犯罪人予以定罪处罚。

当然在信息平台投入使用，同样也存在衔接机制不顺、信息化平台推进乏力等问题，关键在于加快"行刑衔接"信息共享平台建设，充分发挥信息平台在推进"行刑衔接"工作的作用，在此基础上完善相应的实体案件移送反馈机制。具体而言：

第一，充分利用信息技术，保障共享平台建设。首先需要推进执法办案的互通共享，通过政府统一信息化数据库将行政处罚案件信息导入信息共享平台，使得平台执法信息人工录入的问题得到切实解决，实现行政执法和刑事司法的网络互联、数据互通、信息共享，便于公安、检察、监察机关全面掌握行政处罚信息，及时发现和查办犯罪案件、监督线索。其次，明确执法信息共享范围。共享案件信息并不仅仅是行政执法机关将案件共享于公检机关，同时也要求公检机关及时将行政执法机关共享案件的处理或监督结果共享于行政执法机关。再次，进一步完善平台功能。研发行政执法信息数据的分析处理模块，设定数据监控内容、指标和条件，及时捕捉和发现可能涉罪的案件信息，强化对公安机关侦查工作、检察机关履行监督职能的分析筛选功能。最后，明确平台运行管理部门。确定牵头组织部门的同时，建议明确对信息共享平台实施统一管理，并由专门的信息技术部门负责，压实信息共享平台的技术开发、日常管理以及经费保障，确保平台顺畅运行。

第二，大力优化管理流程，完善衔接工作机制。首先要建立案件双向移送反馈机制。"行刑衔接"要从单向移送向双向交流、移送转变，即不仅需要建立行政机关将相关涉嫌犯罪的案件信息移送至司法机关的机制，同时也要建立刑事司法机关向行政执法机关移送行政违法线索机制。公安、检察、法院在办案中发现行政违法行为，要及时通报行政执法机关予以相应的行政处罚；对于经审查不构成犯罪，决定不立案、撤销案件、不起诉、作出无罪判决或者免予刑事处罚的案件，需要予以行政处罚的，通报行政执法机关予以行政处罚；对于判处职业禁业令的罪犯，应当通报相关行政执法机关，便于行政执法机关加强职业资格审查、落实从业限制有关规定。其次，明确案件移送程序。规定案件移送和受理期限、随案移送的案件材料种类、委托检验鉴定的主体等，明确涉嫌犯罪案件移送标准参照刑事案件立案追诉标准。最后，建立配套的工作机制。规定联席会议、案件通报、备案审查、信息反馈、双向咨询等工作机制，保障行政执法与刑事司法衔接高效、顺畅。

表 5-3-1 "行刑衔接"信息平台信息共享范围

部　门	信息共享范围
行政机关	本机关查处的达到刑事追诉标准、涉嫌犯罪，应当移送公安机关并已作出移送决定的案件和尚未移送公安机关但已经作出行政处罚的案件；本机关查处的接近刑事追诉标准、实际尚未达到，但具有其他严重情节已经作出行政处罚的案件；对公安机关不立案决定有异议，或对公安机关不立案的复议决定仍有异议，在接到不立案通知后提请复议或在接到复议决定书后建议检察机关依法进行立案监督的案件。
公安机关	行政执法机关移送案件的处理结果；对行政执法机关提请复议的处理结果；对有关单位或个人认为行政机关不依法移送涉嫌犯罪案件而向公安机关举报的案件信息等。
检察机关	行政执法机关移送案件或案件线索的处理结果；对行政执法机关因不服公安机关不立案决定向检察机关申请予以监督的处理结果；要求对公安机关说明对行政执法机关移送案件线索不立案的理由以及通知公安机关立案的案件等。
法　院	行政执法机关移送案件或案件线索的审判结果；判处职业禁止令案件的裁判信息。

（三）通过落实激励相容重构监管体系

目前"行刑衔接"工作机制未得到有效落实的重要原因就是没有实行严格的考核和监督制度，各行政执法机关推进衔接工作的随意性较大。因此要求各部门提高对"行刑衔接"工作的重视程度，同时通过信息平台建设推动"行刑衔接"全流程监督体系的构建。

第一，充分利用信息平台，发挥线上监督功能。传统的纸面流转过程中，检察机关难以及时介入进行立案监督。通过行刑衔接平台，在案件采取电子化流转过程中，行政机关在移送案件的第一时间就可以同时分送至检察院的监督账号，对于移送案件的证据标准、移送反馈的时限、立案与否的决定等及时开展监督。借助电子化手段，使实时监督成为可能。同时也要相关配套制度来确保法律监督职责的落实。建议针对行刑衔接平台的使用和运行应制定明确的规则和相关考核办法，使衔接平台真正能够运转起来，发挥应有作用。

第二，完善平台统计功能，夯实监管数据基础。针对部分单位平台使用率不高、可能导致流程超期的问题，建议增加短信或邮件提醒功能：到期前 5 天起提醒承办人员、到期前 3 天起提醒负责人，超期后提醒相关法律监督机关启动监督流程。同时，在系统中增加通讯录功能，各账号均有明确的联络员和负责人，如有调整应及时在系统中更新，案件移送时将案件联系人作为必填字段，便于及时沟通，以应对移送反馈不及时等问题。

第三，丰富平台绩效指标，完善责任追究机制。在信息平台现有分类、分地区统计功能基础上增加：案件证据达标率、移送反馈流程超期率、立案率等统计功能，为执法监管、考核提供坚实基础。针对目前相关部门对"行刑衔接"重视程度不够的问题，建议将"行刑衔接"工作纳入对地方党委、行政执法机关的绩效评价体系，通过立法完善对行政执法机关不移送涉嫌犯罪案件的责任追究机制，详细规定问责程序如何启动、启动主体、如何进行问责、问责的依据等，使责任追究机制具有可操作性，同时修订相关法律、法规、政策等，将责任追究落到实处。

第四节 行刑衔接机制应用的典型场域

一、药品领域的行刑衔接问题及解决对策

习近平总书记强调，要切实加强食品药品安全监管，用最严谨的标准、最严格的监管、最严厉的处罚、最严肃的问责，加快建设科学完善的食品药品安全治理体系，严把从农田到餐桌、从实验室到医院的每道防线。[①]

对药品领域的犯罪行为严厉打击，是保证人民群众用药安全的关键所在，是关系改革发展大局的关键环节。只有做到加强涉药行政执法与刑事司法的有效衔接，加强对药品违法行为与犯罪行为的打击力度，才能真正保障药品、卫生市场的健康稳定。当前我国涉药品案件行政执法与刑事司法衔接过程中，仍

---

① 2015 年 5 月 29 日，习近平总书记主持中共中央政治局"健全公共安全体系"第二十三次集体学习时的讲话。

然存在诸多问题,主要是监管部门有案难移、以罚代刑、选择性移送、移送材料或时限不规范等问题还比较突出,检验机构、检验水平、检验期限和专家意见,还难以完全满足药品管理刑事责任追究的需要,有些地方药品监管部门和司法机关信息互通、同步办案等问题没有很好地解决。"四多四少"(案件实际发生多,真正查处少;行政处理多,移送司法机关追究刑事责任少;查处一般犯罪分子多,追究幕后操纵主犯少;判处缓刑多,判处实刑少)状况未得到根本改善。必须在行刑衔接机制的整体视角下加以完善,具体而言:

(一)完善药品行政执法涉嫌犯罪移送制度

药品违法犯罪案件认定中,违法行为与犯罪行为的主要界限即数量标准。因此完善涉药违法犯罪案件的移送,关键在于对法律规定的数量标准进行准确把握。一方面,要落实行政机关内部的标准厘定工作,通过加强药品执法机关内部的监督,压实案件移送司法机关的法律责任。另一方面,适当引入外部监督,加强食药监部门与公安机关、检察机关等刑事司法机关的信息共享与信息交流平台的搭建。

在案件移送具体的标准问题上,涉嫌犯罪的案件必须进行明确。主要是包括违法所得金额、涉案药品的具体数量、货值金额三个指标,对这三个指标的数据进行框定一个区间,若达到规定的区间那么食药监部门就必须进行涉嫌案件的移送,通过设定强制的移送标准,避免符合要求的案件因执法人员人为因素而无法有效移送,从而保障行政执法与刑事司法的衔接更加高效、更加具有实际操作性以及可监督性。以生产、销售假药罪为例,刑法规定此罪一方面是为了保障公众人身安全,同时也维护国家药品的流通秩序以及国家对于药品生产、流通的审批制度,换言之,只有针对同时侵犯两种法益的行为予以刑罚处罚才,符合本罪原始的立法目的。一般而言,对于符合分则构成要件的行为应当认定为犯罪,然而在实践中因对"量"的合目的性把握而进行宽缓处理的情形并不少见。比如2014年,最高法与最高检联合发布《关于办理危害药品安全刑事案件适用法律若干问题的解释》,其中就规定不以犯罪论处的情形,规定对于销售"少量"未经国家批准的民间传统药方所制药品或境外药品，在没有对用药者的身体健康造成影响的前提可以不认定为犯罪。主要的考量在于这一类的违法行为并非对用药消费者的用药安全、人身健康造成危害，只是侵犯了国家的药品监管制度。正如法治"以人为本"的理念所含之义，人的生命健康权肯定是要高于国家的药品监管制度。当然2022年3月新的药品司法解释颁布，导致该司法解释失效，但其中对于基于民间药方所制作的药品，规定"数量不大"、未造成人身健康损害，可以不以犯罪论处，虽用语有变，但本质不变。

将"少量""数量不大"作为不以犯罪进行论处的标准，本意是好，但"少量"以什么样的标准进行衡量，值得深思和考量。笔者认为，上述的两种情况，应该在药品监管执法的过程中或者司法的解释中，针对不同的情形和药品种类作出具体的规定，给行政执法提供明确指引。否则的话，在药品监管执法的过程中，因不同地区、不同执法人员对于"少量"的自由裁量可能会导致将这一类的案件全部按照行政违法案件进行处理的后果。因为以上的两种情况，刑法基于特殊情形所释放的善意与宽恕容易被人利用，甚至会给实践中权力寻租、滋生腐败提供契机。关于具体的数量标准设置，可以借鉴生产、销售劣药罪的标准，该罪中没有对人体造成严重危害的，销售金额在5万元以上的，可通过生产、销售劣药罪进行处罚。那么，未经许可生产、销售民间药方所制的药品，在范围设置上，将货值或者销售金额设定为5万元，在货值或者销售金额超过5万元的情形下，还是依据生产、销售假药罪进行论处。从立法目的上来看，这也与刑法设立生产、销售假药罪，维持药品监管秩序，保护国家的药品生产制度相符合。

在案件移送责任制度方面，需要进一步完善。《行政执法机关移送涉嫌犯罪案件的规定》第16条对于案件移送的责任制度进行了详细规定。根据该规范，行政执法机关必须对于涉嫌案件进行移送，其具有绝对的移送义务，如果不进行移送，相关的责任人员将要承担行政责任，甚至构成犯罪的依法追究刑事责任。需要进一步思考的是，对于应当移送的案件没有进行移送，应该追究的责任主体的范围如何确定，是仅追究直接办案人员还是追究直接主管人员？这些问题必须在相关规范中进一步明确。责任分配的视域下，若出现了"以罚代刑"的案件情况，也很难对责任分配下一个结论，所导致的结果是在事实上难以真正实现责任追究这一机制。简言之，行刑衔接的机制中、行政法律以及相关的规范对于案件移送的责任分配并没有进一步明确，内部监督的有效性很难达成。在行刑衔接的运作机制完善中，对涉嫌犯罪案件应当进行移送而不移送，可以直接对办案人员或直接的领导责任人给予行政处分，情节严重的进行刑事追诉。当然在案件移送中，有出现上级领导刻意阻挠案件情形，也可以按照上述做法处理。如此，通过明确相关案件的办案人员及其直接领导的责任，确保各类人员在案件移送中能够切实履行自己职责，推动行刑衔接制度的稳步运行。对于"有案不移"的现象，不能仅是对行政机关提出具体的做法，对行刑衔接重要组成部分的公安机关的责任也需要进行规范设定，将处于案件移送的两端置于常态化制度的规制之下。

在部门合作机制方面上，建立药监部门与公检部门的信息沟通机制。根据《药品管理法》《药品管理法实施条例》等相关法律法规的授权，药品执法监管部门主要职责在于依法依规切实对药品制作、流通等环节进行监管，确保药品市场正常稳定运行，从而为公众提供安全、可靠的药品，是关系人民日常生活的重要的行政执法部门。鉴于药品执法监管具有的专业性及特殊性，执法监管内容一般与社会治安监管具有很大的差异性，需要专门的执法人员才能参与，在某种程度上造成药品监管部门与其他部门很少进行交流与沟通。药品监管涉及许多中药、西药的医药卫生等理论知识，其他国家机关在日常的工作过程中，一般很难接触到药品生产、流通管理制度。药品类的疑难复杂案件，药品监管部门通常也是对系统内的求助居多，上下级相互沟通交流频繁。可以发现，相对于其他的国家机关，药品监管执法部门的封闭性是要强一些，对公安机关以及检察机关来说，了解药品执法领域内涉嫌犯罪的案件移送情况可能便利性和可知性没有那么高。所以，对于可能涉嫌犯罪的药品案件，药品行政执法机关可以与公安机关、检察院提前开展案情交流和沟通，确有疑难之处，可由药品执法单位主持召开药监、公安、检察院联合会议，并设立联合会议制度，用具体的文件明确联合会议制度运作机制。① 对可能构成刑事犯罪的案件，药品监管执法部门可以根据具体案情邀请司法机关办案人员参加研讨。从不同专业角度针对案件认定及相关问题把握上提出切实可行的建议，群策群力加强各个机关相互配合，共同打击药品犯罪行为，保障人民群众的用药安全。此外，各部门之间将联合执法、研讨等形成常态化的会议机制，彼此加强协调、沟通，甚至可以制定规范性文件，建立单位间联合执法机制，通过协商、会签等形式对权力运行进行约束。联合会议制度能够充分打破药品行政执法的封闭性，增强公安机关、检察机关对行政执法案件知悉程度，能保证检察机关在涉嫌犯罪的药品案件移送中起到法律监督的作用。②

案件移送是一项系统性、全局性的工作，加强落实具体交接责任制度是关键，只有将责任明确到具体个人，才能形成行政执法中移送案件的有效监督，实现从"不敢阻"向"不想阻"的实质跨越。明确案件移送标准是保障案件顺利移送的前提，能够最大限度地减少行刑衔接程序中的推脱、懈怠等不良影响。而部门间协同的工作机制则是推进移送制度重要保障，能真正使检察机关的检察监督职能得到实质性的落实，使得案件的移送制度和程序能真正做到有序、公开、透明。

（二）完善行政证据和刑事证据衔接的法律制度

刑事证据则是按照刑事诉讼法的标准来审查和衡量的，主要审查证据客观性、关联性、合法性，即证据收集的主体是刑事侦查部门工作人员，通过刑事诉讼法规定程序进行证据收集，且收集的证据是客观存在的事实，同时也必须是与案件有关联的事实。刑事证据的三种特性是证据认定的关键，缺乏任何一个条件，都无法作为犯罪认定的依据，而应当进行排除。而行政执法证据的搜集及成立并不要求如此之高，一般在行政法律、法规规章中会对其进行相应规

---

① 张福森：《浅析行刑衔接联席会议中的牵头部门》，载《检察日报》2010年12月8日。
② 王泽群：《完善法律监督机制解决以罚代刑问题》，载《人民检察》2010年第11期。

定，具体类型如当事人询问笔录、现场检查笔录、扣押清单，等等。当前法律框架之下，将行政法与刑法两个部门法调整之下的证据进行有机衔接还是比较困难的。但是，不管是行政执法还是刑事司法都是国家公权力的体现，基于国家机关之间公权力的相互信赖，对通过合法的手段、合法程序取得的行政证据，在符合刑事证据确定的三种属性基础上，可以纳入刑事证据的范围而不必再进行另外的侦查收集。

在此基础上，建立药品执法证据和刑事证据转化制度。一般而言，刑事证据与行政证据在内在属性上具有共通性，二者都是证明案件事实的材料，都需要具备证据的"三性"即客观性、关联性、合法性，在外在的表现形式上也大致相同。从而，为行政证据转化为刑事证据提供了坚实可行的理论基础。①

《中华人民共和国行政处罚法》第37条规定，行政机关执法人员检查、调查时，不得少于2人，并向当事人和有关人员出示证件。其中"证件"准确来说是指，能够表明执法人员公职身份的身份证明。在药品监管执法领域，对执法人员的要求更为严格，不仅需要符合一般行政执法人员的证明，而且需要通过药品监督机关的专业培训，经过相应的职业能力测试才能够取得执法资格证件。正如上述所说的，基于对国家公权力的信赖以及药品执法人员所具有的专业属性，执法工作人员执法的过程中，现场制作的检查笔录、对当事人的询问笔录，经法院认定后可以相对应地转化为刑事证据。对于行政执法中形成的现场检查笔录，主要是参与现场检查的人员、检查的对象（单位或者个人）、药品的储存环境以及数量等其他相关数据客观记录，在本质上而言，与刑事证据中的现场勘验记录极为相近。② 经过相关程序的认定，直接转化为现场勘验记录作为刑事证据，并不存在本源性障碍。再如，在行政执法的过程中，当事人讯问笔录，

---

① 田宏杰：《行政犯罪的归责程序及其证据转化——兼及行刑衔接的程序设计》，载《北京大学学报（哲学社会科学版）》2014年第2期。
② 董坤：《论行刑衔接中行政证据的使用》，载《武汉大学学报（哲学社会科学版）》2015年第1期。

从内容上就是执法人员调查中,当事人对相关情况进行陈述的过程,从形式上,记录的人员是没有参与讯问的行政执法人员。从内容和形式上,讯问笔录与刑事证据中犯罪嫌疑人的供述,在实质上也没有体现出什么差异,本质上是相同的。

我国现行的法律制度中,并没有关于将行政执法过程中所取得药品证据转化为刑事证据的明确规定。通过立法专门推进,耗费时间以及成本过高也不切实际。笔者认为,立足于当前现实,最为稳妥可以通过在国家食药监总局、公安部、"两高"、国务院食安办就食药案件领域衔接协商制定的专门工作机制中增加新条款,通过部门协同、相关部门认可,从源头加强证据搜集的规范性,从而实现行政证据和刑事证据的间接或直接转化,这种做法对于提高行刑衔接整体机制的顺畅颇具现实的可操作性和实际衔接意义。①

二、环境领域的行刑衔接问题及解决对策

环境执法部门与刑事司法机关之间,在面对环境违法犯罪问题处理上,同样也存在着沟通不流畅、协调不顺畅的地方。究其源头在于,环境执法部门在移送案件时往往面临着两难困境,导致其并没有移送案件进入司法程序的动力。在现有机制之下,如果行政执法部门对认为有犯罪嫌疑案件移交至司法部门,往往面临可能自己行政职能履职不力,而陷入渎职犯罪的责难。但如果其将移送标准严格把握,选择不移送案件,则又会面临"以罚代刑"责难,甚至滋生权力寻租、求租的腐败空间。尽管当前环境行政处罚并不能很好执行,但与其面临来自渎职的法律风险,其更倾向选择将案件自行内部化解,避免将相关风险外溢。

笔者认为,针对环境行政执法部门所面临的困境,其核心依然是以环境执法部门与刑事司法部门之间的关系作为突破口,从强化两部门之间的衔接入手,既要尊重刑事司法对环境行政执法的依赖性,同时又要加强环境执法的独立性,通过强化检察监督、规范性引领等方式着力推动相关案件的双向衔接机制构建。

---

① 韩晓峰、傅铎、李薇薇:《〈食品药品行政执法与刑事司法衔接工作办法〉理解与适用》,载《人民检察》2016年第11期。

（一）环保行政执法机关之横向独立性与环保责任

如前所述，必须加强环境执法的独立性，首要即尽量减少横向的执法压力及干预，即同级政府要避免对环保执法机关执法工作进行干预。由于所处立场及相关职责的不同，在现实的环保执法实践中，地方政府与环保执法部门之间天然存在一定的冲突性。即前者面临的是如何通过各项举措大力招商引资，发展当地经济，拉动 GDP 是地方政府领导现实的政绩需求；而后者属于地方政府机关组成部门，受制于地方政府，但同时其职责只是聚焦于现实的环境保护领域，对当地的环境污染问题负具体责任。地方环境执法的困境往往就是来自于此，当出现环境污染事件，地方政府出于保护纳税大户的考虑，通常会避免将其纳入司法程序，将责任控制在行政处罚范围。环境保护执法机关受到行政体系内部的职权制约，并且移送与否在某种程度上仍属于执法部门的自由裁量范围，因此其往往采取的是不将涉嫌环境犯罪案件移送至司法机关的举措，从而某种程度上加深了有案难移的现实困境。

因此，加强环境保护行政部门执法独立性，必须进一步强化地方政府的环境保护责任，破除单一的经济发展指标作为政绩考核的唯一依据做法，将生态环境保护纳入硬性考核指标范围，加强地方政府对环境保护工作的重视。加强环境保护方面地方政府主要领导责任制度，比如干部离任环境审计制度，通过客观离任审计制度最大程度限制官员在任上"只顾头不顾尾""只顾发展不顾代价"的错误做法，有效推动地方政府的执政理念的科学化、生态化转型。同时需要加强环境执法领域的部门协同，环境保护执法工作具有高度的专业性和复杂性，对执法人员的专业素质要求较高，不仅需要不断加强对新的法律标准、法律规定的学习，同时也需要丰富的实践经验作为依托。因此，通过不同层级的环保执法部门指导、交流，能够在很大程度上提高执法效率，从而为推进环境违法犯罪案件准确处理提供保障。

（二）环保法律规范执行与判例功能指引

鉴于环境司法工作本身固有的较高专业性和复杂性，向来存在环境刑事司法过于依赖环境行政执法的问题，其必然带来较多的环境犯罪案件被行政执法过滤之后果，以及可能出现的大量的与实际环境犯罪刑事责任不相称的"从轻或者减轻刑事处罚"，违背刑法所规定的罪责刑相适应等基本原则。① 当前相关环境犯罪司法解释颁布，对于具体移送标准、程序都有所明确规定，一定程度上畅通了行政执法案件向司法程序移送的通道，但从实效而言，移送案件数量较少的局面并没有出现本质改变。这就要求环境司法机关必须一改被动依赖的姿态，对于环境执法案件必须主动介入。具体而言，必须明确检察机关在环境污染方面的主动性、独立性，强化刑事司法在环境执法领域的法律监督职能。当前大力探索检察机关在环境保护领域的公益诉讼制度就是这一方面的生动体现，未来必须在法律上明确其主体责任地位，切实有效地推进环保领域的检察监督。此外，司法机关必须大力重视环境保护领域相关案件办理经验的梳理，通过对典型的环境犯罪案件讨论、争议焦点的解读分析等方式，大力发挥重要判例在引导环境司法工作中的指引作用。

（三）环境行政执法与刑事司法衔接的基础工作

针对现实中出现的环境执法与司法层面的断裂问题，不仅要从加强主体责任着手，基础设施和机制的配套也至关重要。具体而言：

完善环境行政执法与刑事司法一体化的信息交流平台的建构。在权力的本质认识上，行政执法机关应该加强对于司法权的认知，促进机关之间的信息共享。基于统一的信息共享平台，处于案件源头位置的行政机关应当在环境行政执法的过程中根据不同环境违法行为特殊性对其进行分类录入，同时保证信息能够及时、全面、自由地在一体化平台上流通，确保司法机关能及时了解案件进展。特别是对可能达到犯罪标准的案件，公安机关应及时核实，确实达到刑事追诉标准的，及时立案侦查，根据具体案件情况和需要采取相应的刑事侦查措施。同时，检察机关与审判机关对于公安机关已经进行处理的案件，通过信

---

① 焦艳鹏：《我国环境污染刑事判决阙如的成因与反思》，载《法学》2013年第6期。

息平台提前了解案件情况，并进行初步研判，以便案件正式进入司法程序后提高案件办理效率。此外，平台案件信息的共享能够及时便于检察机关对行政机关、公安机关的不当处理行为作出有效监督和纠正，防止因案件处理不妥导致社会恶劣影响扩大。即使是案件正式提起公诉，处于审判阶段，信息平台也能够为检察机关对审判活动开展法律监督提供助力，保证案件审理在合法、公开、透明环境下推进。当前，在这一方面开展信息平台建构并取得不错成效的是上海浦东新区的"行政执法与刑事司法信息共享平台"，其建设经验值得其他区域环境执法司法机关借鉴。① 上海市浦东新区较早搭建了行政执法与刑事司法信息交流平台，最大程度实现两类信息在同一平台上实现互通有无。行政机关及时上传、更新执法过程中发现的案件信息，并对具有重大社会影响或可能涉及犯罪案件信息进行标注。公安机关、检察机关能够在平台上实时了解案件最新进展，并针对复杂案件具体认定标准、证据采集等问题开展交流讨论，为推动行政执法机关准确作出案件的处理提供有效依据，避免行政机关因欠缺刑事法律专业知识而作出错误的处理。行政执法与刑事司法信息一体化平台建设是信息法治化的必然举措，能够最大限度解决因部门信息壁垒、封闭所导致的行政执法与刑事司法衔接不畅的难题，意义重大。

推动环境执法领域的行政主体与刑事法司法主体的联动工作机制的建设。随着科技发展水平提高，当前环境污染案件往往更为复杂，当司法机关介入时因没有第一时间对相关证据进行采集而无法做到有效确证，因此行政机关与刑事司法机关的双向联动，能够对案件证据、案件基本性质认定以及后续的侦查方向作出较为及时准确的认定。目前此类工作机制在实践中并不少见，行政机关与公安机关长期工作中也有一定的工作默契，如公安部和农业农村部在2007年就曾联合制定了《关于在农资打假中做好涉嫌犯罪案件移送工作的意见》，其中提出两部门要加强对相关案件的会商，对于特定的较为复杂的案件由双方联

---

① 林燕：《行政执法与刑事司法衔接：步向体制建设阶段》，载《检察日报》2009年4月22日。

合组成专家对案件事实、证据等进行搜集和分析，避免因信息沟通问题所产生部门冲突等问题。公安机关在"调查取证和案件定性方面，必要时可征求法院、检察机关的意见，避免因证据不足或定性不准而导致应移送的案件无法移送"。随着环境问题重要性不断提高，环境执法与司法完全可以而且也应当及时完善自身的案件处理机制，即保证在行政执法过程中严格把握，做到严格执法，同时通过部门间的协同工作机制，对案件作出准确的认定，做到有效、精准打击环境违法犯罪，从而充分保障生态环境法益。

（四）检察机关对环境行政执法和刑事司法的监督

检察机关在我国法律定性是法律监督机关，这是宪法所赋予的职能和定位，其不仅可对执法活动进行监督，而且对刑事司法活动开展监督也是其职责所在。正如德国社会对于检察官重要性的描述——检察官是法治国家的栋梁，我国对检察机关也应赋予其应有责任和期待。特别是进入新的历史发展阶段，除了积极地对特定犯罪案件的办理外，还应对于一些的新型犯罪加大打击的力度，比如环境领域、金融投资领域、城建领域等。在环境领域的违法犯罪案件中，检察监督应该贯彻于全过程。通过检察监督，将案件办理全流程纳入检察视野中，对于环境违法犯罪案件办理中，所出现的应处罚不处罚、应重罚而轻罚、应轻罚而重罚等现象及时发现和纠正，避免前期处理不当而使违法犯罪后果扩大，产生恶劣的社会负面效应。

对于环境行政执法，通过过程监督和结果监督，审查查明行政执法活动是否符合合法、效率、合理等基本原则，案件办理过程中是否存在应当移送而不移送、"以罚代刑"的问题。对于环境的刑事司法工作，一方面，及时加强对公安部门的监督，对其案件事实的调查、取证工作以及是否根据案件的实际情况及时采取刑事强制措施等情况进行监督。另一方面，重视对审判工作的监督。聚焦于法院判决是否符合罪刑法定原则，能否做到轻罪轻判、重罪重判，宽严适度。在执法和司法监督中，对于案件处理过程中相关人员出现的渎职等职务违法犯罪行为，可以依法实施侦查和起诉活动，促进环境执法人员严格履行环境监管职责，从源头上防止环境违法犯罪的发生。①

(五) 环境犯罪证据的衔接与转换

环境违法犯罪案件往往面临着证据采集与确定问题，常因无法及时有效地将证据确定而导致证据毁灭，最终因关键性证据缺失而无法追究相关责任，特别是处于末端的刑事司法程序，本身历经的时间较长，经过环境执法程序，人为改变原有取证环境可能性较大。因此，推动环境行政执法与刑事司法的有效衔接，必须解决行政证据与刑事证据的衔接转换问题。需要在几个方面进行注意：第一，加强行政执法与刑事司法人员之间的培训和研讨，提升行政执法人员刑事司法专业知识水平，强化相关执法人员证据搜集中对于可能构成犯罪的关键证据的采集和确证意识。第二，对于符合相关法律规定和程序要求所采集的证据，刑事司法机关应该及时予以确认，根据不同的证据属性进行相应处理，避免因人为原因拖延或拒绝证据确认导致关键证据灭失。如行政执法过程中所采集的实物证据，司法机关按照刑事诉讼法进行审查，符合标准的可以作为环境犯罪的证据。对于行政执法过程中有关的鉴定与检验报告，其出具者的资质、鉴定过程是否符合法定要求等，应以刑事证据要求进行审查，符合标准的可以直接作为刑事证据使用，无需重复取证，从而有效提高案件办理的整体效率。

(六) 环境监管中职务犯罪之防范

如前所述，环境行政执法和刑事司法中涉嫌职务犯罪较为常见。因此必须加强对环境监管中职务犯罪的防范工作。

其一，必须严格依据法律法规追究相关责任人的行政和刑事责任。实际上《行政执法机关移送涉嫌犯罪案件的规定》② 对行政执法机关涉嫌构成犯罪案件向公安机关移送是有明确规定。环境违法行为的执法过程中，环境执法部门在执法过程中发现的违法事实金额、情节、所造成的损害等，如果符合环境犯罪

---

① 李清宇：《我国环境行政执法与司法衔接研究》，载《甘肃社会科学》2012年第3期。
② 2020年8月国务院中华人民共和国国务院令第730号，对《行政执法机关移送涉嫌犯罪案件的规定》进行了修订。

的追诉标准，进行移送属于当然规定。同时《行政执法机关移送涉嫌犯罪案件的规定》中对具体移送的期限、应当移送的证据材料以及后续处理也进行相对完善的规定。这是行政机关内部对相关案件移送所做的规定，为行政机关进行案件移送确定了较为明确的法律依据。此外，行政机关与检察机关相互合作，明确案件移送等也有明确的规范依据，早在2004年最高人民检察院、全国整顿和规范市场经济秩序领导小组办公室、公安部联合发布的《关于加强行政执法机关与公安机关、人民检察院工作联系的意见》，其中明确规定在涉嫌犯罪的案件移送上，环境执法机关对移送给公安机关的相关文书，也需要向人民检察院进行相应的报告备案，防止有案不立或者不应当立案而进行立案的情况的出现。对于在案件移送的过程中，出现的违法现象甚至是涉嫌犯罪的，应当依据实际情况给予行政处分甚至是追究刑事责任。对于环境行政执法机关，不依法按照要求对涉嫌犯罪的环境违法案件进行移送，或者私分、隐匿、销毁涉案物品及逾期不将涉嫌案件向公安机关进行移送，按照《行政执法机关移送涉嫌犯罪案件的规定》要求，对行政机关主要负责人员[①]追究行政责任甚至是刑事责任。

其二，必须推动涉环境犯罪的违法案件移送保障机制。一是基于客观公正的要求，应在此类案件的移送中明确回避制度的适用，避免因制度缺陷导致移送中的违法犯罪行为；二是对于涉嫌犯罪的环境违法案件，作为接收方的公安机关如果不予立案或者迟延立案，作为救济途径，环境行政执法机关可以提出行政复议，在必要情况下，请求检察机关介入，进行立案监督；三是对涉及案件移送过程中贿赂犯罪，环境监管失职等职务犯罪的案件，检察机关应当依据案件的实际情况，对相关环境保护行政执法人员的职务犯罪行为进行起诉，追究其刑事责任。

---

① 主要负责人员是指正、副职领导及其他责任者。

第六章　行政犯入罪机制和出罪路径总体展望

　　习近平总书记在二十大报告中强调，全面依法治国是国家治理的一场深刻革命，必须坚持依法治国、依法执政、依法行政共同推进，坚持依法治国、依法执政、依法行政一体建设，全面推进国家各方面工作法治化。行政犯作为新时代极为重要的理论和实践命题，不仅要求在单一领域的衔接完善，更重要的是将之置于全面依法治国的视域下，从立法、司法、执法、守法的全流程加以系统完善。前文从理论和实践双重视角、从入罪和出罪的两个侧面对行政犯问题展开了分析，笔者认为，今后行政犯研究应该始终聚焦中国现实问题，从研究内容、研究视角以及研究方法上共同推进，推动具有中国特色的行政犯理论研究。具体而言，回归本体论，夯实行政犯基础理论研究。如前所述，本体论研究在社会科学研究中具有固本筑基的重要作用，而这也是今后行政犯研究应当着重加强之处。行政犯本体论研究首先是建立在规范价值研究的基础上，唯有正确的价值观引领，才能保证行政犯研究在宏观上于浩繁的事实和规范之中立下根基，同时避免微观理论研究浮于表面而导致研究误入歧途，打牢价值基础，同时推动本体概念的溯本清源。正如前文所提到关于行政犯本质内涵的探讨，最初始的行政犯概念是建立在行为人刑法的基础之上，而随着行为人刑法的落幕，行政犯应当在行为刑法下获得新的生命。正如国外有学者对当前行政犯研究现状，也提出尽管传统的行政犯属于古老的法律术语，但法学研究的使命和根本任务不在于彻底摒弃和拒绝过时的法律术语，而应结合实践重新对此概念进行界定。[①] 笔者认为行政犯概念必须基于当前我国的立法现实和司法实践予以系统界定。除此之外，有必要进一步加强行政犯刑罚理论的研究，进一步完善行政处罚与刑罚衔接的研究以匹配当前刑法与行政法日益紧密的立法现实和司法需求。

加强学术聚力，拓展行政犯整体性研究思路。刑法作为最具体系性、逻辑性的法律，决定了刑法学研究最终点必然走向体系性建构之路。行政犯"双重违法性"决定了行政犯研究必然需要从刑事一体化具体展开，通过贯通学科联系，淡化学科界限，从而将研究焦点聚焦到现实问题。因此有必要将"刑法之内"与"刑法之外"单一视角向"刑法之内"与"刑法之外"相结合转变，特别是随着科技进步和社会分工的日益发展，现代社会日益迈入"风险社会"，行政权通过各类行政法规介入社会管理的程度逐渐加深，刑法中相关依赖前置法的犯罪也急剧增加，行政犯的问题已经不仅仅是刑法之内的问题，而逐渐突破刑法范围，成为刑法之外的问题。因此作为这样一个跨学科的问题，其最开始的源头是犯罪学与刑法的结合，而今也必然要回归到多学科多领域的研究视角下，引入行政法、社会学、犯罪学的研究视角，以积极应对行政犯在现实中的复杂问题，推动刑法之中、刑法之外以及刑法之上等多领域的协同发展。

提升方法自觉，增强行政犯回应性研究色彩。"全部社会生活在本质上是实践的"[②]，法律不断向前发展的根本动力来源于实践，只有不断以实践为标尺校准理论研究的定位，理论研究才能焕发出源源不断的生机。当前我国行政犯理论的研究同样应该如此。毋庸置疑，我国目前的立法体制为刑事一体化，即在统一的刑事法典中规定了所有犯罪及其刑罚，但是由于刑事立法的滞后性与时

---

① Davis, Mark S, "Crimes Mala in Se: An Equity-Based Definition," *Criminal Justice Policy Review*, Vol. 17, No. 3, September 2006.
② 《马克思恩格斯文集（第一卷）》，人民出版社 2009 版，第 501 页。

代发展飞速的现实，让刑法在打击犯罪、维护社会秩序上并不能发挥积极的作用，因此我国在刑事一体化的基础上，并未在行政法、经济法等法律中直接规定犯罪构成要件与法定刑，但是通过大量的空白刑法规范，使刑法与前置法形成连接，也变相造成了当前关于行政犯相关理论的争议。正如有学者提出的，我国刑法中绝对空白刑法规范违反了法律的保留原则，相对空白刑法不符合明确性原则，自然犯与行政犯一体化的立法体例不符合比例原则。① 进而提出只有改变现如今的刑事立法模式，在行政法、经济法等法律中直接规定相关犯罪构成要件与法定刑，刑法典中仅规定自然犯，才能使刑法与宪法相协调。诚然，归纳现有的理论研究，附和迎合现有立法模式者有之，漠视回避问题者有之，但真正有价值的理论总是根植于现实问题的解决，而非为既有制度背书，新时代行政犯的研究不应满足停留在对现有问题的理论揭示，更应面对制度的痛点和难点，行政犯的理论研究应当直击当前立法模式的固有弊病展开理性分析，以此形成合力，推动司法实践向更高层次发展。

党的十九大报告指出"经过长期努力，中国特色社会主义进入了新时代，这是我国发展新的历史方位。"② 在新的历史起点，新的社会问题层出不穷，社会形势的变化对刑法治理能力和水平提出了新的要求，行政犯理论研究应立足当代刑法的基本理念，积极回应社会关切，在摒弃传统的刑法万能主义的同时，树立起符合现代法治精神和中国特色社会主义新时代所需要的人权保障理念、刑法谦抑理念、社会防卫理念。在理论和实践之间寻找切入点，注重刑法立法司法实践，更注重联系国家社会政治经济文化生活的现实。在老旧之间寻找创新，国内行政犯历时40载，先期取得诸多的成果，但是必须在立足新的历史实践考量旧有理论在新时代的价值，做到充分"扬弃"，发挥既有理论的最大

---

① 张明楷：《刑事立法模式的宪法考察》，载《法律科学（西北政法大学学报）》2020年第1期。
② 习近平：《决胜全面建成小康社会 夺取新时代中国特色社会主义伟大胜利——在中国共产党第十九次全国代表大会上的报告》，载《人民日报》2017年10月28日。

价值的同时，推动新生理论的诞生。同时，应在中西理念碰撞中寻找平衡。行政犯研究多数是借助于西方的研究理论和成果，新时代行政犯理论研究必须注重立足于当代中国现实国情，使行政犯研究经得起中国刑事法律实践冷峻的考验，在法治实践不断出现新情况下积极探索，推动刑法立法和司法实践不断发展完善。

当然理论研究必须回归到现实问题，并立足于对现实问题的回答。因此笔者针对当前行政犯实践中所面临的几大关键问题，如行政犯的立法模式、行政犯的司法裁决以及行刑衔接的贯通等，结合前文研究基础，做一个尝试性的回应和展望，以推进行政犯理论和现实的深度结合。

第一节 双轨制立法模式的时代需要

双轨制立法模式，即在刑法典之外的其他部门法也规定犯罪或刑罚的刑事立法模式，采用此种立法技术的典型国家包括德国、日本。将主要是自然犯的犯罪规定在刑法典（核心刑法）中，将另外一部分犯罪，绝大部分的行政犯，规定在其他的法律法规之中，即通常意义上的单行刑法（附属刑法）中。

有研究者认为过去我国曾采用过双轨制立法，由于实践中带来的种种不便，在1997年刑法中才将所有的犯罪与刑罚的规定收归刑法典；另有部分研究者则认为，历史上双轨制立法带来的弊端，其成因在于当时立法技术的落后和时代因素的桎梏。例如《立法法》等法律没有在程序和内容方面对犯罪和刑罚做出系统规定，且当时法律工作者的法学水平较低，为了降低法律适用的困难，将所有的犯罪与刑罚规定在一起，以降低找法的难度，减少审理案件的难度。然而，时过境迁，如今我国法学界无论是理论界还是实务界的法律素养都获得了巨大提高，原先不适于双轨制立法模式的土壤已经逐渐消灭，而且出现了单轨制立法模式的实践新问题，单轨制设置初衷在实践中逐渐偏离预期。张明楷教授也适时提出了刑法的解法典化和再法典化的问题，主张"在商法、经济法、行政法等法律中直接规定具体犯罪的构成要件与法定刑，从而有效地规制行政犯罪。"[①] 在马克思主义基本原理"否定之否定"的指导下，我们可以再次回归双轨制立法模式，这绝不是重走当初的老路、错路，而是螺旋上升的发展过程，我们必须对此有清晰的认识。

一、单一刑法典模式的扬弃

刑法立法中的单一刑法典立法模式造成了难以掩盖的问题，其中最典型的在于规范空置现象。为了避免出现附属刑法，而将同一行为模式所造成的不同法律后果强行分置在不同的法律部门中，甚至因为立法的时间不同步，出现了行政法规中明确某行为应承担刑事责任，而刑法对此却缺乏相应罪名规定的情况。大量的无盾之法出现在法律体系之中，我们称之为"行刑割裂"。

（一）"行刑割裂"的成因

为什么会出现行政法律的法律责任指引条款与刑法脱节的现象，是我们需要反思的。如果这个问题能够得到很好的解决，那么主张双轨制的立法，即在行政法律中确立刑事附属条款的理论就失去了理论基础。然而，通过对我国立法的考察可以清晰发现，行刑割裂是我国立法体制机制下的必然结果，其解决方案必然只能是真正地确立附属刑法的法律地位。在我国立法机制中，刑事法律、经济法律、行政法律由不同部门起草，尽管《立法法》中规定所有的法律均由全国人民代表大会或者全国人民代表大会常务委员会表决通过，然而通过机关的统一并不意味着起草机关的统一。不同类别的法律通常是由与该职权最为接近的中央部委主导起草，与其相对应的全国人大常委会法律工作委员会的内设部门也有所不同。因此就导致了直接问题，即使非刑事法律规定对于某种行为模式"构成犯罪的，依法追究刑事责任"，但在酝酿起草刑法修正案的过程

---

① 张明楷：《刑法的解法典化与再法典化》，载《东方法学》2021年第6期。

中，起草团队对于此前其他立法部门的人留给他们的"作业"毫不知情，自然就无法对浩如烟海的行政法律中的某个条款进行专项立法。即使有个别刑法起草人员能够记起其他法律所需配套的刑法条款，也存在是否愿意主动作为的积极性问题。立法起草人员的人事变动、更新换代，前置法律和刑事法律的出台时间错位等因素，都是行刑割裂的起因。表面上看，这只是一个立法技术问题，但其根本症结还在于立法缺乏相应的响应机制，完全靠刑事立法者的自觉行为是完全不可靠的。

纵使搁置关于立法机制缺失的讨论，退一步讲，刑事立法是否必须受到非刑事法律的刑事责任指引条款的约束也是存疑的。在我国立法进程中，行政法律和经济法律的立法中是不可能有刑法专家参与立法的。在没有经过严格的刑法学论证的前提下，行政立法、经济立法就对刑事立法提出要求，岂不是成了一种变相的立法绑架？即使非刑事立法中进行了刑事立法的论证，提出了指引条款，在刑法修正案中还需要再次进行二次论证，就将造成立法资源的巨大浪费。①

另外值得注意的是，行刑割裂的现象并不是1997年刑法修改之后才有的时代现象。以1988年第七届全国人大常委会第五次会议对《中华人民共和国土地管理法》进行修订为例，当时的第49条、第54条增加了依照刑法追究刑事责任的条款。然而直到1997年现行刑法颁布，才在刑法中增设了非法转让、倒卖土地使用权罪等罪名。② 由此可知，即使采用所有刑法规范收归刑法典的单一立法模式，也并没有杜绝此类现象。

（二）"行刑割裂"的恶果

的确，法律规范作为一种定型化的社会规制手段，要完全周延社会生活的方方面面是无法承受的负担。德国学者考夫曼认为，制定法的不完备，"并不是

---

① 李怀胜：《刑法一元化立法模式的批判性思索》，载《江西社会科学》2020年第4期。
② 李祥金、吴小帅：《由"双轨制"到"三位制"：我国土地犯罪的刑事立法模式研究》，载《山东师范大学学报（人文社会科学版）》2018年第4期。

一种缺陷，而是一种先验且必然的结果。制定法不能也不可以明确地规定，因为它需要适合于各种无穷尽的案件"。① 即使逻辑上无法达致，放任法的不完备更是一种不负责任的鸵鸟态度。行刑割裂的根本在于法律责任配置的分离，同一行为模式下的不同法律后果被强行拆分到不同的法律部门，但另一方面基于维护法律规范聚合性的考量，忽视了责任配置的完备性。刑法更新的不及时，迫使行政法律和经济法律转而将民事责任作为刑事责任的替代措施，然而缺乏刑法后盾的法律，终究不过是没有"牙齿"的法律。

近几年的立法实践中，行政法律和经济法律在刑事责任配置上出现了明显的变化，即放弃了旧有的在多个条文中规定"构成犯罪的，依法追究刑事责任"的传统一贯做法，而是独立编制专条规定构成犯罪的，依法追究刑事责任。例如，2019年8月26日十三届全国人大常委会第十二次会议修订的《中华人民共和国药品管理法》第114条规定："违反本法规定，构成犯罪的，依法追究刑事责任。"甚至2019年6月29日十三届全国人大常委会第十一次会议通过的《中华人民共和国疫苗管理法》第79条还要刻意强调，违反本法规定，构成犯罪的，依法"从重"追究刑事责任。不过，无论是依法追究还是依法从重追究，其是否应该追究，应该如何追究，都有赖于刑法的具体规定。

立法语言和立法技术的更新改进可以视为非刑事法律在技术上的"救亡图存"的话，那么另一条更具现实意义的道路就是具体化、严格化民事责任和行政责任，从而尝试根治责任配置偏"宽松软"的顽疾。2014年4月24日十二届全国人大常委会第八次会议修订的《中华人民共和国环境保护法》第59条增加了"按日连续处罚"的规定，另在第65条增加了民事连带责任的规定。2015年修改的《食品安全法》与2009年的旧法相比，新增了6处民事连带责任。民事责任和刑事责任的具体化和严格化的主要目标在于解决旧有法律责任配置不足的问题，尤其是刑事责任缺位的问题，是我国违法与犯罪二元立法体系所带来

---

① ［德］考夫曼：《法律哲学》，刘幸义译，法律出版社2004年版，第142页。

的负面效果之一。

对于二元立法体系伴生的不足之处，我国刑法学术界对此的讨论虽然较多，但关于它对法律责任影响的论述却着墨不多。我们认为，违法与犯罪的对立更严重的后果在于割裂了法律责任之间的关联，将相同行为模式的法律后果人为割裂成行政责任和刑事责任，进而分别规定在不同的部门法中。刑事立法上的二元化体系，在司法实际中甚至演化为二元化的三分法乃至四分法。具体来说，对于成立犯罪的行为，司法机关着重于严重犯罪行为的刑事处罚，而将轻微行为与严重犯罪行为相分离，进行程序性免责（酌定不起诉等）。对于需要行政处罚的行为，行政机关也进行二分，只对严重行政违法行为进行处罚。例如，《治安管理处罚法》第41条规定："胁迫、诱骗或者利用他人乞讨的，处十日以上十五日以下拘留，可以并处一千元以下罚款。反复纠缠、强行讨要或者以其他滋扰他人的方式乞讨的，处五日以下拘留或者警告。"对于反复纠缠行为进行治安管理处罚的必然逻辑推理就是：偶尔纠缠的行为就不构成对此法的违反。二元化立法体系的构建下，形成了思维惯性：凡是规定刑事处罚内容的，都应当由刑法"专供"，凡是存在拘留等限制人身自由内容的，则属于《治安管理处罚法》的"禁脔"。依此思路，其他行政法律和经济法律只能依靠罚金的威慑。然而，无论多高的罚金，都无法弥补法律制裁力度的软弱问题，剥夺自由与剥夺财产，在性质、处罚位阶上无法相提并论，对于当事人的矫正作用也是完全不可相比的。

二、双轨制立法模式的构建原则

（一）坚持刑法典权威

刑法典要想获得公众认可，其内容必须是普通人能够理解的。[①] 对于传统型的自然犯，如故意杀人、抢劫、强奸等，国民根据朴素的伦理道德观念就可以

---

① 刘仁文、陈妍茹：《论我国资本刑法的完善》，载《河南社会科学》2017年第5期。

识别行为的违法性,而不需要专门的法律学习,因为此类犯罪违反了人类社会最基本的自然道德感情和伦理秩序,应受到刑法的制裁。随着人类进入工业化社会,在犯罪类型中行政犯的占比越来越大。将一切犯罪行为都纳入刑法典中进行规范的思路并不现实。正如前文论证,附属刑法并不是包含刑法的所有内容,也不可能包含刑法的全部内容,附属刑法只是对某一个特定领域的行为进行刑法的特别规制。而且由于仅和某专业领域有关,不可能寄希望于所有民众都能充分知晓所有领域的所有专业术语,所以将附属刑法置于核心的地位是不大可能的。可以肯定的是,不管是刑法典还是附属刑法都没有办法对一切的犯罪行为进行涵摄,相对于附属刑法所具有的时代特征,刑法典具有更加稳定的社会信赖与悠久的历史积淀,其在内容上的规定经历了历史的流变反而更加历久弥新,被大众广泛熟知且被司法人员熟练适用。因此,刑法典的权威地位不可或缺,是双轨制立法的首要原则。

对于双轨制立法来说,刑法总则、刑法分则、附属刑法三者之间的有机联系是极其重要的。从我国的立法模式来说,这种双轨制的立法模式应当继续沿用下去,以附属刑法对刑法进行有益的补充。首先,刑法典和附属刑法的关系方面,我国大陆地区刑法典对此并不规定,可向比较法寻求借鉴。我国澳门地区《刑法典》第8条对刑法典与特殊刑法两者之间的关系做出明文规定,即"本法典之规定,补充适用于可为特别性质之法例所处罚之事实,但另有规定者除外"。因此,附属刑法作为特殊刑法的一部分,理应适用此条规定。我们认为,刑法典还应细分为刑法总则和刑法分则。在附属刑法与刑法总则的关系上,两者之间是一种隶属关系,刑法总则的内容作为统摄性的规定,统辖附属刑法的法规范。刑法总则作为一般性、概括性、抽象性的刑法规范,犯罪论以及刑罚论作为其主要的架构,成为刑法的统领性的法规范,对于所有的刑法规范具有总括性的一般意义与统摄意义,而不论其是否在刑法典之中,自然附属刑法也不例外。同样,附属刑法中的刑事规范必须与刑法总则相契合,不得出现有悖于刑法总则规定的情形,否则就会出现立法的错乱局面,最终导致司法的无所适从。附属刑法与刑法分则是平行互相填补刑法漏洞的关系，法律地位上，两者平行，不存在大小高低之分，因而需坚持刑法规范之间的协调性。坚持协调性，就是附属刑法中刑法规范的制定应避免与刑法分则的罪名相重复，避免重复立法带来的立法资源浪费问题。立法者在进行附属刑法的立法过程中，应有高瞻远瞩的全盘思维，需要做到附属刑法的相关立法要适应符合刑法总则的基本原则、理念，也要兼顾实质上的相协调、形式上的相匹配，当然这是指与刑法分则的相关罪名相协调、相匹配。

（二）协同多机构撰法

为了避免刑事立法权的滥用，我国的刑事立法权属应遵守《中华人民共和国立法法》第 8 条第 4 款的规定，即，涉及犯罪与刑罚的问题，只能由法律加以规定。可以说，我国的刑事立法权的享有主体是特定的，只能由代表人民普遍意志的国家最高权力机关（全国人民代表大会及其常务委员会）行使，其他的任何个人、单位都不能代为行使，2016 年国务院通过《农田水利条例》，该条例第 43 条第 3 款规定，倘若行为人实施了擅自占用农业灌溉水源、农田水利工程设施的行为，构成犯罪的，则依法追究刑事责任。的确，我国现行立法对此没有做出专门的刑事法规定，而且该行为类型也不能以兜底罪名非法经营罪进行裁决。与前部所论述的比较接近的罪名是破坏生产经营罪，在破坏生产经营罪的语境下，将"擅自的占用行为"，解释为"破坏生产经营的行为"，可能超过用语本来具有的含义范围，导致超越立法本意的扩大解释，甚至成为类推解释，为现代法治精神所不容。附属刑法具有对罪名的漏洞进行填补的功能，与非刑法性的规范性文件是不同的。我国的刑法规范制定机关应当严格依据法律规定，严格在权限范围内制定法律，禁止超越职权范围创设附属刑法规范。

针对附属刑法的专业性强、复杂性高的特点，应尝试探索构建专业机构和高校科研机构双向联动机制。如果将重任全部交由立法机关孤军奋战，独立完成附属刑法的起草，将可能因理性思维的局限而出现立法漏洞。因此双向联动机制，有助于发挥高校、科研机构的智库作用，提升附属刑法的立法水平。对于专业问题领域出现的新问题、新趋势、新现象，需要专业领域的专家才能充分把握，为了能够及时出台法律规范打击新型犯罪问题，对于高校和科研机构而言，其专业问题的专精，有丰富的理论积淀，能够参与到立法过程的法律论证中，提出卓有建树的专家意见。因此，如果想要附属刑法起到真正的补充刑法典的价值作用，坚持与时俱进、精确无误地打击犯罪，在附属刑法规范的起草全过程中就必须加强与专业机构和高校的互通有无、双向合作，确立常态化的沟通交流机制。

（三）转化空白罪状规定

许多的指引性条款存在于我国的非刑事规范性文件中，虽然"构成犯罪，依法追究刑事责任"这种非刑事规范性文件中的条款并非真正意义上的附属刑法，但如果被立法机关广泛地滥用，最终将损害附属刑法的本身意义与价值，我们需要进行审慎地检讨和反思。其主要危害在于：一方面，其在一定程度上表明了立法机关存在着刑法万能论思想，反映出立法态度的轻率和焦躁；[①] 另一方面，指引性条款的规定将削弱刑法典本身的权威，降低刑法对人的震慑力和畏惧感。为了解决附属刑法与刑法典衔接机制的问题，可以采取两种方案：一是将空白罪状的改写为叙明罪状。空白罪状虽然没有违反罪刑法定原则，但司法人员直接援引空白罪状后的非刑法规范进行裁决却可能出现与罪刑法定相冲突之嫌。如前所述，如果我国没有真正意义的附属刑法，那么这些法律规范就不是刑法的渊源。刑事审判以非刑法法源做出刑法判决是极不合适的。在刑法中，将法规范中的空白罪状进行改写则能化解这一问题，具体来说，将刑法中的空白罪状改写为叙明罪状，以此方式予以解决。二是在附属刑法中明确空白罪状的内涵。通过具有独立属性的附属刑法与刑法的二元区分，实现从现有的单轨制立法模式转向双轨制的立法模式的革新。

[①] 汪斌、姚龙兵：《论我国刑法渊源》，载《安徽大学学报（哲学社会科学版）》2014年第2期。

第二节　司法裁决的纠偏

一、刑事司法应避免"行政化倾向"

前文所提及的"赵某非法持有枪支案"等一批案件发生及判决后的强烈反响，在某种意义上可以认为是当前行政犯时代的刑事司法的缩影。赵春华案经过舆论发酵后，该案一审法院副院长曾表示：案子本身（判的）没有问题，但从情理上怎么考虑，可能没想那么多。① 此观点在一定程度上反映了实践中裁判机关在行政犯问题上的审判思维。

笔者将此种审判思维归纳为"刑事司法的行政化倾向"，即在行政犯时代，对于部分犯罪的认定往往需要依靠专业领域的专业判定，而对于专业判定，人民法院在刑事审判中往往倾向于依附甚至附属于行政管理法规所界定的专业知识或行业标准，易言之，在刑法判断中对前置行政要素的机械性适用，而丧失了作为刑法判断的独立品格。刑事审判中的行政化倾向甚至出现了使刑法沦为行政执行法的趋势。

以交通肇事罪为例，该罪的具体定罪标准《刑法》第133条并无规定。根据相关司法解释，肇事者的事故责任是认定是否构成交通肇事罪的主要依据。司法实践中，司法机关往往直接根据《交通事故认定书》认定事故责任，进而确定是否构成交通肇事罪。然而，《交通事故认定书》作为在道路交通事故中，公安机关依据行政法规而做出的行政判断性法律文书，其对行为人的行政责任认定与刑事责任认定的原则和方法都有根本不同，不能直接作为刑事审判中的证据被司法机关采纳。因而，交通肇事罪中的刑事责任无须与行政责任亦步亦趋，特别是在行为人逃逸事故现场而被行政执法部门认定承担事故全部行政责任的

---

① 《法院谈射击摊大妈获刑：判决时从情理上考虑得不多》，https://news.163.com/17/0118/17/CB32O0V60001875P.html，访问日期：2021年2月18日。

场合更应如此。

公安部门对于交通事故出具的交通事故责任书,其不仅在当事人之间确定行政责任的归属,而且还作为一种特殊的鉴定结论。实际上,早在1992年最高人民法院联合公安部发布的《关于处理道路交通事故案件有关问题的通知》(法发〔1992〕39号,已失效)中,第4条明确规定:"人民法院审理交通肇事刑事案件时,人民法院经审查认为公安机关所作出的责任认定确属不妥,则不予采信,以人民法院审理认定的案件事实作为定案的依据。"以上规定可以看出,对鉴定结论,法官可以基于自己对案件的理解和客观的案件事实进行实质的取舍。在交通肇事案件中,法官对于行政责任的认定虽然不具有更改的权力,却具有不采信已作出的行政责任认定的权力,而不受公安交警部门的前见影响。特别是在当事人逃逸的情形,公安交通管理部门做出其对全部的行政责任予以承担的情况下,法官应进一步确认行政违法行为与事故结果之间的因果关系和内容;如确系当事人逃逸导致的证据灭失,进而导致违章行为和事故结果的因果关系无法查明时,应依据疑罪从无的原则进行无罪化处理,不应全凭交通事故认定而追究当事人的刑事责任。

在行政犯领域,根据行政法规所明确的标准进行的考量可以划归为第一层面的规范适用,如果出现的结果是判定的结论与社会公众的普遍认知和社会正义观念(常识、常情、常理)存在冲突,那么应当对行政法规范所确认的事实与标准的关系进行第二层面的价值考量。

(一)比例原则的价值考量

经过一百多年的理论革新和实践检验,比例原则逐渐完善成为法治社会规范治理的基本原则之一。该原则划定了国家公权力和公民私权利的界限,制度化地和谐了公权和私权的紧张关系,在迈耶尔对公权与私权关系进行系统的阐释后得到了理论界的普遍共鸣。在一定程度上来说,比例原则甚至是跨越了行政法的理论界域,在其他的法领域得到不断扩张。美国刑法学家帕克在实证调研的基础上得出结论,过度依赖严厉的刑事制裁会造成刑事程序各阶段金钱和执法资源的大量浪费。① 我国也有学者认为，如果将犯罪看作社会的一种积弊沉疴，那么刑罚无疑就是国家开出的一剂猛药，……世人皆知，是药三分毒。② 在行政犯的时代下，行为人的行为在客观上可能违反"国家规定"，按照文义解释的方法进行入罪似乎没有什么障碍。但是，如果是通过比例原则的价值内涵进行考量，以行为在客观上没有侵害刑法所保护的法益（法益侵害阙如）、主观上违法性认识不足（违法性认识可能性）等理由，以最经济、最节制的方法"以理出罪"，而不必动用刑法是否更有利于法的社会效果呢？还有观点提出："在刑事诉讼中，基于贯彻罪刑法定原则、维护刑事审判的完整性与独立性、切实保障人权、确保法秩序统一的立场，原则上应否认行政行为对犯罪的构成要件效力或公定力在刑事诉讼中的运用，进而行政行为不能拘束刑事审判，法院可以审查刑事案件中行政行为的合法性。"③

（二）裁判可接受性的基本法理

英国著名哲学家培根认为，一次不公正的审判，其恶果甚至超过十次犯罪。行为人触犯了法律，只是对水源造成了污染，在社会大众的眼中，对于不公正的审判作何种程度的理解其实是模糊的，是因为事实不清还是法律适用错误抑或程序不当？对于司法裁判的不满，当事人的情绪来源是多元而复杂的，另外，由于证据缺乏或者事实缺乏而产生的情绪性反感，司法机关也是不会在法律的范围之内减少影响的。但除了非理性对抗外，针对司法裁判公信力削弱的现状，法官也应该在坚持裁判原则和规范思维的同时，反思裁判理念和判决机理。"陆勇案""王力军案""王鹏案"等案件判决所带来的舆论效应，引发的全民热议，其背后反映的就是司法机关的裁判结论或处理方法与社会共识脱节，背离了社会普遍认同的朴素法感情。因此，司法裁判不仅需要规范判断，还需要将裁判可接受度纳入裁判的考量标准。

---

① [美]哈伯特·L. 帕克：《刑事制裁的界限》，梁根林等译，法律出版社 2008 年版，第 329 页。
② 何荣功：《"重刑"反腐与刑法理性》，载《法学》2014 年第 12 期。
③ 王世杰：《论行政行为对刑事审判的拘束》，载《政治与法律》2018 年第 6 期。

沈家本先生在《历代刑法考》中就法的渊源和本义中指出："法是根据情理而定的，法律不能在情理之外进行另做设置，大凡事理必有当然之极，苟尽其极，则古今中西无二致。"也有学者指出，有些法官在强调裁判合规范性的同时，忽视了裁判结果的道德判断，违背了社会公众朴素的情感认知。[1] 从刑法伦理分析，刑法的功能除了严厉惩恶，还蕴含着人文关怀，同情弱者、怜悯悲者是刑法不可或缺的价值所在。"深藏于集体意识中的正义情感"[2] 作为一种集体性的情感表达，是公众的价值伦理需求与社会公众价值取向的具体生动体现，从社会伦理的规范视角，国民普遍接受符合伦理规范的事物，排斥拒绝与伦理规范所相背反的事物，不一致的东西，有学者指出："我们每一位坐在审判台上的刑事法官，既应严格遵循法律，公正公平地适用法律，但内心亦应时刻保持对于正义的直觉。警惕自身在长期适用法律过程中的习惯性变成机械性，并成为僵化自身道德良知的'凝固剂'，最终将自身与公众的朴素正义观以法律的名义隔绝开来。"[3] 所以，在价值评判的视域，法律不应当与伦理出现巨大的割裂与鸿沟，法律一定程度上应与伦理相协调一致，在刑事司法中司法判决不能违背良知，违背公民普遍的社会伦理观念。

二、坚守"严重的社会危害性"的实质评价

对于行政犯的刑事认定，应当坚守实质的社会危害性评价，不能脱离此语境进行展开，更加不能抛下社会的现实与需要实然情况，对社会危害性进行"拟制"。司法是连接实存世界与当为世界的桥梁，所以司法者的判断虽然是依据当为世界的规范，但仍必须考量实存世界中的社会危害性。[4]

---

[1] 周德金：《裁判合理性：法律公众认同的基础——许霆盗窃金融机构案引发的思考》，载《法治研究》2008 年第 7 期。
[2] 梁根林：《公众认同、政治抉择与死刑控制》，载《法学研究》2004 年第 4 期。
[3] 张宏伟：《刑事法律与公众正义感的契合之路：读〈海盗、囚徒与麻风病人：关于正义的十二堂课〉》，载《人民法院报》2019 年 2 月 15 日。
[4] 王昭武：《犯罪的本质特征与但书的机能及其适用》，载《法学家》2014 年第 4 期。

（一）应兼顾形式理性与实质理性

法的特征之一就是法的安定性，刑法也不例外需要安定性，这也决定了在司法的过程中对形式正义的坚守之必要性。马克思·韦伯形象地将司法比拟为自动售货机，一端输入事实，另一端就输出判决。仅在形式逻辑层面强调严谨性，所导致的结果是只能保证过程的合理性，但是无法保证结果的合理性。天津大妈赵春华案件中，司法的裁判者认为赵春华一共所持有的 9 支枪型物品中已经有 6 支符合了公安部所规定的枪支认定标准，在构成要件该当性阶段符合了非法持有枪支罪的要素，最终认定赵春华构成非法持有枪支罪。如此的判决结论的确符合形式逻辑的推导，但判决结果引发的巨大舆论哗然，反映出其与公众期望的脱节。在形式理性和实质理性之间，司法者常常优先考虑前者而忽略具有出罪功能的后者。罪与非罪的抉择中，司法者总是去找寻定罪的逻辑，而不反思这一选项是否合理。在赵春华案件中，假如司法者认为赵春华持有枪形物的行为虽然在形式层面上，存在违法性，但进一步通过实质的判断可认为其行为其实不具有实质的社会危害性，将行为进行无罪化处理的结果反而更加符合民心民意。罪刑法定原则只限制对法无明文规定的行为入罪，但从来不限制对法有明文规定的行为出罪。[①] 刑事司法的审判者绝对不能以"法律之口"进行自我的定位，应当在形式理性与实质理性的天平上寻求平衡，注入社会危害性的实质判断。

（二）社会危害性的阐释不能偏离"法益侵害性"

社会危害性是一种事实的评价，涉及的是行为是否成立犯罪的前提性问题，法益侵害所呈现的主要是社会主流价值观的价值判断。其实，社会危害性并不是犯罪行为的唯一特征，换句话说，并非仅是犯罪行为具有社会危害性，相反其他的一些一般违法行为也是具有社会危害性的，甚至有可能一些看似合法的行为也具有社会危害性，社会危害性并非犯罪行为所独占，所以需要通过法益的概念，采取法益衡量，对刑法中的行为的社会危害性进行准确界定，以明确

---

① 陈兴良：《赵春华非法持有枪支案的教义学分析》，载《华东政法大学学报》2017 年第 6 期。

刑法上罪与非罪的概念界分。意大利刑法学家杜里奥·帕多瓦尼认为，"法益"这一概念具有注释-运用功能、系统分类功能、系统界定功能和刑事政策功能。①而在立法上，法益的功能主要是体现在，系统界定功能、系统分类功能、刑事政策功能。在刑事司法上，法益主要是体现出注释-运用功能，这时的法益主要是指形式的法益，在刑事司法中发挥对于构成要件的解释机能。其实，在案件的事实与法规范之间并非完全是严格意义上的三段论逻辑推理的过程，对于构成要件进行解释应当以法益保护原则为指导。在"陆勇案"中，依据我国当时的药品管理法律法规，如果未取得我国进口药品销售许可的，按照规定则属于假药。陆勇从印度自己带回来的抗癌药因为没有取得进口药品销售许可，按照当时的规定则是认定为"假药"，但药品管理秩序并不优先于法益，该罪的法益旨在保护公民的生命和身体健康利益，而陆勇的行为显然具有积极的治疗效果，对本罪背后所保护的法益没有造成侵害，那么不应当认定为犯罪。

（三）要以历史的眼光看待行政犯的社会危害性

社会存在决定社会意识，社会意识是社会存在的反映，这是马克思主义唯物史观的基本观点。行政犯是在经济社会发展的过程中产生的，社会经济发展的现状作为行政犯的存在基础，其以社会现实需要为牵引力。《刑法修正案（五）》增设妨害信用卡管理罪，就是因为在信用卡广泛使用的现实下，利用信用卡进行犯罪屡屡出现，打击破坏信用体系的行为就成了新的社会需要，因此刑法将妨害信用卡管理行为规定为犯罪。行政犯本身所具有的社会危害性，可以说是立法者直接价值取向的体现，从根本上来说是社会的整体对行为的价值取向。社会是变化的，社会的价值判断也是变化的。在立法时认为是具有社会危害性的行为，随着社会的发展，其危害性就可能降低甚至完全不具有社会危害性。司法者要在坚守罪刑法定原则的同时，深层次地理解行政犯的立法目的，综合考量经济社会发展的整体境况和时代的现实需要，对行政犯的违法判断作

---

① ［意］杜里奥·帕多瓦尼：《意大利刑法原理》，陈忠林译，法律出版社1998年版，第77页。

出实质性的法益性评价而非只是进行抽象社会危害性的判断。在王力军案中，行为人虽然没有办理相应的行政许可证件就进行收购玉米等粮食作物，其非法收购粮食作物的行为违法了粮食流通管理的相关规定。从形式上认定，其行为符合了非法经营罪的构成要件。但实质上，王力军起到了粮农和粮站的沟通纽带作用，促进了商品流通，其实施的行为并不具有实质的社会危害性。"只要行为人实施了某种行为（以违法为前提）就一定具有社会危害性"，这种思维僵化的理念我们一定要摒弃，必须在社会的整体发展现状以及整体的社会需求角度下进行社会危害性的评判。更加深入地说，行政犯本身并不违反传统的自然道德，行政犯所违反的只是人为构建起来的"法定的恶"。自然的道德也处于不断发展的进程中，如日本学者大冢仁教授所认为，行政犯与社会伦理的关系来说，两者并非是无关的，如果真的和社会伦理无关的话，那么这种东西在刑法上被当作犯罪来进行处理的话，人们遵守这种法律实际上就成为伦理的要求。从此意义上来讲，行政犯与社会伦理也是具有相关的联结，那么在刑事司法评价行为的社会危害性时，就不能仅是局限于道德的伦理的观念，应当考虑的情况还包括国民道德情感领域的成长与变化。

三、积极探索行刑违法的双向转化路径

在贯彻法秩序原则统一的基本前提下，并不是说一定要消除行政违法与刑事违法的泾渭界线，需要注意与明确的是两者之间的逻辑位阶关系以及处罚的边界。首先应当进行的是初次评价，即行为是否违反了行政法规具有行政违法性。如果行为具有行政违法性，再进行二次评价，也即违反行政法规具有行政违法性的行为是否符合刑法的构成要件，具备了刑事违法性。从上论述可以看出，在当前的行政违法与刑事违法的二元界分的体系之下，行为具有行政违法性，可以在满足刑法的条件下入罪为刑事违法。当然的情形是，行为即使是具有刑事违法性但是也在特定的情形下有可能向行政违法方向进行出罪。所以对于行政犯入罪与出罪的两种通道进行梳理实有必要，可以画定具有实践可行性与可操作性的合理路径。

（一）严格限缩行政违法向刑事违法的正向"入罪化"

刑法作为其他部门法的后盾法，当行为超出其他部门法评价范畴时，就需要刑法介入，将违法行为升格为刑事犯罪。作为后盾的刑法并不是简单重复其他部门法的规定，尤其是在空白罪状的场合下，刑事违法性判定并不是对前置法的直接转化，而是基于行政处罚对违反前置法的行为已经制裁不足，并且侵害到了刑法所保护的法益，需要通过刑法进行评价和规制。[①] 当前我国对空白罪状的参照性法规主要集中于行政法、行政法规、行政规章，例如《刑法》第131条重大飞行事故罪、第132条铁路运营安全事故罪。相较于行政法和行政法规，行政规章的数量极多且法律位阶较低，社会公众几乎不可能全面了解。因此，有学者指出："社会公众对部门规章的知晓程度远远不及法律、行政法规……一般公众不可能对规章的规定完全知晓，因此无法判断自己的行为是否违反了规章的规定。"[②] 而且，基于法律专属主义，罪刑法定原则下不允许行政权向立法权扩张，行政违法向刑事违法的转化需要更严格的禁止。除此之外，在行政违法向刑事违法的转化过程中，除了法律规范的解释适用之外，还有证据的转化、程序的衔接等问题，应当对行政证据向犯罪证据转化进行严格的限制，明确行政处罚认定结论对刑事司法机关不具有预决效力。[③]

（二）积极倡导刑事违法向行政违法的反向"出罪化"

为了应对不断变化的社会现实，频繁立法的立法活跃化背景下，不管是在刑法上以刑法的谦抑主义视角出发，还是在从处罚的必要性上对行政犯进行分析，对于特定的行政犯尤其是经济类行政犯，前置性的行政法规或者行政处罚都应当进行相应的扩张进而阻却违法性成为行政犯阻却刑事违法的出罪事由。

---

① 田宏杰：《行政犯的法律属性及其责任——兼及定罪机制的重构》，载《法学家》2013年第3期。
② 高翼飞：《从扩张走向变异：非法经营罪如何摆脱"口袋罪"的宿命》，载《政治与法律》2012年第3期。
③ 陈瑞华：《行政不法事实与犯罪事实的层次性理论》，载《中外法学》2019年第1期。

质言之，行为即使是符合刑法上构成要件的行为，具有一定的刑事违法，但是在接受了与行为的危害性相适应的行政处罚或者满足了相应的行政法规的要求后，也可以进行出罪。例如《刑法》第 201 条逃税罪规定："经税务机关依法下达追缴通知后，补缴应纳税款，缴纳滞纳金，已受行政处罚的，不予追究刑事责任；但是，五年内因逃避缴纳税款受过刑事处罚或者被税务机关给予二次以上行政处罚的除外。"从《刑法》第 201 条逃税罪的规定可以看出，虽然行为符合逃税罪的犯罪构成要件，但是行为人补缴应纳税款、滞纳金并且已经按照相关行政法规的要求进行了行政处罚，那么对于行为人就不再进行刑事追诉。以上的情形，某种程度上来说就是刑事违法反向行政责任承担转化的经典示例。有学者将"补缴应纳税款、滞纳金并受到相应行政处罚"界定为处罚阻却事由，即"第 4 款规定的只是处罚阻却事由，而不是构成要件的内容，所以只要行为人的逃税行为符合《刑法》第 201 条第 1 款的规定，并具备其他责任要素，其行为就成立逃税罪，只是还不能发动刑罚权而已"。[①] 笔者认为，从逃税罪的行政出罪事由来看，应当赋予其消极的犯罪构成要件地位。从逃税罪的规定可以看出，我国刑法存在行政犯过多的隐忧，所以在对行政违法行为进行过多的吸纳之后，对于刑法所设置的刑罚效果就应当重新进行评估与审视。越来越多的反向出罪需求，呼唤着体系化、法定化的反向转化路径。

第三节　行刑衔接与鸿沟跨越

一、行刑衔接机制的"刑事一体化"理念

（一）行政执法与刑事司法程序的衔接

正如前文所述，"一次不公正的审判，其危害要比十次严重犯罪还大，因为

---

① 张明楷：《税罪的处罚阻却事由》，载《法学论坛》2011 年第 8 期。

犯罪污染的是水流，而不公正的审判污染的是水源"。如果法律无法在实践中得到公正执行，将导致人们对于整体法律以及司法失去信心，司法赖以生存的公信力将荡然无存。当法律不被信仰，法律也仅仅是一纸空文，因此作为实体上行政犯出罪的问题，缺乏正当程序的保障，所谓的出罪都是将变得毫无意义。

行政执法与刑事司法在程序上最为重要的两方面内容，一为移送程序，二为证据衔接。移送程序不仅涉及行政机关向司法机关的移送，即当行政违法行为严重可能涉及刑事犯罪时，行政机关应当向司法机关移送，由司法机关对行为是否构成犯罪进行最终认定。同时也应包含司法机关向行政机关的反向移送，当司法认定行为不构成犯罪但可能需要追究行政责任，应当移交行政机关追究相应行政责任，当司法机关认定不构成犯罪或也不具有违反行政规范的，如正当防卫、紧急避险等，应当及时通报移送案件的行政机关。[①] 既从程序上保证了打击违法犯罪形成完美的闭环，同时也为司法机关认定行政犯违反犯罪行为提供了全面而周详的参考依据。证据作为犯罪认定的核心依据，在行政执法与刑事司法中具有基础性作用，实际上如同行政要素的司法适用，行政认定的证据在刑事司法上直接适用也引起了巨大的非议。一般而言行政机关搜集认定的证据与刑事程序的证据搜集的效力和程序是迥然不同的，如果允许行政机关认定的证据代替司法机关认定的证据，将严重侵害司法的独立和专属性，但是鉴于实践中较为常见的行政执法与刑事司法证据的类似性，盲目全面否定行政机关认定的证据并无过多意义。因此有学者提出对于证据的认定可以区分不同的情况，对于需要专属司法人员执行的证据，并且具有直接影响案件定性的证据，如证人证言、被害人陈述等，必须由司法机关重新提取，才能保证司法的权威性，以保障犯罪嫌疑人基本权利。然而对于某些客观存在的书面材料，如书证、视听资料，前置行政机关的认定经司法机关核实后可以直接作为刑事审判

[①] 杨解君：《秩序·权力与法律控制——行政处罚研究（增补本）》，四川大学出版社1995年版，第277页。转引自刘艳红、周佑勇：《行政刑法一般理论》，北京大学出版社2020年版，第306页。

证据使用。① 因此某一行为，或涉嫌行政违法或涉嫌刑事犯罪，抑或涉嫌刑事犯罪行为出罪，涉及行政违法与刑事司法双重领域的跨领域的判断，是行政犯以及行政犯出罪的重要的独立特征，只有建立行刑衔接程序公正、正当的基础上，才能在法秩序统一的背景下，做到打击违法犯罪与实现人权保障的有机统一。

（二）行政执法与刑事司法运作机制的衔接

自 2001 年 7 月国务院颁布《行政执法机关移送涉嫌犯罪案件的规定》开启行政执法与刑事司法衔接以来，通过中央反复的文件要求、国务院行政法规反复的强调以及政府规章的微观落实，我国关于行刑衔接已经基本建立了相对完善的工作机制。但由于行刑衔接涉及面广、参与主体众多、程序设计较为复杂等多方面原因，现有行刑衔接机制在实际运行中存在部门协作相互掣肘、案件移送机制不畅通等诸多问题，始终难以达到机制设计的最初目的。理论界对此问题也深入展开分析，或从实体层面、或从程序层面着手分析并提出诸多见解，然都停留在法律规范层面和制度应然层面，而忽视了对整体制度机制运行的考察，因此笔者曾提出行刑衔接机制的构建和完善，从某种意义上是一场非常深刻的制度变革，需要宏观机制设计的视角对行刑衔接机制的内在运行及相互作用展开深入探讨。② 这一观点不仅对于全面考察行政执法与刑事司法衔接机制具有重要意义，同时由于行政犯的入罪和出罪本身就是处于动态的过程，从健全整体机制运转视角切入，能够最大限度避免因不当的审判或机制导致行为无法出罪。

整体机制视角从帕累托最优、信息效率、激励相容三个层次对机制设计予以系统检视和完善，③ 在行政犯出罪机制完善中最为关键的在于信息效率问题，

---

① 刘艳红、周佑勇：《行政刑法一般理论》，北京大学出版社 2020 年版，第 308 页。
② 杜文俊、陈超：《机制设计理论视域下"行刑衔接"机制的重构与完善》，载《国外社会科学前沿》2020 年第 11 期。
③ ［美］利奥尼德·赫维茨、斯坦利·瑞特：《经济机制设计》，田国强等译，上海人民出版社 2009 年版，第 4 页。

传统的行刑衔接机制存在不畅通的本质原因在于行政机关与司法机关之间的信息不对称。在我国司法实践中大多数行政犯的发现与侦查线索都是来源于行政执法机关在日常执法中发现的严重违法行为、移交给公安机关进一步立案侦查。因此行政执法机关所提供的信息特别是证据材料，对于认定行政犯具有关键作用，然而由于衔接渠道缺失、信息衔接渠道的闭塞，往往导致证据材料在移交中不完全，造成行政执法机关与刑事司法机关在信息上的极端不对称性，在影响案件定罪同时，实际上也严重影响了案件的出罪。随着信息技术的进步，各地都在探索司法信息化，针对行刑衔接也构建了专门的"行刑衔接"平台，借助现代信息和互联网技术解决信息不对称的现实困境，提高了信息共享的效率，极大推动行政违法行为和行政犯定罪的处置效能。接着，需要进一步推进行政处罚信息并入信息共享平台，打通地域以及部门的壁垒，使相关人员能有力甄别行为人前置违法行为，针对如逃税罪等特定行政违法次数的犯罪做出准确出罪和定罪。同时为保证案件信息在衔接中的有效性流通，推动更高效率的行政处罚与刑事处罚的衔接，有必要对行政部门与刑事司法部门共享的信息予以进一步统一明确，唯有如此方能在准确打击犯罪的同时，确保不应当纳入刑事处罚的行为合理并且合法地出罪，实现最大程度的公平正义。

二、行刑衔接的刑事优先原则宣示

（一）刑事优先原则的基本内涵

刑事优先原则不是约定俗成的，而是学者们从各自领域诠释的观点，根据在立法上所包含的不同意思进行总结与概括，从而赋予刑事优先原则以全新的意蕴与含义，形成全新的领域特色。在行刑衔接领域中，刑事优先原则被个别学者认为"是对'刑事优先原则'错误理解和不适当滥用"[①]，但刑事优先原则有其实定法依据。行政执法部门在查处行政犯罪案件的时候也面临着抉择，是

---

① 谢治东：《行政执法与刑事司法衔接机制中若干问题理论探讨》，载《浙江社会科学》2011年第4期。

继续推进行执法程序还是将案件移送给司法机关从而启动刑事司法程序。进一步理解，在刑事追诉程序已经启动时，仍然存在是先进行行政处罚还是先进行刑事处理的抉择。《行政处罚法》第 7 条第 2 款、第 22 条、第 28 条等条文明确要求行政执法机关将涉嫌构成犯罪的案件移送至司法机关，自然就意味着司法机关此时应当优先启动刑事司法程序，行政执法程序一般情况下应当中止。实务中，"两高"共同发布的《关于审理经济纠纷案件中发现经济犯罪必须及时移送的通知》，行政机关和司法机关共同发布的有关行刑衔接的意见、规定等一系列政策、文件也都蕴含了刑事优先原则的内容。[①] 从以上来说，在行刑衔接的制度框架内，行政机关在行政执法的过程中发现涉嫌犯罪的，将案件移送司法机关进行刑事责任追究的方式，同样是刑事优先原则的体现。

区别于传统的刑事优先原则，行刑衔接中的刑事优先原则存在其特殊性：一是刑事程序启动的依附性，行刑衔接机制的运作中刑事程序的启动、刑事责任的追究，是以行政机关的涉案移送为前提条件的。换句话说，对行政机关移送案件具有依附性，秉持不告不理的诉讼中立原则；二是优先启动刑事追诉程序的绝对法定性。对行政执法部门而言，在行政执法的过程中发现的可能的刑事案件，必须进行移送。三是刑事处罚优先的相对性。在行刑衔接的领域下，程序上刑事处罚的优先性与处罚的优先性并不能画等号，在刑事追责的程序启动以后，刑事优先只是相对的而不是绝对化的优先，特殊情形下也可能存在先行政处罚后进行刑事处罚的情况。这是因为行刑衔接涉及国家多部门的协作，对于犯罪案件的认定，有时需要行政执法部门先进行处罚，如果此时先进行刑事处罚再进行行政责任的追究会带来诸多的问题，不利于司法公正效率的实现。因此，刑事优先处罚原则只是行刑衔接中的法律适用的一般原则，是为了解决行刑衔接下诉讼冲突问题的一种方式。

---

① 练育强：《"两法"衔接视野下的刑事优先原则反思》，载《探索与争鸣》2015 年第 11 期。

(二) 刑事优先适用的正当性依据

行刑衔接视域下的刑事优先原则作为进行相应程序选择的一般原则，不仅在法律规定上具有合法性，从法理上来看也是具有正当性基础的：

首先，对于平衡社会整体利益和个人利益大有助益。刑事案件具有严重的社会危害性以及实质的法益侵害性，是对国家、社会、个人利益的重大损害，相对比而言，行政案件侵害较轻，而民事纠纷案件主要是侵犯公民的个人利益。如果从法益权衡的角度，国家利益、社会利益在一般情况下重要于公民个人利益。在法益衡量理论下，基于对重大法益的优先保障，刑事优先是实现实质正义的基本原则，不仅"有利于打击犯罪，实现刑法的防卫机能"[1]，而且"刑事优先原则受制于现代刑法维护秩序与保障自由的价值平衡，在限制中适用必将推动法律的终极目标——社会正义的实现"[2]。

其次，在司法实务中对于提升诉讼效率具有重要意义。刑事追诉程序的证据要求高于行政执法，刑事案件对证据的采信要达到排除合理怀疑的标准，刑事裁判结果更加客观和真实，运用其来处理行政案件更具说服力，可以避免重复取证、重复审理。[3] 此外，刑事取证的侦查人员和侦查装备更为专业，取证手法更为多样，取证效率更高，不仅会"缩短在行政违法处理和刑事司法犯罪认定之间的'时间差'，最大限度整合执法资源"，[4] 还可以帮助被害人解决举证上的困难。[5] 倘若先行后刑，极有可能出现当事人为了逃避刑责从而毁灭罪证的情况。而且，要推动多种处罚轻重并举，也要通过刑事优先来实现，刑事优先还可以通过刑事附带民事的方法，在判处刑罚或者在对行为人免除刑罚之后，以非刑罚

---

[1] 陈兴良：《论行政处罚与刑罚处罚的关系》，载《中国法学》1992年第4期。
[2] 周福民、白江：《刑事优先原则中的法律理念冲突》，载《法学》2006年第2期。
[3] 杨亚民、蔡桂生：《刑事优先原则的现代转型探析》，载《人民检察》2006年第3期。
[4] 闻志强：《"两法衔接"之功能与价值分析——基于法治中国建设全局视野下的考察》，载《西南交通大学学报（社会科学版）》2016年第1期。
[5] 薛进展、刘琪、王志坚：《刑事优先原则适用与限制的具体途径》，载《法学》2006年第2期。

的处理方式或者由相关部门进行行政处罚对行政责任、民事责任进行归责处罚。

最后，有利于实现公平正义的理念，实现对于案件的公正处理。在法律责任的追究上，应当坚守责任主义与比例原则，行为人的违法犯罪行为应当与刑罚的力度相协调。在行为兼具行政违法与刑事犯罪的行刑衔接领域内，针对案件性质复杂多变交叉导致出现诉讼冲突的情况，更加应该坚守刑事优先、积极贯彻先重后轻的理念。另外，还可以保证行政执法人员的公正执法，实现法律的一般程序正义和实质正义。

三、行刑鸿沟的跨越

行刑关系不是出行即入刑的紧密邻接关系，二者之间并不是单一标准划定的分界线。传统刑法中认为行刑关系一线之隔的观念，导致了学术和实务界的混乱。其实，行刑关系中同时兼具刑法对行政犯的天然包容性和行政法的规范性，因此需要跳出一线之隔的线性思维，转化为行刑间的鸿沟思维。"行刑鸿沟"就是在坚持行政不法与刑事不法是法系统中两种独立评价的前提下，根据犯罪化根据的一般标准，就行政不法向刑事不法的转化条件所设定的应然区间。[1] 在整体的法秩序井然的社会中，应认识到行政不法和刑事不法之间存在着界分的"河流"，以体现刑法对行政不法的缓冲与刑法自身的独立价值。刑法并非是将所有的跨越行政不法的行为均纳入评价的范围圈，对于一定的行政不法行为刑法也会加以容忍。根据以上表述，行政犯的成立公式或许可以表达为：行政不法＋鸿沟要素＝刑事不法。只有当存在行政不法的行为与刑事不法的结果，且两者存在因果关系的前提下，才能跨越行刑鸿沟，成立刑事犯罪。下面通过法益保护的必要性为基本判断依据，对行刑关系进行类型化分析。

（一）"基础型"行刑关系转化要件：行政不法＋主要价值减损

众所周知的是，行政犯的入罪必然以行政不法行为为前提。以主要价值减

---

[1] 魏昌东：《行刑鸿沟：实然、根据与坚守》，载《中国刑事法杂志》2018年第5期。

损为基准，行为对行政许可法这一类的调整性规范的违反，造成了主要价值的减损，就具有了刑事不法性的标准。所谓主要价值，是指核心价值体系中最核心、最重要的部分，大体上可参照刑法分则的章节进行分类。主要价值下又可以分为原始价值与其衍生价值，原始价值通过词义的解释可以看出是人类社会自存在以来就极其重视的价值，主要是指人身价值与财产价值。衍生价值主要是伴随着经济社会的发展，以原始价值为基础进一步发展出来的价值，如经济价值、公共安全价值、环境价值、金融价值等。衍生价值与原始价值其实是一种高低位阶的关系，衍生价值是一种进阶的价值，两者之间虽然也存在独立性，但是实际上水乳交融。

价值的减损即为价值侵害，对于原始价值而言，是人身或财产受到侵害或危险；对于衍生价值，为了避免法益保护的滞后，需要对侵害行为进行前置防卫，当行为造成价值的抽象危险且具有一定侵害衍生价值的情节时，就可认定为价值已经减损。此种预先处理首先将社会危害性极大的类型化行为的行为无价值中附带了结果无价值；其次连接起核心价值和衍生价值，使得类型化行为具有互通性；并且避免了因为衍生价值的过度抽象导致损害面积分散。通过抽象化和类型化侵害行为，减少司法认定的困难，达到预防和报应的目的。例如，《刑法》第141条生产、销售假药罪和第144条生产、销售有毒、有害食品罪，在核心行为的内容上，都是因生产与销售中的欺骗行为而侵害了公共安全价值的犯罪；《刑法》第180条内幕交易、泄露内幕信息罪，是因核心的盗窃行为而侵害金融价值的犯罪；《刑法》第202条抗税罪，是因核心的暴力或者胁迫行为而侵害税收秩序价值的犯罪；《刑法》第277条妨害公务罪，则是因核心的暴力或者胁迫行为而侵害公共秩序价值的犯罪等。因为我国刑法规定的犯罪都是定性与定量的统一，因而行为对核心价值侵害的抽象危险，要认定为是对派生价值的实害，就需要辅助一定的情节来进行认定。

（二）"补充型"行刑关系转化要件：行政不法＋主观恶性＋次要价值减损

除了"基础型"行刑关系所指抽象危险犯以外的，"补充型"行刑关系主要针对具体危险犯展开。此类犯罪需要重点考察其次要价值和主观恶性。

次要价值与主要价值的区分不是绝对的，从损害的角度来看，次要价值所造成的高程度损害与主要价值所造成的低程度损害难分伯仲。当代社会，一个行为往往并非只侵害一种类型的法益，行为侵害法益具有复合性的特点，使人无法直接区分主要价值和次要价值。例如强迫交易罪，该罪的实行行为所侵犯的就是复法益，不仅侵犯了经济秩序同时也侵犯了人身和财产价值，因此犯罪造成了对何种价值的侵犯，应主要根据是否能够将侵犯的主要的部分直接还原为人身、财产价值作为判断标准。公共秩序价值就是典型的次要价值，因为主要来源自伦理道德与价值选择，不会对主要价值造成严重的、直接的侵害后果，因此对于保护的必要性、紧迫性与主要价值相比，处于较低的位阶，低于主要价值。次要价值的特点之一是具有缓和性，对于其价值的减损是没办法直接进行预测的，只能通过主要价值（如人身价值、财产价值）的损害进行间接的衡量，但如果主要价值损失已经造成，则保护已经为时已晚。因此，无法像主要价值减损那般将行为类型化定性，只能通过主观恶性来确定行为无价值。当行为人多次受到行政处罚，则可以推定其主观恶性，进而当主观恶性客观化出结果后即可认定行为造成次要价值的减损。以《刑法》第153条走私普通货物、物品罪为例，此罪的最低行为标准是，"一年内被二次行政处罚后又走私的"，即侵犯国家海关管理秩序价值的行为，至少应当在主观恶性方面表现出有多次实施的客观结果，方具有刑事不法性，所以当出现偷逃应缴税额较大时，更可以认为其主观恶性大，因而能够确认行为的无价值性。同样能够依照违反次数来认定最低的主观恶性的犯罪有：《刑法》第158条虚报注册资本罪，第225条非法经营罪，第228条非法转让、倒卖土地使用权罪，第229条提供虚假证明文件罪等。

（三）"特殊型"行刑关系转化要件 H 行政不法＋不履行义务＋特定价值减损

以上所述的两种类型化的危险犯，主要是对人身以及财产的侵害，为了保护重要价值而采取的后价值危险推导出前价值被侵害的反向逻辑是可取的。但是在结果犯的场合下，出现人身或者财产价值的结果损害，一般情况下是对应其他价值的结果（情节）加重犯。需要注意的是，虽然其他价值具有独立性的价值，但是仍然存在部分内容没法通过以核心价值的还原来进行认定，而这种类型通常以结果为犯罪构成的起点，此结果是构成要件范围内的结果，并且主要由不作为犯构成。

首先，认定真正不作为的行政犯，完全是依照刑法分则的规定，如，《刑法》第286条之一"拒不履行网络安全管理义务罪"，罪状中已经列明了保证人是网络服务提供者，不作为的结果是"致使违法信息大量传播；用户信息泄露造成严重后果等"。但是信息网络安全管理义务并不是其作为义务，而具体的义务是"监管部门责令采取改正措施而应改正"，这作为一种命令规范是由刑法进行设定的。就具体的行为主体而言，不得对规范进行违反是其普遍负有的义务，但是不能将这些义务直接作为刑法上不法的来源。例如《消防法》第44条规定，任何人发现火灾都有报警的义务，但是，不履行该义务并不能认为就构成了不作为的犯罪。只有刑法的明文规定，对于保证人和不作为的内容进行了规定，才能直接认定行为人的不作为具有刑事不法性，也就是说真正的不作为犯以刑法的明文规定为限。而其正当性根据就在于行为人的不作为会造成特定价值的减损并呈现扩大化的趋势。真正不作为犯的标准刑法已经立法列明，并无太大争议。

其次，考察不真正作为犯时，应实质性考虑不作为犯的义务来源。(1) 特定的价值出现减损风险时，在行政法上负有义务的主体应当履行被赋予的义务而不履行，导致所保护的价值出现减损，应当定性为不作为犯罪。(2) 行为人主动对前置法规范进行违反，创设了价值减损的风险，应当对创设的风险进行排除或者控制但是并没进行排除控制，导致特定价值的减损，应当定性为不作为犯罪。前者的作为义务的来源在于法律的规定，后者的义务来源在于先行行为。尽管二者因违反前置法的先后顺序不同，而义务来源不同，但实质上，二者都是"应当排除或控制风险而未作为导致价值减损"，因而应认为其实质义务的来源在于，具有义务违反性的危险前行为。① 行政法作为前置法并不关注行为人的主观心态，行为违反前置法在于是否追求价值减损上，也就是说，行为在追求刑事不法的表现上，罪过形式更加模糊，所以在刑法中，特别是面对不真正不作为犯的行政犯，不能从行为无价值论的角度上进行判断，行为的等价理论在此也无法进行适用。例如刑法分则第二章所规定的安全事故类犯罪，违反规定的行为是故意还是过失通常存在确定的困难，后面造成结果的主观罪过更加难以确定，所以通常条文表述为"违反相关规定，因而造成实害结果"的模式。从而，对于价值的减损与否进行判断，只能以实害结果为标准，具象化的表现就是人身利益或者财产利益的严重损害。所以在行政犯领域，不真正不作为犯具体的判断标准应当是以具有义务违反性的危险前行为为基础，且行为造成了实害结果。

---

① 周光权：《刑法总论（第三版）》，中国人民大学出版社 2016 年版，第 113—116 页。

后　　记

　　这本专著是由笔者主持完成的国家社会科学基金一般项目《行政犯入罪机制与出罪路径的实证研究》（项目批准号为19BFX067）的最终研究成果，项目于2019年7月立项，2023年3月结项。

　　2019年1月中旬当决定申报国家社科基金项目时，我和我的四位研究生邢政、汤荣凯、周锦灏、陈超立即开展案头工作，收集文献、查找资料、遴选案例、设计标书，反复修改后终于在2019年春节除夕之夜完成了课题申请书的第一稿。在随后的两周中反复论证，前后修改了13稿，终于在截止日前将申请书定稿。经历5个月的不安与期待，终于在7月5日的立项公示中获得了中标的好消息。感谢这一个多月大家的互相启迪和勉励！

　　在之后的研究过程中，我们师生队伍不断壮大，张咏莹、郑力凡、薛子寒、孙勇等四位研究生倾情加入，课题研究的进展加速，各项调研工作有序进行。三年的研究过程是一个教学相长、相互成就的过程，邢政、陈超、郑力凡、薛子寒先后考上博士、继续深造，后生可畏、未来可期；张咏莹、汤荣凯、周锦灏、孙勇进入司法实务部门，成为新时代法治道路的践行者。

　　课题立项后不久，我从上海社会科学院的法学研究所调到院部做科研管理工作，这对我来说是个全新的领域，唯有虚心学习、全力以赴才能跟上工作节奏。加之课题研究的大部分时间正值疫情特殊时期，常感力有不逮。然让我铭记与感恩的是，在院部工作期间得到了院领导和同事们的大力支持和无私帮助，

后　记

　　我一边适应新的工作环境，一边坚持课题研究。课题研究和调研始终得到司法实务部门、高校的师兄弟姐妹的大力支持，安文录、王洪青、曹坚、李睿、胡春健、胡洪春、王瑞、赵拥军等都给予了我无私的帮助，他们的专业建议和论证意见大大推进了课题研究进程。

　　特别要感谢课题申请和整个研究过程中给我提供宝贵意见的顾肖荣、沈国明、叶青、林荫茂、叶必丰、刘宪权等老师，老法师"点石成金"的专业指导和治学之术让我受益终身！法学研究所的同事们是我完成课题研究最大、最强的专业后援团，感谢你们！感恩法学研究所，我一直以来的精神家园。

　　课题结项成书后，上海社科院出版社社长钱运春研究员建议将其纳入"国家社科基金项目文库"，感谢钱社长的精心安排。同时，感谢出版社应韶荃和袁钰超编辑辛苦、认真的编辑工作。

　　最后，特别感谢我的家人。感谢我的妻子和女儿，她们是我一路走来最坚实的后盾，让我感受到无限的温暖。

　　学术研究、理论创新永远在路上。书中不妥观点、错漏之处敬请同仁批评、指正。

杜文俊

2024 年 8 月 28 日

图书在版编目（CIP）数据

行政犯入罪机制与出罪路径的实证研究 / 杜文俊著.
上海：上海社会科学院出版社，2024. -- ISBN 978-7
-5520-4561-1

Ⅰ. D924.04
中国国家版本馆 CIP 数据核字第 2024VT3376 号

行政犯入罪机制与出罪路径的实证研究

著　　者：	杜文俊
责任编辑：	袁钰超
封面设计：	黄婧昉
出版发行：	上海社会科学院出版社
	上海顺昌路 622 号　邮编 200025
	电话总机 021-63315947　销售热线 021-53063735
	https://cbs.sass.org.cn　E-mail：sassp@sassp.cn
排　　版：	南京展望文化发展有限公司
印　　刷：	上海盛通时代印刷有限公司
开　　本：	710 毫米×1010 毫米　1/16
印　　张：	17
插　　页：	1
字　　数：	248 千
版　　次：	2024 年 9 月第 1 版　2024 年 9 月第 1 次印刷

ISBN 978-7-5520-4561-1/D·732　　　　定价：98.00 元

版权所有　翻印必究